Sören Kierkegaard
Der Begriff Angst

Unter dem Pseudonym Vigilius Haufniensis erschien 1844 Kierkegaards *Der Begriff Angst* mit dem Untertitel: Eine simple psychologisch-hinweisende Erörterung in Richtung des dogmatischen Problems der Erbsünde. Im *Begriff Angst* wird die Grenze der Freiheit, also die negative Voraussetzung des Glaubens, in ihrem „psychologischen" Aspekt beschrieben: Der Mensch vermag aus sich heraus die „Synthese des Endlichen und des Unendlichen" nicht zu setzen, obwohl er als Geist auf sie angelegt ist. Diese paradoxe Lage bezeugt sich in der Angst; denn die Angst ist unmittelbares Vorblikken auf die eigene, künftige, noch unergriffene Möglichkeit (die Möglichkeit vor der Möglichkeit); sie hebt jede vermeintliche Geborgenheit im „Ästhetischen" und „Ethischen" außerhalb des „Religiösen" auf, sie isoliert die Freiheit auf ihr Genötigtsein zur Existenz.

Die als Bände 21 – 25 in der „kleinen weißen Reihe" vorgelegten Schriften Sören Kierkegaards sind ein Nachdruck der zu Beginn der sechziger Jahre in der Reihe „Rowohlts Klassiker der Literatur und Wissenschaft" in 5 Einzelbänden erschienenen Auswahl, die übersetzt und jeweils mit Glossar, Bibliographie sowie einem Essay „Zum Verständnis des Werkes" von Liselotte Richter herausgegeben wurden. Damit sind wichtige Werke des dänischen Philosophen in der bisher werkgetreuesten und als am besten gerühmten Übersetzung wieder zugänglich.

Sören Kierkegaard

Der Begriff Angst

Übersetzt
und mit Glossar, Bibliographie
sowie einem Essay
‹Zum Verständnis des Werkes›
herausgegeben von
Liselotte Richter

athenäum

CIP-Titelaufnahme der Deutschen Bibliothek

Kierkegaard, Sören:
Der Begriff Angst / Sören Kierkegaard. Übers. u. mit
Glossar, Bibliogr., sowie Essay „Zum Verständnis des
Werkes" hrsg. von Liselotte Richter. – 3. Aufl. – Frankfurt
am Main : Athenäum, 1988.
  (Athenäums Taschenbücher Die kleine weiße Reihe ; Bd. 21)
  Einheitssacht.: Begrebet angest <dt.>
  ISBN 3-610-04621-X

NE: Richter Liselotte [Übers.]; GT

athenäum⁵ taschenbücher
Die kleine weiße Reihe
Band 21
3. Aufl. 1988

© 1984 bei Syndikat Autoren- und Verlagsgesellschaft,
Frankfurt am Main

Athenäum Verlag GmbH, Frankfurt am Main 1988
Alle Rechte an der Übertragung ins Deutsche sowie dem
Kommentar bei der Rowohlt Taschenbuch Verlag GmbH,
Reinbek bei Hamburg
Motiv: Zeichnung von Chr. Kierkegaard
Reproduktion, Druck und Bindung: Clausen & Bosse, Leck
Printed in Germany 1988
ISBN 3-610-04621-X

Der Begriff Angst

Eine simple psychologisch-hinweisende Erörterung in Richtung
des dogmatischen Problems der Erbsünde von

Vigilius Haufniensis

Kopenhagen 1844

DIE ZEIT DER UNTERSCHEIDUNGEN IST VORBEI,

das System hat sie überwunden. Wer sie in unseren Tagen liebt, ist ein Sonderling, dessen Seele an etwas längst Vergangenem hängt. Mag dies so sein, bleibt doch *Sokrates*, was er war, der einfältige Weise, durch seine besondere Unterscheidung, die er selbst aussprach und vollendet ausdrückte, welche erst der merkwürdige *Hamann* zwei Jahrtausende später bewundernd wiederholte: «denn Sokrates war groß dadurch, ‹daß er unterschied zwischen dem, was er verstand, und dem, was er nicht verstand›».

INHALT

Nach meinem Begriff tut der, der ein Buch schreiben will, gut daran, gründlich über die Sache nachzudenken, über die er schreiben soll. Er tut auch nicht übel daran, sich soweit wie möglich bekannt zu machen mit dem, was früher über dieselbe Sache geschrieben wurde. Sollte er auf diesem Wege einen Einzelnen treffen, der die eine oder andere Partie erschöpfend oder zufriedenstellend behandelt hat, dann tut er wohl daran, sich zu freuen, wie sich der Freund des Bräutigams freut, wenn er steht und auf die Stimme des Bräutigams lauscht. Wenn er dies in aller Stille und mit der Schwärmerei der Verliebtheit, die immer die Einsamkeit sucht, getan hat, dann ist nichts weiter nötig; dann schreibe er sein Buch frischweg wie der Vogel sein Lied singt; gibt es jemand, der Freude oder Nutzen dadurch hat, um so besser; dann gebe er es sorglos und unbekümmert heraus, ohne sich wichtig zu machen, als wollte er über alles Abschließendes sagen, oder als sollten alle Geschlechter der Erde in seinem Buche gesegnet werden. Jede Generation hat ihre Aufgabe und braucht sich nicht so überaus anzustrengen, um für die vorhergehende und nachfolgende alles zu sein. Jeder einzelne in der Generation hat wie jeder Tag seine Plage und genug mit sich selbst zu tun und braucht nicht alle seine Zeitgenossen mit landesväterlicher Fürsorge zu umfassen oder eine neue Ära und Epoche mit seinem Buche beginnen zu lassen, noch weniger mit dem Neujahrsaufflammen seines Versprechens oder den weit vorausschauenden Verheißungen seiner Andeutung oder dem Hinweis seiner Versicherung einer zweifelhaften Valuta. Nicht jeder, der einen runden Buckel hat, ist deshalb ein Atlas oder ist davon bucklig geworden, daß er eine Welt zu tragen hatte, nicht jeder, der ‹Herr, Herr!› sagt, kommt deshalb ins Himmelreich, nicht jeder, der sich anbietet, für sein ganzes Zeitalter zu bürgen, hat damit bewiesen, daß er ein zuverlässiger Mann ist, der für sich selbst einstehen kann, nicht jeder, der ruft: ‹bravo, schwere Not, Gottsblitz bravissimo›, hat deshalb sich selbst und seine Bewunderung verstanden.

Was meine eigene geringe Person angeht, so gestehe ich in aller Aufrichtigkeit, daß ich als Verfasser ein König ohne Land bin, aber auch in Furcht und vielem Zittern ein Verfasser ohne alle Ansprüche. Wenn es einer edlen Mißgunst, einer eifrigen Kritik zuviel erscheint, daß ich einen lateinischen Namen trage, dann will ich mit Freude den Namen Christen Madsen annehmen, am liebsten möchte ich als Laie angesehen werden, der wohl spekuliert, aber doch weit außerhalb der Spekulation steht, wenn ich auch devot bin in meinem Autoritätsglauben, wie der Römer tolerant war in seiner Gottesfurcht. Was menschliche Autorität angeht, bin ich ein Fetischanbeter und bete gleich fromm wen auch immer an, wenn es bloß hinreichend mit Trommelschlag bekannt gemacht wurde, daß er es ist, den ich anbeten soll, und daß er in diesem Jahr Autorität und das Imprimatur hat. Die Entscheidung geht über mein Begreifen hinaus, mag sie geschehen durch das Los oder durch Kugelwahl, oder mag die Würde reihum gehen und der Einzelne als Autorität gleichsam wie ein Bürgerschaftsabgeordneter in einer Vergleichskommission sitzen.

Weiteres habe ich nicht hinzuzufügen, außer jedem, der meine Anschauung teilt, ebenso wie jedem, der sie nicht teilt, jedem, der das Buch liest, ebenso wie auch jedem, der vom Vorwort genug hat, ein gutgemeintes Lebewohl zu wünschen!

Kopenhagen

Hochachtungsvoll *Vigilius Haufniensis*

EINLEITUNG

In welchem Sinne der Gegenstand der Erörterung eine Aufgabe
für das Interesse der Psychologie ist, und in welchem Sinne er,
nachdem er die Aufgabe und das Interesse der Psychologie ge-
wesen ist, gerade auf die Dogmatik hinweist.

Daß jedes wissenschaftliche Problem seinen bestimmten Platz innerhalb des großem Umfangs der Wissenschaft hat, sein Ziel und seine
Grenze und gerade dadurch sein harmonisches Aufgehen im Ganzen,
sein berechtigtes Mitsprechen in dem, was das Ganze aussagt, diese
Betrachtung ist nicht bloß ein *pium desiderium* [frommer Wunsch],
das mit seiner begeisternden oder wehmütigen Schwärmerei den
Wissenschaftler adelt, ist nicht bloß eine heilige Pflicht, die ihn bindet
im Dienste des Ganzen und ihm gebietet, der Gesetzlosigkeit zu entsa-
gen und der Lust, abenteuerhaft den Kontinent aus der Sicht zu verlieren. Sie dient zugleich dem Interesse jeder spezielleren Erwägung, weil
diese nämlich, indem sie vergißt, wo sie hingehört, zugleich sich selbst
vergißt (was die Sprache mit sicher treffender Zweideutigkeit mit denselben Worten auszudrücken pflegt) und eine andere wird sowie eine
verdächtige Perfektibilität erreicht, jedes Beliebige werden zu können.
Dadurch daß man nicht wissenschaftlich zur Ordnung ruft und nicht
darüber wacht, daß die einzelnen Probleme verhindert werden, aneinander vorbeizurasen, als gelte es, zuerst zu einer Maskerade zu kommen, erreicht man wohl zuweilen einen gewissen Anschein des Geistreichen, frappiert man zuweilen dadurch, daß man ergriffen zu haben
scheint, wovon man doch noch weit entfernt ist, stiftet zuweilen eine
lockere Verbindung des Unvereinbaren. Dieser Gewinn rächt sich indessen hinterher wie jeder unerlaubte Erwerb, der weder bürgerlich noch
wissenschaftlich Eigentum werden kann.

Wenn man so den letzten Abschnitt der Logik überschreibt: *Die*
Wirklichkeit [s. Glossar, S. 197], dann gewinnt man dadurch den Vorteil, daß es so aussieht, als wäre man bereits in der Logik zum Höchsten gekommen oder, wenn man so will, zum Tiefsten. Der Verlust
fällt indessen in die Augen; denn weder der Logik noch der Wirklichkeit ist damit gedient. Der Wirklichkeit nicht, denn den Zufall, der
wesentlich mit in die Wirklichkeit hineingehört, kann die Logik nicht
hineinschlüpfen lassen. Und der Logik ist damit nicht gedient, denn
wenn sie die Wirklichkeit gedacht hat, dann hat sie etwas in sich aufgenommen, was sie nicht assimilieren kann, sie hat der Wirklichkeit
vorgegriffen, die sie bloß in Gedanken vorbereiten soll. Die Strafe ist
deutlich die, daß jede Überlegung, was die Wirklichkeit sei, schwierig
gemacht, ja vielleicht eine Zeitlang unmöglich gemacht ist, weil das
Wort zuerst gleichsam Zeit haben muß, sich auf sich selbst zu besin-

nen, Zeit, den Fehlgriff zu vergessen. — Wenn man so in der Dogmatik *Glauben* das *Unmittelbare* [s. Glossar: ‹Reflexion›] nennt, ohne irgendeine nähere Bestimmung, dann gewinnt man den Vorteil, daß man jeden von der Notwendigkeit überzeugt, nicht beim Glauben stehenzubleiben, ja man nötigt wohl sogar dem Rechtgläubigen dieses Zugeständnis ab, weil er vielleicht das Mißverständnis nicht sofort durchschaut, daß dies nicht seinen Grund in dem Späteren hat, sondern in jenem πρῶτον ψεῦδος [falsche Grundvoraussetzung]. Der Verlust ist unverkennbar, denn der Glaube verliert dadurch, daß er dessen beraubt wird, was ihm von Rechts wegen gehört, seine historische Voraussetzung; die Dogmatik verliert dadurch, daß sie anfangen muß, wo sie ihren Anfang nicht hat, nämlich innerhalb eines früheren Anfangs. Statt einen früheren Anfang vorauszusetzen, ignoriert sie diesen und beginnt frischweg, als wäre sie die Logik; denn diese beginnt ja gerade mit dem Flüchtigsten, das durch die allerfeinste Abstraktion zuwege gebracht wurde, d. h. dem Unmittelbaren. Was da, logisch gedacht, richtig ist, daß das Unmittelbare eo ipso aufgehoben ist, das wird in der Dogmatik Gerede, denn wem könnte es wohl einfallen, bei dem Unmittelbaren (ohne nähere Bestimmung) stehen bleiben zu wollen, da dies ja gerade im selben Augenblick, da man es nennt, aufgehoben ist, gleichsam wie ein Schlafwandler im selben Augenblick aufwacht, wo sein Name genannt wird. — Wenn man so zuweilen in nahezu nur propädeutischen Untersuchungen das Wort *Versöhnung* [s. Glossar: ‹Mediation›] gebraucht findet, um das spekulative Wissen zu bezeichnen oder die Identität des erkennenden Subjekts und des Erkannten, das Subjekt-Objektive usw., dann sieht man ja leicht, daß der Betreffende geistreich ist und daß er mit Hilfe dieser Geistreichelei alle Rätsel erklärt hat, besonders für alle diejenigen, die nicht einmal wissenschaftlich die Vorsicht gebrauchen, die man doch im täglichen Leben anwendet, genau das Rätselwort zu hören, ehe man es rät. Andernfalls erwirbt man sich das unvergleichliche Verdienst, durch seine Erklärung ein neues Rätsel aufgegeben zu haben: wie ein Mensch darauf verfallen konnte, daß dies die Erklärung sein sollte. Daß das Denken überhaupt Realität hat, war die Voraussetzung der ganzen antiken und mittelalterlichen Philosophie. Durch Kant wurde diese Voraussetzung zweifelhaft gemacht. Gesetzt nun, die Hegelsche Philosophie habe Kants Skepsis *durchdacht* (indessen dürfte dieses doch immer eine große Frage bleiben, trotz allem, was Hegel und die Hegelschule mit Hilfe des Stichwortes: Die Methode [s. Glossar: ‹Methode, dialektische›] und die Manifestation [Selbstoffenbarung der Vernunft] getan haben, um zu verbergen, was Schelling offensichtlicher bekannte durch das Stichwort: Die intellektuelle Anschauung [s. Glossar] und die Konstruktion, daß dies nämlich ein neuer Ausgangspunkt war) und so in einer höheren Form das Frühere rekonstruiert, so daß das Denken nicht

Realität hat kraft einer Voraussetzung, ist dann die bewußt zustande gebrachte Realität dieses Denkens eine Versöhnung? Die Philosophie ist ja nur dahin gebracht worden, wo man in alten Tagen anfing, in alten Tagen, als gerade die Versöhnung ihre ungeheure Bedeutung hatte. Man hat eine alte respektable philosophische Terminologie: Thesis, Antithesis, Synthesis. Man wähle eine neuere, in der die Mediation die dritte Stelle einnimmt, soll dies ein so außerordentlicher Fortschritt sein? Die Mediation ist zweideutig, denn sie bedeutet zugleich das Verhältnis zwischen den zweien und das Resultat des Verhältnisses, das, worin sie sich ineinander verhalten als die, die sich zueinander verhalten haben; sie bezeichnet die Bewegung, zugleich aber die Ruhe. Ob dies eine Vollkommenheit ist, wird erst eine weit tiefere dialektische Prüfung der Mediation entscheiden; aber auf die wartet man unglücklicherweise noch. Man schaffe da die Synthesis [s. Glossar] ab und sage Mediation, meinetwegen. Doch die Geistreichigkeit fordert mehr, man sagt ‹Versöhnung›. Was ist die Folge davon? Man nützt seinen propädeutischen Untersuchungen nicht, denn diese gewinnen natürlich ebensowenig wie die Wahrheit an Klarheit oder wie eines Menschen Seele an Seligkeit, indem sie einen Titel bekommen. Dagegen verwirrt man von Grund auf zwei Wissenschaften: die Ethik und die Dogmatik, besonders da man, nachdem man es fertiggebracht hat, das Wort Versöhnung hineinzumengen, nun auch darauf hindeutet, daß Logik und λόγος (der dogmatische) einander entsprechen und daß die Logik eigentlich die Lehre vom λόγος [s. Glossar] ist. Die Ethik und die Dogmatik streiten in einem schicksalsbeladenen Grenzbereich *(confinium)* um die Versöhnung. Reue und Schuld quälen ethisch die Versöhnung hervor, während die Dogmatik in der Rezeptivität der angebotenen Versöhnung die historisch konkrete Unmittelbarkeit hat, mit der sie im großen Zwiegespräch der Wissenschaft das Wort ergreift. Was wird nun die Folge sein? Daß die Sprache vermutlich dahin kommt, ein großes Sabbathjahr zu halten, in dem man Reden und Denken ruhen läßt, damit man mit dem Beginn anfangen kann. — Man gebraucht in der Logik *das Negative* [s. Glossar] als die vorantreibende Kraft, die Bewegung [s. Glossar] in alles bringt. Und Bewegung muß man ja in der Logik haben, wie man sich auch verhalten mag, es geschehe im Guten oder Bösen. Das Negative hilft nun, und kann das Negative nicht, dann können es Wortspiele und Redensarten, so wie das Negative selbst ein Wortspiel [1] geworden

---

1 *Exempli gratia:* Wesen ist, was ist gewesen; ist gewesen ist ein *tempus praeteritum* von seyn, ergo ist Wesen das aufgehobne Seyn, das Seyn, das gewesen ist. Das ist eine logische Bewegung! Wenn ein Mensch sich die Mühe machen wollte, in der Hegelschen Logik (so wie diese an sich selbst und durch die Verbesserungen ihrer Schule ist) alle märchenhaften Hausgeisterchen und

ist. In der Logik darf keine Bewegung *werden*; denn die Logik ist, und alles Logische *ist* [1] bloß, und diese Ohnmacht ist eben der Übergang der Logik zum Werden [s. Glossar], wo Dasein und Wirklichkeit hervortreten. Wenn die Logik sich in die Konkretion der Kategorien vertieft, dann ist dies stets dasselbe, was von Anfang an war. Jede Bewegung, wenn man einen Augenblick diesen Ausdruck gebrauchen will, ist eine immanente Bewegung, was in einem tieferen Sinne keine Bewegung ist, wovon man sich leicht überzeugen wird, wenn man bedenkt, daß der Begriff der Bewegung selbst ein Transcendens [s. Glossar] ist, das keinen Platz in der Logik finden kann. Das Negative ist da die Immanenz der Bewegung, ist das Verschwindende, ist das Aufgehobene. Geschieht alles auf diese Weise, dann geschieht überhaupt nichts und das Negative wird ein Phantom. Aber gerade um etwas dazu zu bringen, in der Logik zu geschehen, wird das Negative etwas mehr, es wird das den Gegensatz Hervorbringende und nicht eine Negation, sondern eine Kontraposition. Das Negative ist nicht die Lautlosigkeit der immanenten Bewegung, ist das ‹notwendige Andere›, welches gewiß der Logik höchst notwendig sein kann, um die Bewegung in Gang zu bringen, welches aber nicht das Negative ist. Verläßt man die Logik, um zur Ethik überzugehen, dann trifft man hier wiederum das in der ganzen Hegelschen Philosophie unermüdlich wirksame Negative. Hier erfährt man zu seinem Erstaunen, daß das Negative das Böse ist. Jetzt ist die Konfusion in vollem Gange; es gibt keine Grenze für das Geistreichsein, und was Madame de Staël-Holstein über die Schellingsche Philosophie gesagt hat, daß sie einen Menschen geistreich für sein ganzes Leben mache, das gilt auf jede Weise von der Hegelschen. Man sieht, wie unlogisch die Bewegungen in der Logik sein müssen, seit das Negative das Böse ist; wie unethisch sie in der

---

Kobolde, die als geschäftige Gesellen der logischen Bewegung voranhelfen, anzuhalten und zu sammeln, dann würde vielleicht eine spätere Zeit verblüfft sein zu erfahren, daß das, was dann als abgebrauchte Witzigkeiten dastehen wird, einmal eine große Rolle in der Logik spielte, nicht als beiläufige Erklärungen und geistreiche Bemerkungen, sondern als Bewegungsmeister, die Hegels Logik zu einem Wunder machten und dem logischen Gedanken Füße gaben, um damit zu gehen, ohne daß doch jemand etwas bemerkte, da der lange Mantel der Bewunderung das Laufrad verbarg, gleichsam wie Lulu gelaufen kommt, ohne daß jemand die Maschine sieht. Die Bewegung in der Logik, das ist Hegels Verdienst, im Vergleich damit ist es nicht der Mühe wert, das unvergeßliche Verdienst zu nennen, das Hegel hat und verschmäht hat, um in das Ungewisse hinauszulaufen, das Verdienst, auf mannigfache Weise die kategorischen Bestimmungen und deren Anordnung berichtigt zu haben.

1 Der ewige Ausdruck der Logik, ist, was die Eleaten durch ein Mißverständnis in die Existenz überführten: Nichts entsteht, alles ist.

Ethik sein müssen, seit das Böse das Negative ist. In der Logik ist es zu viel, in der Ethik zu wenig, nirgends paßt es, wenn es an beiden Stellen passen soll. Hat die Ethik kein anderes Transcendens, dann ist sie wesentlich Logik, soll die Logik soviel Transcendens haben, wie anstandshalber für die Ethik notwendig ist, ist sie nicht mehr Logik.

Das hier Entwickelte ist vielleicht zu weitläufig im Verhältnis zu der Stelle, an der es steht (im Verhältnis zu der Sache, die abgehandelt wird, ist es sehr entfernt davon, zu weitläufig zu sein), ist aber doch keineswegs überflüssig, da das Einzelne gewählt wurde mit Anspielung auf den Gegenstand der Schrift. Die Beispiele sind von dem Größeren genommen, aber was da im Großen geschieht, kann sich im Kleineren wiederholen, und das Mißverständnis bleibt ein gleiches, wenn auch die schädliche Folge kleiner ist. Der, welcher sich das Ansehen gibt, ein System [s. Glossar] zu schreiben, hat seine Verantwortung im Großen; aber der, welcher eine Monographie schreibt, kann und muß auch treu sein im Geringen.

Gegenwärtige Schrift hat sich zur Aufgabe gesetzt, den Begriff ‹Angst› psychologisch so abzuhandeln, daß sie das Dogma von der Erbsünde *in mente* und vor Augen hat. Insoweit bekommt sie, wenn auch stillschweigend, mit dem Begriff der Sünde zu tun. Die Sünde ist indes keine Aufgabe für ein psychologisches Interesse, und es würde nur bedeuten, sich in den Dienst einer mißverstandenen Geistreichheit zu stellen, wenn man sie so behandeln würde. Die Sünde hat ihren bestimmten Platz, oder richtiger, sie hat überhaupt keinen, denn dies ist ihre Bestimmung. Wenn man sie an einer anderen Stelle behandelt, verändert (alteriert [s. Glossar]) man sie, indem man sie in unwesentliche Reflexionsbruchstücke aufsplittert. Ihr Begriff wird alteriert, und zugleich wird dadurch die Stimmung, die als rechte dem richtigen Begriff [1] entspricht, gestört, und man bekommt an Stelle des Andauerns der wahren Stimmung das flüchtige Gaukelspiel der unwahren Stimmungen. Wenn so die Sünde in die Ästhetik hineingezogen wird, wird die Stimmung entweder leichtsinnig oder schwermütig; denn die Kategorie, in welcher die Sünde liegt, ist der Widerspruch, und dieser

---

1 Daß auch die Wissenschaft ebenso vollständig wie die Poesie und die Kunst Stimmung voraussetzt, sowohl bei dem Produzierenden wie dem Rezipierenden, daß ein Fehler in der Modulation ebenso störend ist wie ein Fehler in der Entwicklung des Gedankens, hat man in unserer Zeit gänzlich vergessen, wo man ganz und gar die Innerlichkeit und die Bestimmung der Aneignung vergessen hat aus Freude über all die Herrlichkeit, die man zu besitzen meinte oder auf die man in seiner Begierde verzichtet hat wie der Hund, der den Schatten vorzog. Doch jeder Fehler schafft sich seinen eigenen Feind. Der Fehler des Denkens hat die Dialektik außerhalb seiner, Ausbleiben oder Verfälschung der Stimmung hat das Komische außerhalb ihrer als Feind.

ist entweder komisch oder tragisch. Die Stimmung ist also alteriert; denn die der Sünde entsprechende Stimmung ist der Ernst. Ihr Begriff wird auch alteriert; denn mag sie komisch oder tragisch werden, sie wird ein Bestehendes oder ein unwesentlich Aufgehobenes, während es ihr Begriff ist, überwunden zu werden. Das Komische und das Tragische haben im tieferen Sinne keine Feinde, sondern entweder einen Butzemann, um den man weint, oder einen Butzemann, über den man lacht. — Wird die Sünde in der Metaphysik [s. Glossar] behandelt, so wird die Stimmung die dialektische Ausgeglichenheit und Uninteressiertheit, die die Sünde als das durchdenkt, was dem Gedanken nicht widerstehen kann. Der Begriff wird alteriert, denn wohl soll die Sünde überwunden werden, aber nicht als das, dem der Gedanke nicht Leben geben kann, sondern als das, was da ist und was als solches jeden betrifft. — Wird die Sünde in der Psychologie behandelt, so wird die Stimmung die beobachtende Ausdauer, die spionierende Unerschrockenheit, nicht die siegreiche Flucht des Ernstes davor. Der Begriff wird ein anderer; denn die Sünde wird ein Zustand, aber die Sünde ist kein Zustand, ihre Idee ist, daß ihr Begriff ständig aufgehoben wird. Als Zustand *(de potentia)* ist sie nicht, während sie *de actu* oder *in actu* ist und wieder ist. Die Stimmung der Psychologie würde antipathetische Neugier sein, aber die rechte Stimmung ist das beherzte Widerstreben des Ernstes. Die Stimmung der Psychologie ist aufdeckende Angst, und in ihrer Angst zeichnet sie die Sünde ab, während sie sich wieder und wieder ängstigt vor der Zeichnung, die sie selbst hervorbringt. Wird die Sünde so behandelt, dann wird sie die Stärkere; denn die Psychologie verhält sich eigentlich weiblich zu ihr. Daß dieser Zustand seine Wahrheit hat, ist gewiß, daß er mehr oder weniger im Leben jedes Menschen vorkommt, ehe das Ethische hervortritt, ist gleichfalls gewiß; aber durch eine solche Behandlung wird die Sünde nicht, was sie ist, sondern mehr oder weniger.

Sobald man deshalb das Problem der Sünde behandelt sieht, kann man gleich an der Stimmung sehen, ob der Begriff der richtige ist. Sobald zum Beispiel die Sünde wie eine Krankheit, eine Abnormität, ein Gift, eine Disharmonie behandelt wird, ist der Begriff auch verfälscht.

Eigentlich gehört die Sünde überhaupt nicht in irgendeine Wissenschaft. Sie ist Gegenstand der Predigt, wo der Einzelne als der Einzelne zum Einzelnen redet. In unserer Zeit hat die wissenschaftliche Wichtigtuerei die Pfarrer verführt, eine Art Professorengehilfen zu sein, die auch der Wissenschaft dienen und es unter ihrer Würde finden, zu predigen. Insofern ist es kein Wunder, daß das Predigen für eine sehr ärmliche Kunst angesehen wird. Predigen ist indessen die schwierigste aller Künste und eigentlich die Kunst, die Sokrates preist: ein Zwiegespräch führen zu können. Es versteht sich von selbst, daß deshalb keineswegs einer in der Gemeinde antworten muß oder daß es für immer helfen würde, einen Redenden einzuführen. Das, was Sokrates eigentlich an den Sophisten [s. Glossar: ‹Sophistik›] tadelte mit der Unterscheidung: daß sie wohl reden könnten, aber kein Zwiegespräch führen, war, daß sie über jedes Ding viel sagen konnten, daß aber das Moment der Aneignung fehlte. Die Aneignung ist gerade das Geheimnis des Zwiegesprächs.

Dem Begriff der Sünde entspricht der Ernst. Die Wissenschaft, in der die Sünde am ehesten Platz finden sollte, wäre wohl die Ethik. Indes hat dies doch seine große Schwierigkeit. Die Ethik bleibt noch eine ideale Wissenschaft, nicht nur in dem Sinne, in welchem jede Wissenschaft dies ist. Sie will die Idealität in die Wirklichkeit hineinbringen, dagegen ist es nicht ihre Bewegung, die Wirklichkeit hinaufzubringen in die Idealität [1]. Die Ethik zeigt die Idealität als Aufgabe und setzt voraus, daß der Mensch im Besitze der Bedingungen ist. Hierbei entwickelt die Ethik einen Widerspruch, indem sie gerade die Schwierigkeit und Unmöglichkeit deutlich macht. Es gilt von der Ethik, was da vom Gesetz gesagt ist, daß es ein Zuchtmeister ist, der, indem er fordert, durch seine Forderung bloß richtet, aber nicht nährt. Nur die griechische Ethik machte eine Ausnahme, was daher kommt, daß sie nicht im eigentlichsten Sinne Ethik war, sondern ein ästhetisches Moment behielt. Dies zeigt sich deutlich in ihrer Definition der Tugend und in dem, was Aristoteles öfter, besonders aber in der Nikomachischen Ethik mit liebenswerter griechischer Naivität ausdrückt, daß die Tugend allein doch einen Menschen nicht glücklich und zufrieden macht, sondern daß er Gesundheit, Freunde, irdische Güter haben und in seiner Familie glücklich sein müsse. Je idealer die Ethik ist, desto besser. Sie soll sich nicht stören lassen durch das Geschwätz, es helfe nichts, das Unmögliche zu fordern; denn auf eine solche Rede auch nur zu hören, ist bereits unethisch, ist etwas, wozu die Ethik weder *Zeit* noch *Gelegenheit* hat. Die Ethik hat nichts zu tun mit Feilschen, und auf diese Weise erreicht man auch nicht die Wirklichkeit. Soll diese erreicht werden, dann muß die ganze Bewegung umgeschaffen werden. Diese Eigenschaft der Ethik, in solcher Weise ideal zu sein, ist dasjenige, was in der Behandlung dazu verführt, bald metaphysische, bald ästhetische, bald psychologische Kategorien zu gebrauchen. Aber die Ethik muß natürlich vor allem den Versuchungen widerstehen, und deshalb ist es auch unmög-

---

1 Wenn man dies näher bedenken will, wird man Gelegenheit genug bekommen, einzusehen, welche Geistreichigkeit dies doch ist, den letzten Abschnitt der Ethik zu überschreiben: ‹Die Wirklichkeit›, da die Ethik sie noch nicht erreicht. Die Wirklichkeit, mit welcher die Logik endet, bedeutet deshalb in Richtung auf die Wirklichkeit nicht mehr als das Sein, mit welchem sie beginnt.

lich, daß jemand eine Ethik schreiben kann, ohne ganz andere Kategorien verborgen bereitzuhalten.

Die Sünde gehört nur soweit zur Ethik, als diese an jenem Begriff mit Hilfe der Reue scheitert[1]. Soll die Ethik die Sünde aufnehmen, dann ist es mit ihrer Idealität vorbei. Je mehr sie in ihrer Idealität verbleibt und doch niemals unmenschlich genug wird, die Wirklichkeit

---

[1] Verschiedene diesen Punkt betreffende Bemerkungen wird man finden in der von Johannes de Silentio [Pseudonym Kierkegaards] herausgegebenen Schrift ‹Furcht und Zittern› (Kopenhagen 1843). Hier läßt der Verfasser mehrere Male die erwünschte Idealität der Ästhetik stranden an der geforderten Idealität der Ethik, um in diesen Zusammenstößen die religiöse Idealität sichtbar werden zu lassen als diejenige, welche gerade die Idealität der Wirklichkeit ist und deshalb ebenso wünschenswert wie die der Ästhetik und nicht unmöglich wie die der Ethik, doch so, daß diese Idealität hervorbricht im dialektischen Sprung und in der positiven Stimmung: ‹siehe alles ist neu›, und der negativen Stimmung, die die Leidenschaft des Absurden ist und der der Begriff ‹die Wiederholung› entspricht. Entweder das ganze Dasein endet in der Forderung der Ethik, oder die Bedingung wird herangeschafft, und das ganze Leben und Dasein beginnt von vorne, nicht durch eine immanente Kontinuität mit dem Vorhergehenden, welches ein Widerspruch ist, sondern durch eine Transzendenz, die die Wiederholung von dem ersten Dasein durch eine Kluft derart trennt, daß es nur eine bildliche Rede ist, wenn man sagen wollte, daß das Vorhergehende und das Nachfolgende sich zueinander verhielten, wie die Totalität von lebenden Wesen im Meere sich zu der in der Luft und auf der Erde verhält, obgleich doch nach der Meinung einiger Naturforscher jene prototypisch in ihrer Unvollkommenheit alles präformieren soll, was diese offenbart. Mit dieser Kategorie kann man ‹Die Wiederholung› von Constantin Constantius [Kierkegaard] vergleichen (Kopenhagen 1843). Dieses Buch ist wohl ein schnurriges Buch, was sein Verfasser ja auch gewollt hat; aber er ist doch, soweit ich weiß, der erste, der mit Energie die ‹Wiederholung› erfaßt hat und sie gewahr werden ließ in der Prägnanz ihres Begriffes, um das Verhältnis zwischen dem Ethnischen [Heidnischen] und dem Christlichen zu erklären, indem er die unsichtbare Spitze und das *discrimen rerum* [Wendepunkt, Krise] aufzeigt, wo Wissenschaft mit Wissenschaft kämpft, bis die neue Wissenschaft hervorkommt. Aber was er entdeckt hat, hat er wiederum verborgen, indem er den Begriff eingekleidet hat in den Spaß der entsprechenden Vorstellung. Was ihn dazu bewogen hat, ist schwierig zu sagen, oder richtiger, zu verstehen; denn er sagt ja selbst, daß er so schreibt, ‹damit die Ketzer ihn nicht verstehen›. Da er sich nur ästhetisch und psychologisch damit beschäftigen wollte, mußte alles humoristisch angelegt und die Wirkung dadurch zuwege gebracht werden, daß das Wort bald alles bedeutete, bald das Unbedeutendste von allem, und der Übergang, oder richtiger, das häufige Aus-den-Wolken-Fallen mußte motiviert werden durch seinen possenhaften Gegensatz. Indessen hat er doch S. 34 ziemlich bestimmt das Ganze angegeben: «Die Wiederholung ist das *Interesse* der Metaphysik und zugleich das Interesse, an welchem die Metaphysik strandet; die Wiederholung ist die Losung in jeder ethischen Anschauung; die Wiederholung ist die *con-*

außer Sicht zu verlieren, sondern mit dieser korrespondiert, indem sie sich als Aufgabe für jeden Menschen in der Weise darstellt, daß sie ihn zu dem wahren, dem ganzen Menschen, dem Menschen κατ' ἐξοχὴν [im exemplarischen Sinne] machen will, desto schärfer spannt sie die Schwierigkeit. Im Kampfe darum, die Aufgabe der Ethik zu realisieren, erweist sich die Sünde nicht als etwas, das nur zufällig einem zufälli-

---

ditio sine qua non für jedes dogmatische Problem.» Der erste Satz enthält eine Hindeutung auf den Satz, daß die Metaphysik interesselos ist, wie Kant das von der Ästhetik gesagt hat. Sobald das Interesse hervorkommt, geht die Metaphysik beiseite. Deshalb ist das Wort Interesse im Druck hervorgehoben. In Wirklichkeit kommt das Interesse der ganzen Subjektivität hervor, und jetzt strandet die Metaphysik. Wenn die Wiederholung nicht gesetzt ist, dann wird die Ethik eine bindende Macht, deshalb sagt er vermutlich, daß sie die Losung in der ethischen Anschauung ist. Wenn die Wiederholung nicht gesetzt ist, kann die Dogmatik überhaupt nicht existieren, denn im Glauben beginnt die Wiederholung, und der Glaube ist das Organ für die dogmatischen Probleme. — In der Sphäre der Natur ist die Wiederholung in ihrer unerschütterten Notwendigkeit. In der Sphäre des Geistes ist die Aufgabe nicht, der Wiederholung eine Veränderung abzugewinnen und sich irgendwie wohlzubefinden unter der Wiederholung, als stünde der Geist in einem äußerlichen Verhältnis zu den Wiederholungen des Geistes (infolgedessen wechselten Gut und Böse wie Sommer und Winter), sondern die Aufgabe ist, die Wiederholung in etwas Innerliches zu verwandeln, in die eigene Aufgabe der Freiheit, in deren höchstes Interesse, ob sie wirklich, während alles wechselt, die Wiederholung realisieren kann. Hier verzweifelt der endliche Geist. Dies hat Constantin Constantius angedeutet, indem er selbst zur Seite tritt und nun die Wiederholung in dem jungen Menschen hervorbrechen läßt kraft des Religiösen. Deshalb sagt Constantin mehrere Male, daß die Wiederholung eine religiöse Kategorie ist, ihm zu transzendent, die Bewegung kraft des Absurden, und es heißt S. 142, daß die Ewigkeit die wahre Wiederholung ist. Alles dies hat Herr Professor Heiberg nicht bemerkt, sondern war gütigst gewillt, durch sein Wissen, das ebenso wie seine Neujahrsgabe besonders elegant und erlesen ist, dieser Schrift dazu zu verhelfen, eine geschmackvolle und elegante Kleinigkeit zu werden, indem er mit viel Wichtigkeit die Sache dahin bringt, wo Constantin beginnt, sie dahin bringt, wohin, um an eine neuere Schrift zu erinnern, der Ästhetiker in ‹Entweder — Oder› sie in der ‹Wechselwirtschaft› gebracht hat. Wenn Constantin sich wirklich geschmeichelt fühlen sollte, auf diese Weise die seltene Ehre zu genießen, die ihn in eine unleugbar erwählte Gesellschaft bringt — dann muß er nach meinem Dafürhalten, seit er das Buch schrieb, wie man sagt, total verrückt geworden sein; aber wenn auf der andern Seite ein Verfasser wie er, der blos schreibt, um mißverstanden zu werden, sich selbst vergäße und nicht Ataraxie genug hätte, sich als Plus anzurechnen, daß Professor Heiberg ihn nicht verstanden hat, dann müßte er wiederum total verrückt sein. Und dies brauche ich ja wohl nicht zu befürchten; denn der Umstand, daß er bis jetzt Herrn Professor Heiberg nicht geantwortet hat, deutet ausreichend darauf hin, daß er sich selbst versteht.

gen Individuum gehört, sondern die Sünde entzieht sich in immer tiefere Tiefen wie eine tiefere und tiefere Voraussetzung, wie eine Voraussetzung, die über das Individuum hinausgeht. Nun ist alles verloren für die Ethik, und die Ethik hat geholfen, alles zu verlieren. Es ist eine Kategorie hervorgetreten, die gänzlich außerhalb ihres Umfanges liegt. Die *Erbsünde* macht alles noch verzweifelter, d. h.: steigert die Schwierigkeit, doch nicht mit Hilfe der Ethik, sondern mit der der *Dogmatik*. Wie alles antike Erkennen und Spekulieren unter der Voraussetzung stand, daß das Denken Realität habe, so steht auch alle antike Ethik unter der Voraussetzung, daß die Tugend realisierbar sei. Die Skepsis der Sünde ist dem Heidentum gänzlich fremd. Die Sünde ist für das ethische Bewußtsein, was der Irrtum für dessen Erkennen ist, die einzelne Ausnahme, die nichts beweist.

Mit der Dogmatik beginnt die Wissenschaft, die im Gegensatz zu jener *stricte* so genannten idealen Wissenschaft von der Wirklichkeit ausgeht. Sie beginnt mit dem Wirklichen, um es in die Idealität emporzuheben [oder: in der Idealität aufzuheben]. Sie verneint nicht die Gegenwart der Sünde, im Gegenteil, sie setzt diese voraus und erklärt sie, indem sie die Erbsünde voraussetzt. Da indessen die Dogmatik sehr selten rein behandelt wird, so wird man oft die Erbsünde derart in ihr Gebiet einbezogen finden, daß der Eindruck der heterogenen Ursprünglichkeit der Dogmatik nicht in die Augen springt, sondern verwirrt wird, was auch geschieht, wenn man in dieser ein Dogma von Engeln, von der Heiligen Schrift usw. findet. Die Dogmatik soll deshalb die Erbsünde nicht erklären, aber sie tut es dadurch, daß sie sie voraussetzt, ähnlich jenem Wirbel, von welchem die griechische Naturspekulation verschiedentlich sprach, ein bewegendes Etwas, das keine Wissenschaft zu packen bekam.

Daß dies sich richtig so verhält hinsichtlich der Dogmatik, wird man einräumen, wenn man wieder einmal Zeit findet, Schleiermachers unsterbliche Verdienste um diese Wissenschaft zu verstehen. Ihn hat man längst verlassen, als man Hegel wählte, und doch war Schleiermacher in schöner griechischer Bedeutung ein Denker, der nur von dem sprach, was er wußte, während Hegel trotz all seiner ausgezeichneten Eigenschaften und kolossalen Gelehrsamkeit doch durch seine Leistung wieder und wieder daran erinnert, daß er im deutschen Sinne ein Professor der Philosophie großen Stils war, der *à tout prix* alles erklären muß.

Die neue Wissenschaft beginnt daher mit der Dogmatik im selben Sinne, wie die immanente Wissenschaft mit der Metaphysik beginnt. Hier findet wieder die Ethik ihren Platz als die Wissenschaft, die das Bewußtsein der Dogmatik von der Wirklichkeit als Aufgabe für die Wirklichkeit hat. Diese Ethik ignoriert nicht die Sünde und hat ihre Idealität nicht darin, ideal zu fordern, sondern hat ihre Idealität in dem durchdringenden Bewußtsein der Wirklichkeit, der Wirklichkeit der Sünde, doch wohlgemerkt nicht mit metaphysischem Leichtsinn oder psychologischer Lüsternheit.

Man sieht leicht die Verschiedenheit der Bewegung und daß die Ethik, von der wir jetzt reden, hineingehört in eine andere Ordnung der Dinge. Die erste Ethik strandete an der Sündigkeit des Einzelnen. Weit entfernt, diese erklären zu können, mußte die Schwierigkeit sogar größer und ethisch rätselhafter werden, indem die Sünde des Einzelnen sich ausweitete zur Sünde des ganzen Geschlechts. Nun kam die Dogmatik und half mit der Erbsünde. Die neue Ethik setzt die Dogmatik voraus, und mit ihr die Erbsünde, und erklärt nun aus ihr die Sünde des Einzelnen, während sie gleichzeitig die Idealität als Aufgabe stellt, doch nicht in der Bewegung von oben nach unten, sondern von unten nach oben.

Aristoteles gebrauchte, wie bekannt, die Benennung πρώτη φιλοσοφία [Erste Philosophie, Metaphysik] und bezeichnete dadurch zunächst das Metaphysische, obgleich er zugleich einen Teil dessen aufnahm, was nach unseren Begriffen in die Theologie gehört. Es ist ganz und gar in seiner Ordnung, daß im Heidentum die Theologie dort behandelt werden mußte; es ist derselbe Mangel an unendlicher Durchreflektiertheit, der bewirkte, daß das Theater im Heidentum Realität wie eine Art Gottesdienst hatte. Will man nun von dieser Zweideutigkeit abstrahieren, so könnte man die Benennung beibehalten und unter πρώτη φιλοσοφία[1] die wissenschaftliche Totalität verstehen, die man die ethnische nennen könnte, deren Wesen die Immanenz ist oder, griechisch gesprochen, die Erinnerung, und unter *secunda philosophia* diejenige verstehen, deren Wesen die Transzendenz oder die Wiederholung[2] ist.

Der Begriff Sünde gehört also eigentlich nicht in irgendeine Wissenschaft hinein, nur die zweite Ethik kann seine Offenbarung [s. Glossar: ‹Offenbar›] behandeln, nicht seine Entstehung. Will ihn irgendeine andere Wissenschaft behandeln, so wird der Begriff verwirrt. So, um unserem Vorhaben näherzurücken, wenn die Psychologie dies tun wollte.

Womit die Psychologie zu tun haben soll, muß ein Ruhendes sein,

---

1 SCHELLING erinnerte an diesen aristotelischen Namen zugunsten seiner Unterscheidung zwischen negativer und positiver Philosophie. Unter negativer Philosophie verstand er die Logik, das war klar genug; dagegen war es mir weniger klar, was er eigentlich unter positiv verstand, außer insoweit, daß es unzweifelhaft blieb, daß positive Philosophie diejenige war, die er selbst liefern wollte. Doch ist es nicht tunlich, hierauf weiter einzugehen, da ich nichts habe, mich daran zu halten, außer meiner eigenen Auffassung.

2 Daran hat Constantin Constantius erinnert, indem er andeutete, daß die Immanenz am ‹Interesse› strandet. Erst mit diesem Begriff wird eigentlich die Wirklichkeit sichtbar.

das in bewegter Ruhigkeit verbleibt, nicht etwas Unruhiges, das beständig entweder sich selbst produziert oder unterdrückt wird. Jedoch das Bleibende, das, woraus die Sünde beständig wird, nicht mit Notwendigkeit [s. Glossar] (denn ein Werden mit Notwendigkeit ist ein Zustand, wie z. B. die ganze Geschichte der Pflanze ein Zustand ist), sondern mit Freiheit [s. Glossar], dieses Bleibende, diese disponierende Voraussetzung, die reale Möglichkeit der Sünde, das ist Gegenstand des Interesses der Psychologie. Das, was die Psychologie beschäftigen kann und womit diese sich beschäftigen kann, ist, *wie* die Sünde entstehen kann, nicht, *daß* sie entsteht. Sie kann in ihrem psychologischen Interesse es so weit bringen, daß es ist, als wenn die Sünde da wäre, aber das nächste, daß sie da ist, ist qualitativ von diesem verschieden. Das ist das Interesse der Psychologie, wie nun diese Voraussetzung für die gründliche psychologische Kontemplation und Beobachtung sich als immer umfassender erweist, ja die Psychologie will sich gleichsam der Täuschung hingeben, daß die Sünde hierdurch da sei. Aber diese letzte Täuschung ist die Ohnmacht der Psychologie, die zeigt, daß sie ausgedient hat.

Daß die Menschennatur eine solche sein muß, daß sie die Sünde möglich macht, ist, psychologisch gesprochen, ganz wahr, aber diese Möglichkeit der Sünde ihre Wirklichkeit werden zu lassen, empört die Ethik und klingt für die Dogmatik wie eine Blasphemie; denn die Freiheit ist niemals möglich; sobald sie ist, ist sie wirklich, im gleichen Sinne, wie man in einer älteren Philosophie gesagt hat, wenn Gottes Dasein möglich ist, ist es notwendig.

Sobald die Sünde wirklich gesetzt ist, ist die Ethik zur Stelle und folgt nun jedem ihrer Schritte. Wie sie entstand, bekümmert die Ethik nicht, außer insoweit, als es ihr gewiß ist, daß die Sünde als Sünde in die Welt hineinkam. Aber noch weniger als um die Entstehung der Sünde kümmert die Ethik sich um das Stilleben [1] ihrer Möglichkeit.

Will man nun hier weiterfragen, in welchem Sinne und wie weit die Psychologie ihren Gegenstand in der Beobachtung verfolgt, dann versteht es sich aus dem Vorhergehenden von selbst, daß jede Beobachtung der Wirklichkeit der Sünde als gedachter ihr nicht zukommt und der Ethik angehört, jedoch nicht als Beobachtung; denn diese ist niemals beobachtend, sondern anklagend, richtend, handelnd. Danach folgt es von selbst aus dem Vorhergehenden, daß die Psychologie nicht mit dem Detail der empirischen Wirklichkeit zu tun hat, außer insoweit dieses außerhalb der Sünde ist. Als Wissenschaft kann die Psychologie wohl niemals empirisch mit dem Detail zu tun haben, das ihr zugrunde liegt, aber dennoch kann dieses seine wissenschaftliche Repräsentation

---

1 Kierkegaard verwendet hier das deutsche Wort ‹Stilleben›. (Anm. d. Übers.)

erhalten, je konkreter die Psychologie wird. In unsern Zeiten ist diese Wissenschaft, die doch vor allen anderen Erlaubnis hat, sich fast zu berauschen in der schäumenden Mannigfaltigkeit des Lebens, so fastend und asketisch geworden wie ein Selbstquäler. Dies ist nicht die Schuld der Wissenschaft, sondern derjenigen, die sie kultivieren. Im Verhältnis zur Sünde dagegen ist ihr der ganze Inhalt der Wirklichkeit versagt, nur deren Möglichkeit gehört ihr noch. Ethisch gedacht kommt natürlich die Möglichkeit der Sünde niemals vor, und die Ethik läßt sich nicht narren und vergeudet nicht ihre Zeit mit solcher Überlegung. Die Psychologie dagegen liebt sie, sitzt und zeichnet die Konturen ab und berechnet die Winkel der Möglichkeit und läßt sich ebensowenig stören wie Archimedes.

Aber indem die Psychologie sich so vertieft in die Möglichkeit der Sünde, steht sie, ohne es zu wissen, im Dienste einer andern Wissenschaft, die bloß darauf wartet, daß sie fertig werde, damit sie selbst beginnen und der Psychologie zur Erklärung verhelfen kann. Dies ist nicht die Ethik; denn die Ethik hat überhaupt nichts mit dieser Möglichkeit zu tun. Es ist vielmehr die Dogmatik, und hier zeigt sich wiederum das Problem der Erbsünde. Während die Psychologie die reale Möglichkeit der Sünde ergründet, erklärt die Dogmatik die Erbsünde, das ist die ideelle Möglichkeit der Sünde. Dagegen hat die zweite Ethik nichts mit der Möglichkeit der Sünde oder mit der Erbsünde zu tun. Die erste Ethik ignoriert die Sünde, die zweite Ethik hat die Wirklichkeit der Sünde innerhalb ihres Bereichs, und hier kann wiederum die Psychologie nur durch ein Mißverständnis eindringen.

Wenn das hier Entwickelte sich richtig verhält, dann wird man leicht sehen, mit welchem Recht ich die vorliegende Schrift eine psychologische Überlegung genannt habe, und zugleich, wie sie, insoweit sie zum Bewußtsein ihrer Stellung in der Wissenschaft gebracht wurde, in die Psychologie hineingehört und wiederum zur Dogmatik hinstrebt. Man hat die Psychologie die Lehre vom subjektiven Geist genannt. Will man das etwas genauer verfolgen, wird man sehen, wie sie, indem sie zum Problem der Sünde kommt, zuerst umschlagen muß in die Lehre vom absoluten Geist. Da liegt die Dogmatik. Die erste Ethik setzt Metaphysik voraus, die zweite die Dogmatik, vollendet sie aber auch so, daß hier wie überall die Voraussetzung herauskommt.

Dies war die Aufgabe der Einleitung, dies kann richtig sein, während die Überlegung selbst über den Begriff Angst ganz und gar unrichtig sein kann. Ob das so ist, muß sich zeigen.

KAPITEL I

Angst als Voraussetzung der Erbsünde und als rückwärts gewendete Erklärung der Erbsünde in Richtung auf deren Ursprung

§ 1

Historische Andeutungen in Hinsicht auf den Begriff Erbsünde

Ist dieser Begriff identisch mit dem Begriff: die erste Sünde, Adams Sünde, der Sündenfall? So hat man es wohl zuweilen genommen und deshalb die Aufgabe, die Erbsünde zu erklären, als identisch gesetzt mit der Erklärung von Adams Sünde. Da das Denken hier auf Schwierigkeiten stieß, wählte man einen Ausweg. Um doch etwas zu erklären, brachte man eine phantastische Voraussetzung herbei, in deren Verlust die Folge des Sündenfalles bestand. Man gewann nun den Vorteil, daß jeder willig einräumte, daß ein solcher Zustand wie der beschriebene in der Welt nicht gefunden werde, vergaß aber, daß der Zweifel ein anderer war, nämlich ob er existiert habe, was ziemlich notwendig war, um ihn zu verlieren. Die Geschichte des Menschengeschlechts bekam einen phantastischen Anfang, Adam wurde phantastisch außerhalb ihrer gehalten, das fromme Gefühl und die Phantasie erhielten, was sie verlangten, ein göttliches Vorspiel; aber das Denken bekam nichts. Auf eine doppelte Weise wurde Adam phantastisch draußen gehalten. Die Voraussetzung war eine dialektisch-phantastische, zunächst im Katholizismus (Adam verlor *donum divinitus datum supranaturale et admirabile* [eine von Gott gegebene übernatürliche und wunderbare Gabe]). Sie war eine historisch-phantastische, zunächst in der föderalen Dogmatik, die sich dramatisch verlor in einer Phantasieanschauung vom Auftreten Adams als Bevollmächtigten des ganzen Menschengeschlechts. Beide Erklärungen erklären natürlich nichts, da die eine bloß wegerklärt, was sie selbst hineingedichtet hat, die andere bloß etwas hineindichtet, das nichts erklärt.

Ist der Begriff Erbsünde derart verschieden vom Begriff der ersten Sünde, daß der Einzelne nur durch sein Verhältnis zu Adam teilnimmt an ihr und nicht durch sein ursprüngliches Verhältnis zur Sünde? In einem solchen Fall ist dann Adam wiederum in phantastischer Weise außerhalb der Historie gestellt. Adams Sünde ist da ein mehr als Vergangenes *(plus quam perfectum)*. Die Erbsünde ist das Gegenwärtige, ist die Sündigkeit und Adam der Einzige, in dem sie nicht war, da sie durch ihn wurde. Man strebte also nicht danach, Adams Sünde zu erklären, sondern wollte die Erbsünde in ihren Konsequenzen erklären, doch war die Erklärung nicht für das Denken. Daraus läßt es sich gut verstehen, daß eine symbolische Schrift die Unmöglichkeit der Erklärung aussagt und daß diese Aussage ohne Widerspruch neben der Erklärung steht. Die Schmalkaldischen Artikel lehren ausdrücklich: *peccatum haereditarium tam profunda et tetra est corruptio naturae, ut nullius hominis ratione intelligi possit, sed ex scripturae patefactione agnoscenda et credenda sit* [Schmalkaldische Artikel III, I, 3: Erbsünde ist eine so tiefe und verwerfliche Verderbnis der Natur, daß sie durch keines Menschen Vernunft eingesehen werden kann, sondern aus der Offenbarung der Schrift zu erkennen und zu glauben ist]. Diese Aussage läßt sich gut vereinigen mit den Erklärungen; denn in diesen kommen nicht so sehr die Gedankenbestimmungen als solche heraus, sondern das fromme Gefühl (in Richtung auf das Ethische) macht seiner Entrüstung über die Erbsünde Luft, übernimmt die Rolle des Anklägers und ist nun mit einer nahezu weiblichen Leidenschaftlichkeit, mit der Schwärmerei eines liebenden Mädchens allein darauf bedacht, die Sünde und sich selbst in ihr immer abscheulicher zu machen, so daß kein Wort hart genug ist, um das Teilnehmen des Einzelnen an ihr zu bezeichnen. Will man Überschau halten über die verschiedenen Konfessionen, dann bietet sich eine gradweise Steigerung dar, in der die tiefe protestantische Frömmigkeit den Sieg davonträgt. Die griechische Kirche nennt die Erbsünde: ἁμάρτημα προτοπατορικόν [eigentlich: πρωτοπατορικόν. Die Übersetzung lautet: die Sünde des ersten Vaters]. Sie hat nicht einmal einen Begriff; denn dieses Wort ist nur eine historische Angabe, die nicht wie der Begriff das Gegenwärtige angibt, sondern nur das historisch Abgeschlossene. *Vitium originis* (Tertullian) ist wohl ein Begriff, aber die Sprachform läßt doch zu, daß das Historische als das Überwiegende aufgefaßt werden kann. *Peccatum originale (quia originaliter tradatur*, Augustin) gibt den Begriff an, der noch deutlicher bestimmt wird durch die Unterscheidung zwischen *peccatum originans* und *originatum*. Der Protestantismus verwirft scholastische Bestimmungen *(carentia imaginis dei; defectus justitiae originalis* [das Fehlen des Gottesbildes; Verlust der ursprünglichen Gerechtigkeit]) wie auch, daß die Erbsünde sein sollte *poena (concupiscentiam poenam esse non peccatum, disputant adversarii,* Apologie der Confessio Augustana II, 38 [Die Gegner behaupten, daß die Begierde eine Strafe, keine Sünde sei]), und nun beginnt die begeisterte Steigerung: *vitium, peccatum, reatus, culpa* [Laster, Sünde, Schuld, Verbrechen]. Man konzentriert sich nur auf die Beredsamkeit der zerknirschten Seele und kann deshalb mitunter einen gänzlich widersprechenden Gedanken in die Rede von der Erbsünde miteinfließen lassen (*nunc quoque afferens iram dei iis, qui secundum exemplum Adami peccarunt* [auch jetzt den Zorn Gottes über diejenigen bringend, die *nach dem Vorbilde* Adams gesündigt haben]). Oder jene bekümmerte Beredsamkeit macht sich überhaupt nichts aus dem Gedanken, sondern sagt das Entsetzliche über die Erbsünde aus (*quo fit, ut omnes propter inobedientiam Adae et Hevae in odio apud deum simus*, Formula Concordiae II, I, 9 [woraus folgt, daß wir alle wegen des Ungehorsams Adams und Evas bei Gott verhaßt sind], die doch vorsichtig genug ist, dagegen zu protestieren, dies zu denken, denn würde man es denken, dann würde ja die Sünde zur Substanz des Menschen [1]). Sobald die Begeisterung des Glaubens und der Zerknirschung verschwindet, kann einem nicht mehr geholfen werden mit solchen Bestimmungen, die es nur der listigen Verständigkeit leicht machen, sich um die Sündenerkenntnis herumzudrücken. Aber andere Bestimmungen zu benötigen, ist doch ein zweifelhafter Beweis für die Vollkommenheit der Zeit, ganz im selben Sinne wie die Tatsache, daß man andere als drakonische Gesetze braucht.

Das Phantastische, das sich hier gezeigt hat, wiederholt sich ganz konsequent an einem anderen Punkt der Dogmatik, in der Lehre von der Versöhnung. Es wird gelehrt, daß Christus für die Erbsünde Genugtuung geleistet habe. Aber was wird dann aus Adam? Er brachte ja die Erbsünde in die Welt hinein, war da die Erbsünde nicht eine aktuelle Sünde in ihm? Oder bedeutet die Erbsünde dasselbe für Adam wie für jeden im Menschengeschlecht? In solchem Falle ist der Begriff aufgehoben. Oder war Adams ganzes Leben die Erbsünde? Erzeugte die erste Sünde nicht andere Sünden in ihm, d. h. aktuelle Sünden? Der Fehler in dem Vorhergehenden zeigt sich hier deutlicher; denn Adam ist so phantastisch außerhalb der Geschichte geraten, daß er als einziger von der Versöhnung ausgeschlossen ist.

Wie man das Problem auch stellen mag, sobald Adam phantastisch außerhalb gerät, ist alles verwirrt. Adams Sünde erklären heißt deshalb die Erbsünde erklären, und keine Erklärung hilft etwas, die Adam erklärt, aber nicht die Erbsünde, oder die Erbsünde erklären will, aber nicht Adam. Dies hat seinen tiefsten Grund in dem, was das Wesentliche in der menschlichen Existenz ist, daß der Mensch Individuum ist und als solches zugleich er selbst und das ganze Geschlecht, dergestalt, daß das ganze Geschlecht am Individuum und das Individuum am ganzen Geschlecht teilhat [2]. Hält man dies nicht fest, dann kommt man entweder hinein in die pelagianische, socinianische, philanthropische

---

1 Daß die Konkordienformel es verbot, diese Bestimmung zu denken, muß gerade gelobt werden als ein Beweis für die energische Leidenschaft, mit der sie das Denken an das Undenkbare anstoßen zu lassen weiß, welche Energie besonders bewundernswert ist gegenüber dem modernen Denken, das nur allzusehr sich gehen läßt.

2 Wenn dergestalt ein Einzelner gänzlich vom Geschlechte abfallen könnte, dann würde sein Abfall zugleich das Geschlecht anders bestimmen, wogegen, wenn ein Tier von der Art abfiele, die Art gänzlich unbeteiligt bleiben würde.

Einszahl oder in das Phantastische. Es ist die Prosa des Verstandes, das Geschlecht numerisch aufzulösen in ein Einmal-ein. Das Phantastische ist, daß Adam die wohlgemeinte Ehre genießt, mehr zu sein als das ganze Geschlecht, oder die zweideutige Ehre, außerhalb des Geschlechts zu stehen.

In jedem Augenblick ist es so, daß das Individuum es selbst und das Geschlecht ist. Das ist des Menschen Vollkommenheit, gesehen als Zustand. Zugleich ist dies ein Widerspruch; aber ein Widerspruch ist immer Ausdruck einer Aufgabe; eine Aufgabe aber ist Bewegung; eine Bewegung aber, hin zu demselben als Aufgabe, die als dasselbe aufgegeben war, ist eine historische Bewegung. Also hat das Individuum Geschichte; hat aber das Individuum Geschichte, so hat das Geschlecht diese auch. Jedes Individuum hat dieselbe Vollkommenheit, gerade deshalb fallen die Individuen nicht numerisch auseinander, ebensowenig wie der Begriff des Geschlechtes ein Phantom wird. Jedes Individuum ist wesentlich interessiert an der Geschichte aller andern Individuen, ja ebenso wesentlich wie an seiner eigenen. Die Vollendetheit in sich selbst ist deshalb die vollkommene Anteilnahme an dem Ganzen. Kein Individuum ist gleichgültig gegen die Geschichte des Geschlechts, ebensowenig wie das Geschlecht gegen die irgendeines Individuums. Indem des Geschlechtes Geschichte vorangeht, beginnt das Individuum beständig von vorne, weil es es selbst und das Geschlecht ist, und darum wiederum des Geschlechtes Geschichte.

Adam ist der erste Mensch, er ist zugleich er selbst und das Geschlecht. Es ist nicht kraft des ästhetisch Schönen, daß wir an ihm festhalten; nicht kraft eines hochherzigen Gefühls, daß wir uns an ihn anschließen, um ihn nicht sozusagen im Stiche zu lassen als den, der alles verschuldet hat; nicht kraft der Begeisterung der Sympathie und der Überredung der Pietät sind wir entschlossen, die Schuld mit ihm zu teilen, so wie das Kind wünscht, mit dem Vater schuldig zu sein; nicht kraft eines erzwungenen Mitleides, das uns lehrt, uns darein zu finden, worin wir uns nun einmal finden müssen; sondern es ist kraft des Gedankens, daß wir ihn festhalten. Jeder Versuch also, Adams Bedeutung für das Geschlecht zu erklären als *caput generis humani naturale, seminale, foederale* [das natürliche Haupt des Menschengeschlechts, aus dessen Samen wir stammen, das den ersten Bund mit Gott geschlossen hat], um an einen dogmatischen Ausdruck zu erinnern, verwirrt alles. Er ist nicht wesentlich verschieden vom Geschlecht, denn dann wäre das Geschlecht gar nicht da, er ist nicht das Geschlecht, denn dann wäre das Geschlecht auch nicht da: Er ist er selbst und das Geschlecht. Was deshalb Adam erklärt, erklärt das Geschlecht, und umgekehrt.

Der Begriff ‹Die erste Sünde›

Nach traditionellen Begriffen ist der Unterschied zwischen Adams erster Sünde und jedes Menschen erster Sünde dieser: Adams Sünde bedingt die Sündigkeit als Konsequenz, die zweite erste Sünde setzt die Sündigkeit als Bedingung. Wäre dies so, dann läge Adam wirklich außerhalb des Geschlechts, und dieses begänne nicht mit ihm, sondern hätte einen Beginn außerhalb seiner selbst, welches jedem Begriff widerstreitet.

Daß die *erste* Sünde etwas anderes bedeutet als eine Sünde (d. h. eine Sünde wie viele andere), etwas anderes als *eine* Sünde (d. h. Nummer 1 im Verhältnis zu Nummer 2), ist leicht einzusehen. Die erste Sünde ist die Bestimmung der Qualität, die erste Sünde ist *die* Sünde. Dies ist das Geheimnis des Ersten und dessen Ärgernis für die abstrakte Verständigkeit, die meint, einmal ist keinmal, aber viele Male sind etwas, welches gänzlich umgekehrt ist, da die vielen Male entweder jedes für sich ebensoviel bedeuten wie das erste Mal oder zusammen nicht entfernt soviel. Es ist deshalb ein Aberglaube, wenn man in der Logik meinen will, daß durch ein fortgesetztes quantitatives Bestimmen eine neue Qualität herauskomme; es ist eine unverzeihliche Verschweigung, wenn man zwar nicht verhehlt, daß es nicht ganz so zugeht, aber die Folge davon für die ganze logische Immanenz dadurch verbirgt, daß man es mit in die logische Bewegung einführt, wie Hegel dies tut[1]. Die neue Qualität entsteht mit der ersten, mit dem Sprunge, mit der Plötzlichkeit des Rätselhaften.

Wenn die erste Sünde numerisch *eine* Sünde bedeutet, dann wird daraus keine Geschichte, dann bekommt die Sünde weder im Individuum noch im Geschlecht Geschichte; weder da noch dort, denn die Be-

---

1 Überhaupt hat dieser Satz von dem Verhältnis zwischen dem quantitativen Bestimmen und der neuen Qualität eine lange Geschichte. Eigentlich lag die Bedeutung der ganzen griechischen Sophistik darin, bloß ein quantitatives Bestimmen zu statuieren, weshalb ihre höchste Unterscheidung Gleichheit und Ungleichheit ist. In der neueren Philosophie hat Schelling zuerst sich helfen wollen mit einem bloß quantitativen Bestimmen, um alle Verschiedenheit zu erklären; er tadelte später dasselbe bei Eschenmayer (in dessen Dissertation). Hegel statuierte den Sprung, aber statuierte ihn in der Logik. Rosenkrantz (in seiner Psychologie) bewundert Hegel deshalb. In der zuletzt herausgekommenen Schrift von Rosenkrantz (über Schelling) tadelt er diesen und lobt Hegel. Aber Hegels Unglück ist gerade das, daß er die neue Qualität geltend machen will und es doch nicht tun will, da er es in der Logik machen will, die, sobald dieses erkannt wird, ein anderes Bewußtsein ihrer selbst und ihrer Bedeutung erhalten muß.

dingung dafür ist dieselbe, wenn darum auch die Geschichte des Geschlechtes nicht als solche die des Individuums ist, ebensowenig wie die des Individuums die des Geschlechtes, außer sofern der Widerspruch beständig die Aufgabe ausdrückt.

Durch die erste Sünde kam die Sünde in die Welt hinein. Ganz und gar auf dieselbe Weise gilt dies von der ersten Sünde jedes späteren Menschen, daß durch sie die Sünde in die Welt hineinkommt. Daß sie vor Adams erster Sünde nicht da war, ist eine im Verhältnis zur Sünde selbst ganz und gar zufällige und unbefugte Reflexion, die überhaupt nicht Bedeutung oder Recht hat, Adams erste Sünde größer oder jedes anderen Menschen erste Sünde geringer zu machen. Es ist geradezu eine logische und ethische Ketzerei, daß man es so aussehen lassen will, als ob die Sündigkeit in einem Menschen sich quantitativ so lange bestimme, bis sie zuletzt durch eine Urzeugung (generatio aequivoca) die erste Sünde in einem Menschen hervorbringe. Das geschieht nicht, ebensowenig wie Trop[1], der doch ein Meister im Dienste der quantitativen Bestimmung war, mit Hilfe dieser Kandidat wurde. Laß Mathematiker und Astronomen, wenn sie können, sich mit dem unendlich Kleinen helfen, im Leben hilft einem dies nicht zu irgendeinem Zeugnis, geschweige denn dazu, den Geist zu erklären. Wenn jedes späteren Menschen erste Sünde so aus der Sündigkeit hervorginge, dann wäre seine erste Sünde nur unwesentlich als die erste zu bestimmen, dagegen wesentlich zu bestimmen, wenn solches denkbar wäre, nach ihrer Nummernfolge in dem allmählich sinkenden Fond des Menschengeschlechts. Aber so ist es nicht; und es ist in gleicher Weise schlecht, unlogisch, unethisch, unchristlich, um die Ehre zu buhlen, der erste Erfinder zu sein, und etwas von sich wegzuschubsen, indem man sich nichts denken will bei dem, was man sagt, man habe nichts anderes getan, als was alle andern gemacht haben. Die Anwesenheit der Sündigkeit in einem Menschen, die Macht des Beispiels usw., all dies sind bloß quantitative Bestimmungen, die nichts erklären[2], außer man nimmt an, daß ein Individuum das Geschlecht ist, anstatt daß jedes Individuum es selbst und das Geschlecht ist.

Die Erzählung von der ersten Sünde in der Genesis ist besonders in unserer Zeit ziemlich leichtsinnig als ein Mythos betrachtet worden. Dies hat seinen guten Grund: das, was man an ihre Stelle gesetzt hat, war gerade ein Mythos, und zwar ein schlechter Mythos; denn wenn

---

1 Im 2. Auftritt des Singspieles von HEIBERG ‹Der Rezensent und das Tier› sagt der ewige juristische Student: «Ich kann jeden Augenblick attestieren lassen, daß ich kurz davorstand, die lateinisch-juristische Prüfung zu machen.» (Anm. d. Übers.)

2 Es ist etwas anderes, was für eine Bedeutung die Bestimmungen im übrigen haben als in die Geschichte des Geschlechts mithineingehörende, als Anlauf für den Sprung, ohne doch den Sprung erklären zu können.

der Verstand auf das Mythische verfällt, dann kommt selten etwas anderes heraus als Geschwätz. Jene Erzählung ist die einzig dialektisch-konsequente Auffassung. Ihr ganzer Gehalt ist eigentlich in dem Satz konzentriert: *Die Sünde kam in die Welt hinein durch eine Sünde.* Wenn dies nicht so wäre, dann wäre die Sünde als etwas Zufälliges gekommen, von dessen Erklärung man seine Hände weglassen sollte. Die Schwierigkeit für den Verstand ist gerade der Triumph der Erklärung, ist deren tiefsinnige Konsequenz, daß die Sünde sich selbst voraussetzt, daß sie so in die Welt hineinkommt, daß sie, indem sie ist, vorausgesetzt ist. Die Sünde kommt also hinein als das Plötzliche, d. h. durch den Sprung; aber dieser Sprung setzt zugleich die Qualität; doch indem die Qualität gesetzt ist, ist im selben Augenblick der Sprung in die Qualität hineinverflochten und von der Qualität vorausgesetzt und die Qualität vom Sprunge. Dies ist ein Ärgernis für den Verstand, also ist es ein Mythos. Als Entgelt dichtet er selbst einen Mythos, der den Sprung leugnet, den Kreis in eine gerade Linie auflöst, und nun geht alles natürlich zu. Er phantasiert etwas darüber, wie der Mensch vor dem Sündenfall war, und nach und nach, wie der Verstand darüber schwatzt, wird die projektierte Unschuld im Verlaufe des Geschwätzes allmählich zur Sündigkeit — und dann, dann ist sie da. Der Vortrag des Verstandes bei dieser Gelegenheit kann passend verglichen werden mit dem Kinderabzählreim, mit dem sich die Jugend belustigt: Poli ein Meister — Poli zwei Meister — Polizei-Meister —, hier ist es ja, und ist ganz natürlich aus dem Vorhergehenden hervorgegangen. Sofern etwas an dem Mythos des Verstandes sein sollte, müßte dies sein, daß die Sündigkeit der Sünde vorausgeht. Aber wenn es dergestalt wahr ist, daß die Sündigkeit durch etwas anderes hereingekommen ist als durch die Sünde, dann ist der Begriff aufgehoben. Ist sie aber durch die Sünde hereingekommen, so ist diese ja vorausgegangen. Dieser Widerspruch ist der einzige dialektisch konsequente, der sowohl den Sprung wie die Immanenz (d. h. die spätere Immanenz) in seiner Macht hat.

Durch Adams erste Sünde *kam also die Sünde in die Welt hinein.* Dieser Satz, der der übliche ist, enthält indessen eine gänzlich äußerliche Reflexion, die gewiß viel zum Entstehen schwebender Mißverständnisse beigetragen hat. Daß die Sünde in die Welt hineinkam, ist durchaus wahr; aber dies geht auf solche Art Adam nichts an. Ganz scharf und genau ausgedrückt, muß man sagen, durch die erste Sünde kam die Sündigkeit in Adam hinein. Über keinen späteren Menschen würde einem einfallen zu sagen, daß durch seine erste Sünde die Sündigkeit in die Welt hineinkam, und doch kommt sie durch ihn auf eine gleiche Weise (eine Weise, die nicht wesentlich verschieden ist) in die Welt hinein; denn scharf und genau ausgedrückt, ist die Sündigkeit nur in der Welt, insofern sie durch die Sünde hineinkommt.

Daß man sich bei Adam anders ausgedrückt hat, hat seinen Grund nur darin, daß die Konsequenz von Adams phantastischem Verhältnis zur ganzen Menschheit sich überall zeigen muß. Seine Sünde ist die Erbsünde. Sonst weiß man nichts von ihm. Aber die Erbsünde, die in Adam gesehen wird, ist nur jene erste Sünde. Ist Adam also das einzige Individuum, das nicht Geschichte hat? Dann kommt ja die Menschheit dazu, mit einem Individuum zu beginnen, das nicht Individuum ist, wodurch dann sowohl der Begriff der Menschheit wie der des Individuums aufgehoben werden. Kann irgendein anderes Individuum des Menschengeschlechts mit seiner Geschichte Bedeutung haben für die Geschichte des Geschlechtes, dann hat Adam sie auch; hat Adam sie nur durch jene erste Sünde, dann wird der Begriff Geschichte aufgehoben, das will sagen, dann ist die Geschichte vorbei in dem Augenblick, wo sie anfing [1]. Indem das Geschlecht nun nicht mit jedem Individuum [2] von vorne beginnt, bekommt die Sündigkeit des Geschlechtes wohl eine Geschichte. Diese schreitet indessen voran in quantitativen Bestimmungen, während das Individuum im Sprunge der Qualität daran teilnimmt. Das Geschlecht beginnt deshalb nicht mit jedem Individuum von vorne; denn dann ist das Geschlecht überhaupt nicht da; sondern jedes Individuum beginnt von vorne mit dem Geschlecht.

Wenn man also sagen will, daß Adams Sünde die Sünde des Geschlechts in die Welt hineinbrachte, so meint man das entweder phantastisch, wodurch jeder Begriff annulliert wird, oder man kann dies mit demselben Recht von jedem Individuum sagen, das durch seine erste Sünde die Sündigkeit hereinbringt. Ein Individuum zu bekommen, das außerhalb des Geschlechtes stehen soll, um das Geschlecht zu beginnen, ist ein Verstandesmythos, ebenso wie der, die Sündigkeit auf eine andere Weise beginnen zu lassen als mit der Sünde. Das, was man erreicht, ist nur, das Problem zu verschieben, das sich natürlicherweise an den Menschen Nummer 2 um Aufklärung wendet, oder richtiger an den Menschen Nummer 1, da Nummer 1 eigentlich Nummer 0 geworden ist.

Was oft täuscht und dazu beiträgt, allerhand phantastische Vorstel-

---

1 Es geht beständig darum, Adam mit in das Menschengeschlecht hineinzubekommen, ganz in derselben Bedeutung wie jedes andere Individuum. Darauf müßte die Dogmatik aufpassen, besonders um der Versöhnung willen. Die Lehre, daß Adam und Christus einander entsprechen, erklärt überhaupt nichts, sondern verwirrt alles. Eine Analogie kann es geben, aber die Analogie ist begrifflich unvollkommen. Nur Christus ist ein Individuum, das mehr ist als Individuum; aber deshalb kommt er auch nicht am Anfang, sondern in der Fülle der Zeit.

2 Der Gegensatz ist ausgesprochen in § 1: Während die Geschichte des Menschengeschlechtes voranschreitet, beginnt das Individuum beständig von vorne.

lungen in Gang zu bringen, ist das Generationsverhältnis, als wäre der spätere Mensch wesentlich verschieden von dem ersten durch die Abstammung. Die Abstammung ist nur der Ausdruck für die Kontinuität in der Geschichte des Geschlechtes, welche sich immer in quantitativen Bestimmungen bewegt und deshalb auf keine Weise imstande ist, ein Individuum hervorzubringen. Denn ein Tiergeschlecht, mag es sich auch bewahrt haben durch tausend und abertausend Generationen, bringt niemals ein Individuum hervor. Wenn der zweite Mensch nicht von Adam abstammte, dann wäre er nicht der zweite Mensch, sondern eine leere Wiederholung, woraus ebensowenig ein Geschlecht wie ein Individuum geworden wäre. Jeder einzelne Adam wäre eine Statue für sich geworden und deshalb nur zu bestimmen durch eine gleichgültige Bestimmung, d. h. durch die Zahl, in einem noch unvollkommeneren Sinne, als wenn die ‹blauen Jungs› mit Zahlen benannt werden. Im höchsten Falle würde jeder Einzelne er selbst sein, nicht er selbst und das Geschlecht, er würde keine Geschichte bekommen, wie ein Engel keine Geschichte hat, sondern nur er selbst ist und nicht an irgendeiner Geschichte teilhat.

Es braucht wohl kaum gesagt zu werden, daß diese Auffassung nicht des Pelagianismus zu zeihen ist, der jedes Individuum unbekümmert um das Geschlecht seine kleine Historie auf seinem Privattheater spielen läßt; denn die Historie des Geschlechtes geht ja ruhig ihren Gang, und in ihr fängt kein Individuum an derselben Stelle an wie ein anderes, während jedes Individuum von vorne anfängt und im gleichen Augenblick da ist, wo es in der Geschichte beginnen sollte.

§ 3

Der Begriff Unschuldigkeit

Es gilt hier wie überall: Will man in unseren Tagen eine dogmatische Bestimmung haben, muß man den Anfang machen, daß man vergißt, was Hegel entdeckt hat, um der Dogmatik zu helfen. Es wird einem wunderlich zumute, wenn man in Dogmatiken, die doch sonst wünschen, so einigermaßen rechtgläubig zu sein, an diesem Punkt Hegels Lieblingsbemerkung angeführt sieht, daß die Bestimmung des Unmittelbaren aufzuheben ist, so als wären Unmittelbarkeit und Unschuldigkeit gänzlich identisch. Hegel hat ganz konsequent jeden dogmatischen Begriff gerade soweit verflüchtigt, daß er eine kümmerliche Existenz führt als geistreicher Ausdruck für das Logische. Daß das Unmittelbare aufgehoben werden muß, dazu braucht man ja nicht Hegel, um das zu sagen, und er hat also auch kein unsterbliches Verdienst, dies gesagt zu haben, da es, logisch gedacht, nicht einmal korrekt ist; denn das Unmittelbare muß nicht aufgehoben werden, da es niemals da ist. Der Begriff Unmittelbarkeit hat seine Stelle in der Logik, der Begriff Unschuldigkeit aber in der Ethik, und über jeden Begriff muß gesprochen werden aus der Wissenschaft heraus, welcher er zugehört, mag der Begriff nun der Wissenschaft dergestalt angehören, daß er dort entwickelt wird oder daß er entwickelt wird, indem er vorausgesetzt wird.

Unethisch ist es nun, zu sagen, daß die Unschuldigkeit aufgehoben werden muß; denn wäre sie auch in dem Augenblick aufgehoben, da es ausgesprochen wäre, so verbietet die Ethik zu vergessen, daß sie nur aufgehoben werden kann durch Schuld. Wenn man also von der Unschuldigkeit wie von der Unmittelbarkeit redet und logisch anzüglich und grob dieses Flüchtigste vertreibt oder ästhetisch empfindsam darüber ist, was es war und daß es verschwunden ist, dann ist man nur ‹geistreich› und vergißt die Pointe.

Wie also Adam die Unschuldigkeit durch die Schuld verlor, so verliert jeder Mensch sie. War es nicht durch Schuld, daß er sie verlor, so war es überhaupt nicht die Unschuld, die er verlor, und war er nicht unschuldig, ehe er schuldig wurde, so wurde er niemals schuldig.

In bezug auf Adams Unschuld hat es nicht an allerhand phantastischen Vorstellungen gefehlt, mögen diese nun symbolische Würde erreicht haben in Zeiten, wo der Samt auf dem Predigtstuhl der Kirche sowohl wie auf dem Anfang des Geschlechtes noch weniger abgewetzt war als jetzt, oder mögen sie abenteuerlicher herumstreifen als die verdächtigen Erfindungen der Dichtung. Je phantastischer man Adam kostümierte, desto unerklärlicher wurde es, daß er sündigen konnte, desto entsetzlicher wurde seine Sünde. Er hatte indes ein für allemal die ganze Herrlichkeit verspielt, und darüber wurde man je nach Zeit und Gelegenheit sentimental oder witzig, schwermütig oder leichtsinnig, historisch zerbrochen oder phantastisch munter, aber die Pointe darin faßte man nicht ethisch.

Was die Unschuld der späteren Menschen (d. h. aller, ausgenommen Adam und Eva) angeht, hatte man etwas geringere Vorstellungen. Der ethische Rigorismus übersah die Grenze des Ethischen und war redlich genug, zu glauben, daß die Menschen die Gelegenheit nicht benutzen würden, um sich vor dem Ganzen zu drücken, wenn die Ausflucht so leicht gemacht würde; die Leichtsinnigkeit sah überhaupt nichts ein. Aber nur durch Schuld wurde die Unschuld verloren; jeder Mensch verliert wesentlich auf dieselbe Weise die Unschuld, wie Adam dies tat, und es ist weder im Interesse der Ethik, alle außer Adam zu bekümmerten und interessierten Zuschauern der Schuld zu machen, aber nicht zu Schuldigen, noch im Interesse der Dogmatik, alle zu interessierten und teilnehmenden Zuschauern bei der Versöhnung zu machen, aber nicht zu Versöhnten.

Wenn man so oft die Zeit der Dogmatik und Ethik und seine eigene damit verschwendet hat, zu überlegen, was geschehen wäre, wenn Adam nicht gesündigt hätte, so zeigt dies bloß, daß man nicht die richtige Stimmung und folglich auch nicht den richtigen Begriff dazu mitbringt. Der Unschuldige kann niemals darauf verfallen, so zu fragen, der Schuldige aber sündigt, wenn er so fragt; denn er will in seiner ästhetischen Neugierde ignorieren, daß er selbst die Schuld in die Welt gebracht hat, daß er selbst die Unschuld durch die Schuld verloren hat.

Die Unschuld ist deshalb nicht wie das Unmittelbare etwas, das aufgehoben werden muß, dessen Bestimmungen aufzuheben sind, etwas, das eigentlich nicht da ist, sondern indem es aufgehoben ist, erst dadurch gerade und erst dann wird das, was bestand, ehe es aufgehoben wurde und jetzt aufgehoben ist. Die Unmittelbarkeit wird nicht durch die Mittelbarkeit aufgehoben, sondern indem die Mittelbarkeit erscheint, hat sie in demselben Augenblick die Unmittelbarkeit aufgehoben. Die Aufhebung der Unmittelbarkeit ist deshalb eine immanente Bewegung in der Unmittelbarkeit, oder sie ist eine immanente Bewegung in der Mittelbarkeit in entgegengesetzter Richtung, durch welche diese die Unmittelbarkeit voraussetzt. Die Unschuld ist etwas, das durch ein Transcendens aufgehoben wird, gerade weil die Unschuldigkeit *etwas* ist (wogegen der richtigste Ausdruck für die Unmittelbarkeit derjenige ist, den Hegel für das reine Sein gebraucht, nämlich Nichts), weshalb denn auch, wenn die Unschuld durch die Transzendenz aufgehoben ist, etwas ganz anderes herauskommt, während die Mittelbarkeit gerade die Unmittelbarkeit ist. Die Unschuld ist eine Qualität, sie ist ein *Zustand*, der sehr gut bestehen kann, und deshalb hat die logische Eile, ihn aufgehoben zu sehen, nichts zu bedeuten, während sie in der Logik sehen sollte, sich etwas mehr zu beeilen, denn da kommt sie immer, selbst wenn sie am eiligsten ist, zu spät. Die Unschuld ist nicht eine Vollkommenheit, die man zurückwünschen sollte; denn sobald man sie wünscht, ist sie verloren, und dann ist es eine neue Schuld, die Zeit mit Wünschen zu verschwenden. Die Unschuld ist nicht eine Unvollkommenheit, bei welcher man nicht stehenbleiben kann, denn sich selbst ist sie allezeit genug, und der, der sie verloren hat, d. h. so, wie sie nur verloren werden kann, nicht wie es ihm vielleicht gefällt, sie verloren zu haben, d. h. durch Schuld, der wird nicht darauf verfallen, seine Vollkommenheit auf Kosten der Unschuld anzupreisen.

Die Erzählung in der Genesis gibt nun auch die richtige Erklärung der Unschuld. Unschuldigkeit ist Unwissenheit. Sie ist keineswegs das reine Sein des Unmittelbaren, sondern sie *ist* Unwissenheit. Daß man, wenn man von außen die Unwissenheit betrachtet, diese mit Richtung auf das Wissen bestimmt sieht, ist etwas, das die Unwissenheit ganz und gar nicht betrifft.

Es ist wohl einleuchtend, daß diese Auffassung sich keines Pelagianismus schuldig macht. Das Menschengeschlecht hat seine Geschichte, in dieser hat die Sündigkeit ihre ständige quantitative Bestimmtheit, aber die Unschuld wird immer nur verloren durch den qualitativen Sprung des Individuums. Daß diese Sündigkeit, die der Fortschritt des Menschengeschlechts ist, sich in dem Einzelnen, der sie in seine Handlung übernimmt, als größere oder kleinere Disposition zeigen kann, ist wohl wahr, aber dies ist ein Mehr oder Weniger, ein quantitatives Bestimmen, das nicht den Begriff Schuld ausmacht.

§ 4

Der Begriff Sündenfall

Wenn also die Unschuld Unwissenheit ist, so scheint es, daß da ein Unterschied besteht zwischen Adams Unschuld und der jedes späteren Menschen, insofern nämlich, als die Schuldhaftigkeit des Geschlechtes in ihrer quantitativen Bestimmtheit da ist in der Unwissenheit des Einzelnen und durch seinen Akt sich zeigt als sein Schuldigsein. Die Antwort ist bereits gegeben, daß nämlich ein Mehr keine Qualität hervorbringt. Zugleich könnte es scheinen, daß es leichter würde zu erklären, wie ein einzelner Mensch die Unschuld verliere. Dies scheint indessen nur so. Die äußerste quantitierende Bestimmtheit erklärt den qualitativen Sprung ebensowenig wie die geringste; kann ich die Schuld in einem späteren Menschen erklären, kann ich sie ebensogut in Adam erklären. Durch Gewohnheit und besonders durch Gedankenlosigkeit und ethischen Stumpfsinn hat es den Anschein gewonnen, als wäre das erste leichter als das letzte. Man möchte sich so gerne dem Sonnenstich der Konsequenz entziehen, der einem gerade auf den Scheitel zielt. Man möchte sich in die Sündigkeit hineinfinden, mit an ihr tragen usw. usw. Man soll sich keine Ungelegenheit machen, die Sündigkeit ist keine Epidemie, die sich wie die Kuhpokken ausbreitet, «und jeder Mund soll gestopft werden». Daß ein Mensch mit tiefem Ernst sagen kann, daß er im Elend geboren wurde und daß seine Mutter ihn in Sünden empfangen hat, ist ganz richtig; aber eigentlich kann er erst recht darüber trauern, nachdem er selbst die Schuld in die Welt hinein- und alles dies über sich gebracht hat, denn es ist ein Widerspruch, *ästhetisch* über die *Sündigkeit* trauern zu wollen. Der einzige, der unschuldig trauerte über die Sünde, war Christus, aber er trauerte nicht über sie als ein Schicksal, in das er sich finden mußte, sondern trauerte als der, welcher frei wählte, aller Welt Sünden zu tragen und deren Strafe zu leiden. Das ist keine ästhetische Bestimmung, denn Christus war mehr als ein Individuum.

Unschuld ist also Unwissenheit; aber wie wird sie verloren? Ich will hier nicht all die sinnreichen und törichten Hypothesen wiederholen, womit die Denker und Projektemacher, die nur neugierig interessiert waren an dem großen menschlichen Anliegen, das man Sünde nennt, den Anfang der Geschichte belemmert haben. Teils wünsche ich nicht, anderer Leute Zeit zu verschwenden, indem ich erzähle, was ich selbst für Zeit vergeudet habe, um wissend zu werden, teils liegt das Ganze außerhalb der Geschichte in tiefem Dunkel, wo Hexen und Projektemacher um die Wette reiten auf einem Besenstiel und einem Wursthölzchen.

Die Wissenschaft, die mit Erklärungen zu tun hat, ist die Psychologie, die doch bloß bis zur Erklärung hin erklären kann und sich vor allem hüten muß, sich den Anschein zu geben, als könne sie erklären, was keine Wissenschaft erklärt und was nur die Ethik weiterführend erklärt, in dem sie es durch die Dogmatik voraussetzt. Man würde alles verwirrt haben, wenn man die psychologische Erklärung nähme und sie nun einige Male wiederholte und darauf meinte, es wäre nicht unwahrscheinlich, daß die Sünde auf diese Weise in die Welt hineingekommen sei. Die Psychologie hat innerhalb ihrer Grenze zu bleiben, da kann ihre Erklärung allezeit ihre Bedeutung haben.

Eine psychologische Erklärung des Sündenfalles kann man in Usteris [1] Entwicklung des Paulinischen Lehrbegriffs gut und klar dargestellt finden. Jetzt ist die Theologie so spekulativ geworden, daß sie über so etwas höhnt. Es ist ja auch weit angenehmer, zu erklären, daß das Unmittelbare aufgehoben werden muß. Und was die Theologie zuweilen macht, ist noch viel bequemer, nämlich im entscheidenden Augenblick der Erklärung unsichtbar zu werden für die Augen des spekulativen Anbeters. Usteris Ausführung läuft darauf hinaus, daß das Verbot selbst, nicht vom Baume des Wissens essen zu dürfen, die Sünde in Adam hervorbrachte. Sie übersieht durchaus nicht das Ethische, sondern gibt zu, daß sie gleichsam nur prädisponiere, was in Adams qualitativem Sprung hervorbricht. Ich habe nicht vor, diese Ausführung, so wie sie gegeben ist, weiter darzulegen. Jeder hat sie ja gelesen oder kann sie bei dem Verfasser nachlesen [2].

---

1 LEONHARD USTERI (gest. 1870), Schüler Schleiermachers, Verfasser von: ‹Entwicklung des Paulinischen Lehrbegriffs mit Hinsicht auf die übrigen Schriften des Neuen Testamentes›. Dänische Übersetzung von W. J. J. BOETHE, 1839. (Anm. d. Übers.)

2 Jeder, der über den vorliegenden Gegenstand nachdenken will, muß natürlich kennen, was Fr. Baader mit gewohnter Stärke und Autorität in mehreren Schriften entwickelt hat über die Bedeutung der Versuchung für die Konsolidierung der Freiheit und über das Mißverständliche, dabei die Versuchung einseitig aufzufassen als Versuchung zum Bösen oder als das, dessen Bestimmung ist, den Menschen fallen zu lassen, während man doch eher die Versuchung als das notwendige Andere der Freiheit betrachten muß. Dies

Was dieser Erklärung fehlt, ist, daß sie nicht recht psychologisch sein dürfte. Das ist natürlich kein Tadel; denn sie hat es selbst nicht gewollt, sondern hat sich eine andere Aufgabe gestellt: Pauli Lehre zu entwickeln und sich an das Biblische zu halten. Aber in dieser Hinsicht hat die Bibel oft schädlich gewirkt. Indem man zu überlegen begann, hat man sich gewisse klassische Stellen fest in den Kopf gesetzt, und des Autors Erklärung und Wissen werden nun ein Arrangieren dieser Stellen, so, als wäre das Ganze ihm so fremd. Je natürlicher, desto besser, wenn man auch willig ist, in aller Ehrerbietigkeit seine Erklärung dem Gutachten der Bibel gegenüberzustellen und, wenn diese nicht vor ihm besteht, zuzusehen, daß man von neuem erkläre. Man kommt so nicht in die verkehrte Stellung, die Erklärung eher verstehen zu sollen, als man verstanden hat, was es ist, das sie erklären soll, und auch nicht in die hinterlistige Lage, die Schriftstellen zu benutzen, ähnlich wie der persische König gegen die Ägypter deren heilige Tiere benutzte: um sich zu sichern.

Wenn man das Verbot den Sündenfall bedingen läßt, dann läßt man das Verbot eine *concupiscentia* erwecken. Hier hat bereits die Psychologie ihre Kompetenz überschritten. Eine *concupiscentia* ist eine Bestimmung von Schuld und Sünde vor Schuld und Sünde, die doch nicht Schuld und Sünde ist, d. h. mit dieser gesetzt ist. Der qualitative Sprung wird kraftlos gemacht, der Sündenfall wird etwas Zwangsläufiges. Es wird auch nicht gemutmaßt, wie das Verbot die *concupiscentia* weckt, wenn es auch gewiß eine sowohl heidnische wie christliche Erfahrung ist, daß des Menschen Trachten auf das Verbotene gerichtet ist. Aber auf die Erfahrung kann man sich nicht ohne weiteres berufen, da näher gefragt werden müßte, in welchem Abschnitt des Lebens dies erfahren wird. Die Zwischenbestimmung *concupiscentia* ist auch nicht zweideutig, woraus man sofort ersehen kann, daß sie keine psychologische Erklärung ist. Der stärkste, eigentlich der am meisten positive Ausdruck, den die protestantische Kirche über die Anwesenheit der Erbsünde im Menschen gebraucht, ist gerade, daß er mit *concupiscentia* geboren wird (*Omnes homines secundum naturam propagati nascuntur cum peccato h. e. sine metu dei, sine fiducia erga deum et cum concupiscentia* [Alle natürlich ge-

---

hier von neuem zu erzählen, ist nicht nötig, es gibt ja Fr. Baaders Schriften. Seinen Gedanken weiterzuverfolgen, läßt sich hier auch nicht machen, da es mir scheint, als habe Fr. Baader Zwischenbestimmungen übersehen. Der Übergang von der Unschuld zur Schuld bloß durch den Begriff der Versuchung bringt leicht Gott in ein beinahe experimentierendes Verhältnis zum Menschen und übersieht die dazwischenliegende psychologische Beobachtung, daß die Zwischenbestimmung doch *concupiscentia* und schließlich mehr eine dialektische Erörterung des Begriffes der Versuchung ist als eine psychologische Erklärung der näheren Umstände [s. Fr. v. Baaders Werke I 249 ff].

zeugten Menschen werden mit der Sünde geboren, d. h. ohne Furcht Gottes, ohne Gottvertrauen und mit sinnlicher Begierde, Conf. Aug. I, 2, I.].). Und doch macht die protestantische Lehre einen Wesensunterschied zwischen der Unschuld des späteren Menschen (wenn überhaupt die Rede von einer solchen sein kann) und der Adams.

Die psychologische Erklärung darf nicht die Pointe zerreden, sondern muß in ihrer elastischen Zweideutigkeit bleiben, aus welcher die Schuld im qualitativen Sprung hervorbricht.

§ 5

Der Begriff Angst

Die Unschuld ist Unwissenheit. In der Unschuld ist der Mensch nicht als Geist bestimmt, sondern seelisch in unmittelbarer Einheit mit seiner Natürlichkeit bestimmt. Der Geist ist im Menschen träumend. Diese Auffassung ist ganz in Übereinstimmung mit der der Bibel, die dadurch, daß sie dem Menschen mit der Unschuld die Kenntnis des Unterschiedes zwischen Gut und Böse aberkennt, den Stab bricht über alle katholisch-verdienstlichen Phantastereien.

In diesem Zustand ist Friede und Ruhe; aber es ist da zu gleicher Zeit etwas anderes, was nicht Unfriede und Streit ist; denn es gibt ja da nichts, womit man streiten könnte. Was ist es also? Nichts. Aber welche Wirkung hat das Nichts? Es gebiert die Angst. Dies ist das tiefe Geheimnis der Unschuld, daß sie zur gleichen Zeit Angst ist. Träumend plant der Geist seine eigene Wirklichkeit, aber diese Wirklichkeit ist Nichts, aber dieses Nichts sieht die Unschuld beständig außerhalb seiner.

Die Angst ist eine Bestimmung des träumenden Geistes und gehört als solche in die Psychologie hinein. Im Wachen ist der Unterschied zwischen mir selbst und meinem Anderen gesetzt, schlafend ist er suspendiert, träumend ist er ein angedeutetes Nichts. Die Wirklichkeit des Geistes erweist sich beständig als eine Gestalt, durch die seine Möglichkeit verlockt wird, die aber fort ist, sobald er nach ihr greift, und die ein Nichts ist, das nur ängstigen kann. Mehr kann sie nicht, solange sie sich nur zeigt. Den Begriff Angst sieht man fast niemals in der Psychologie behandelt, ich muß deshalb darauf aufmerksam machen, daß er gänzlich verschieden ist von der Furcht und ähnlichen Begriffen, die sich auf etwas Bestimmtes beziehen, während die Angst die Wirklichkeit der Freiheit als Möglichkeit für die Möglichkeit ist. Man wird deshalb beim Tier keine Angst finden, gerade weil dies in seiner Natürlichkeit nicht bestimmt ist als Geist.

Wenn wir die dialektischen Bestimmungen in der Angst betrachten, dann zeigt es sich, daß diese gerade von psychologischer Zweideutigkeit sind. Angst ist *eine sympathetische Antipathie* und *eine antipathetische Sympathie*. Man sieht, denke ich, leicht, daß dies in einem ganz anderen Sinne eine psychologische Bestimmung ist als jene *concupiscentia*. Der Sprachgebrauch bekräftigt dies vollkommen, man sagt: die süße Angst, die süße Beängstigung, man sagt: eine wunderliche Angst, eine scheue Angst usw.

Die Angst, die mit der Unschuld gesetzt ist, ist also erstens keine Schuld, zweitens ist sie keine beschwerende Last, kein Leiden, das mit der Seligkeit der Unschuld nicht vereinbar wäre. Wenn man Kinder beobachtet, wird man diese Angst bestimmter angedeutet finden als ein Suchen nach dem Abenteuerlichen, dem Ungeheuren, dem Rätselhaften. Daß es Kinder gibt, bei denen sie sich nicht findet, beweist nichts; denn das Tier hat sie auch nicht, und je weniger Geist, desto weniger Angst. Diese Angst gehört dem Kinde so wesentlich zu, daß es sie nicht entbehren will; wenn sie es auch ängstigt, fasziniert sie es doch mit ihrer süßen Beängstigung. Bei allen Nationen, bei denen das Kindliche bewahrt ist als Träumen des Geistes, gibt es diese Angst; und je tiefer sie ist, desto tiefer ist die Nation. Es ist nur eine prosaische Dummheit, die meint, dies sei eine Desorganisation. Die Angst hat hier dieselbe Bedeutung wie die Schwermut in einem viel späteren Punkte, wo die Freiheit, nachdem sie die unvollkommenen Formen ihrer Geschichte durchlaufen hat, im tiefsten Sinne zu sich selbst kommen soll [1].

Ebenso wie das Verhältnis der Angst zu ihrem Gegenstand, zu etwas, welches nichts ist (der Sprachgebrauch sagt ja auch prägnant: sich ängstigen vor nichts), ganz und gar zweideutig ist, so wird der Übergang, der hier von der Unschuld zur Schuld gemacht werden kann, gerade so dialektisch sein, daß er zeigt, daß die Erklärung das ist, was sie sein soll, nämlich psychologisch. Der qualitative Sprung ist außerhalb aller Zweideutigkeit, aber der, der durch Angst schuldig wird, ist ja unschuldig; denn es war nicht er selbst, sondern die Angst, eine fremde Macht, die ihn ergriff, eine Macht, die er nicht liebte, sondern vor der er sich ängstigte; — und doch ist er ja schuldig, denn er versank in der Angst, die er doch liebte, indem er sie fürchtete. Es gibt in der Welt nichts Zweideutigeres als dies, und deshalb ist dies die einzige psychologische Erklärung, während sie, um es noch einmal zu wiederholen, niemals darauf verfällt, die Erklärung sein zu wollen, die den qualitativen Sprung erklärt. Jede Vorstellung davon, daß das Verbot ihn verlockte oder daß der Verführer ihn betrog, hat

---

1 Hierüber kann man nachsehen in ‹Entweder — Oder› (Kopenhagen 1843), besonders wenn man darauf aufmerksam ist, daß der erste Teil die Schwermütigkeit ist, in ihrer angstvollen Sympathie und ihrem Egoismus, welche erklärt wird im zweiten Teil.

nur für eine oberflächliche Beobachtung die hinreichende Zweideutigkeit, verwässert die Ethik, bringt ein quantitatives Bestimmen hervor
und will mit Hilfe der Psychologie dem Menschen ein Kompliment
machen auf Kosten des Ethischen, welches Kompliment jeder, der
ethisch entwickelt ist, sich verbitten muß als eine neue, noch tiefere
Verführung.

Daß die Angst sichtbar wird, ist das, worum sich alles dreht. Der
Mensch ist eine Synthese des Seelischen und des Leiblichen. Aber
eine Synthese ist undenkbar, wenn die zwei nicht in einem Dritten
geeinigt werden. Dieses Dritte ist der Geist. In der Unschuld ist der
Mensch nicht bloß Tier, wie er denn überhaupt, wenn er in irgendeinem Augenblick seines Lebens bloß Tier wäre, niemals Mensch werden würde. Der Geist ist also gegenwärtig, aber als unmittelbarer, als
träumender. Soweit er nun anwesend ist, ist er in gewisser Weise eine
feindliche Macht; denn er stört beständig das Verhältnis zwischen Seele und Leib, das wohl Bestehen hat, doch zugleich insofern Nichtbe-
stehen, als es dies erst durch den Geist bekommt. Auf der andern Seite
ist er eine freundliche Macht, die ja gerade das Verhältnis zustande
bringen will. Welches ist also das Verhalten des Menschen zu dieser
zweideutigen Macht, wie verhält der Geist sich zu sich selbst und zu
seiner Bedingung? Er verhält sich als Angst. Sich selber loswerden
kann der Geist nicht; sich selbst ergreifen kann er auch nicht, solange
er sich außerhalb seiner selbst hat; in das Vegetative herabsinken
kann der Mensch auch nicht, denn er ist ja bestimmt als Geist; die
Angst fliehen kann er nicht, denn er liebt sie; eigentlich lieben kann er
sie nicht, denn er flieht sie. Nun ist die Unschuld auf ihrer Spitze. Sie
ist Unwissenheit, aber nicht eine tierische Brutalität, sondern eine Unwissenheit, die vom Geist bestimmt ist, aber gerade deshalb Angst,
weil ihre Unwissenheit vom Nichts ist. Hier ist kein Wissen von Gut
und Böse usw.; sondern die ganze Wirklichkeit des Wissens projiziert
sich in die Angst als das ungeheure Nichts der Unwissenheit.

Noch ist die Unschuld da, aber es braucht nur ein Wort laut zu werden,
dann ist die Unwissenheit konzentriert. Dieses Wort kann die Unschuld
natürlich nicht verstehen, aber die Angst hat gleichsam ihre erste Beute
bekommen, anstelle des Nichts hat sie ein rätselhaftes Wort bekommen.
Wenn es so in der Genesis heißt, daß Gott zu Adam sagte: «Nur vom
Baume der Erkenntnis des Guten und Bösen darfst du nicht essen», so
folgt ja daraus selbst, daß Adam eigentlich dieses Wort nicht verstand;
denn wie sollte er den Unterschied von Gut und Böse verstehen, wenn
diese Unterscheidung doch erst mit dem Essen erfolgte.

Wenn man nun annimmt, daß das Verbot die Lust weckt, dann bekommt man ein Wissen anstelle von Unwissenheit, denn Adam muß
ein Wissen von der Freiheit gehabt haben, da er Lust hatte, sie zu gebrauchen. Diese Erklärung kommt aber hinterher. Das Verbot äng-

stigt ihn, weil das Verbot die Möglichkeit der Freiheit in ihm erweckt. Was an der Unschuld vorbeiging als Nichts der Angst, das ist nunmehr in ihn selbst hineingekommen und ist hier wieder ein Nichts: die ängstigende Möglichkeit, *zu können*. Was das ist, das er kann, davon hat er keine Vorstellung; denn sonst setzt man ja, wie es gewöhnlich geschieht, das Spätere voraus: den Unterschied zwischen Gut und Böse. Nur die Möglichkeit, zu können, ist vorhanden wie eine höhere Form von Unwissenheit, als ein höherer Ausdruck der Angst, weil es in einem höheren Sinne ist und nicht ist, weil er es in einem höheren Sinne liebt und flieht.

Auf das Wort des Verbots folgte das Wort der Verdammung: so sollst du gewißlich sterben. Was das heißen soll, zu sterben, begreift natürlich Adam überhaupt nicht, wohingegen ja nichts hindert, daß er die Vorstellung von etwas Entsetzlichem bekommen hat, wenn man annimmt, daß dies zu ihm gesagt wurde. Selbst das Tier kann ja in dieser Hinsicht den mimischen Ausdruck und die Bewegung in der Stimme des Redenden verstehen, ohne das Wort zu verstehen. Wenn man das Verbot die Lust erwecken läßt, dann muß man auch das Wort der Strafe eine abschreckende Vorstellung erwecken lassen. Dies verwirrt indes. Das Entsetzen hier bleibt nur Angst; denn die Aussage hat Adam nicht verstanden, und hier ist also wieder nur die Zweideutigkeit der Angst. Die unendliche Möglichkeit, zu können, die das Verbot erweckte, wird nun dadurch nähergerückt, daß diese Möglichkeit eine Möglichkeit als ihre Folge sichtbar macht.

So ist die Unschuld zu ihrem Äußersten gebracht. Sie ist in der Angst im Verhältnis zum Verbotenen und zur Strafe. Sie ist nicht schuldig, und doch ist da eine Angst, als wäre sie verloren.

Weiter kann die Psychologie nicht kommen, aber dies kann sie erreichen, und vor allem, dies kann sie in ihrer Beobachtung des Menschenlebens wieder und wieder zeigen.

Ich hielt mich hier am Ende an die biblische Erzählung. Ich ließ das Verbot und die Stimme der Strafe von außen kommen. Dies hat natürlich manchen Denker gepeinigt. Über diese Schwierigkeit ist doch nur zu lächeln. Die Unschuld kann ja gut reden; insoweit besitzt sie in der Sprache den Ausdruck für alles Geistige. Insoweit braucht man ja bloß anzunehmen, daß Adam mit sich selbst gesprochen hat. Die Unvollkommenheit in der Erzählung, daß ein anderer zu Adam von dem spricht, was er nicht versteht, fällt da fort. Aus der Tatsache, daß Adam sprechen konnte, folgt ja nicht eigentlich, daß er das Ausgesagte hat verstehen können. Vor allem gilt dies von dem Unterschied zwischen Gut und Böse, welcher wohl in der Sprache existiert, aber nur für die Freiheit da ist. Die Unschuld kann gut diesen Unterschied ausdrücken, aber der Unterschied ist nicht für sie da und hat für sie nur die Bedeutung, die wir in dem Vorhergehenden gezeigt haben.

*Angst als Voraussetzung der Erbsünde und als rückwärts gewendete
Erklärung der Erbsünde in Richtung auf deren Ursprung*

Laßt uns nun genauer die Erzählung in der Genesis durchgehen, indem wir den Versuch machen, die fixe Idee aufzugeben, sie sei ein Mythos, und indem wir uns daran erinnern, daß keine Zeit so schnell dabei war, Verstandesmythen hervorzubringen, wie die unsrige, die selber Mythen hervorbringt, während sie doch alle Mythen ausrotten will.

Adam war also geschaffen, hatte den Tieren Namen gegeben (hier existiert also die Sprache, wenn auch auf eine ähnlich unvollkommene Weise, wie Kinder diese lernen, indem sie an Bildtafeln ein Tier erkennen), hatte aber noch keine Gesellschaft für sich gefunden. Eva war geschaffen und aus seiner Rippe gebildet. Sie stand in einem so innerlichen Verhältnis zu ihm wie nur möglich, aber doch war es noch ein äußerliches Verhältnis. Adam und Eva sind bloß eine numerische Wiederholung. Wenn in diesem Sinne tausend Adams da wären, so bedeutete das nicht mehr, als wenn einer da ist. Soviel in bezug auf die Abstammung des Menschengeschlechtes von nur einem Paar. Die Natur schätzt nicht einen sinnlosen Überfluß. Nimmt man deshalb an, daß das Menschengeschlecht von mehreren Paaren abstamme, dann hat es einen Augenblick gegeben, wo die Natur einen nichtssagenden Überfluß hatte. Sobald das Generationsverhältnis gesetzt ist, ist kein Mensch überflüssig, denn jedes Individuum ist es selbst und das ganze Geschlecht.

Nun erfolgt das Verbot und die Verdammung. Aber die Schlange war arglistiger als alle Tiere des Feldes, sie verlockte die Frau. Wenn man dies jetzt auch einen Mythos nennen wird, dann darf man doch nicht vergessen, daß er überhaupt nicht den Gedanken stört oder den Begriff verwirrt in der Art, wie ein Verstandesmythos das tut. Der Mythos läßt das äußerlich vor sich gehen, was innerlich ist.

Hier ist zuerst zu beachten, daß es die Frau ist, die zuerst verführt wird, und daß sie darauf den Mann verführt. Ich werde später versuchen, in einem anderen Kapitel zu entwickeln, in welchem Sinne die Frau das sogenannte schwache Geschlecht ist, und zugleich, daß die Angst ihr mehr zugehört als dem Mann [1].

---

[1] Hierdurch ist nichts entschieden über die Unvollkommenheit der Frau im Vergleich zum Mann. Wenn auch die Angst ihr mehr zugehört als dem Mann, ist Angst doch keineswegs ein Zeichen von Unvollkommenheit. Soll die Rede sein von Unvollkommenheit, dann liegt diese in etwas anderem, nämlich darin, daß sie in der Angst über sich selbst hinaus zu einem anderen Menschen, zum Manne, hinstrebt.

Mehrere Male ist in den vorhergehenden Ausführungen daran erinnert worden, daß die Auffassung, die in dieser Schrift dargelegt wird, nicht die Fortpflanzung der Sündhaftigkeit in der Generation leugnet, noch, mit anderen Worten, daß die Sündhaftigkeit in der Generation ihre Geschichte hat, nur wird hier gesagt, daß diese sich in quantitativen Bestimmungen bewegt, während beständig die Sünde hereinkommt durch den qualitativen Sprung des Individuums. Eine Bedeutung der Vervielfältigung der Sünde der Generation kann man bereits hier sehen. Eva ist das Abgeleitete. Wohl ist sie geschaffen wie Adam, aber sie ist aus einem vorhergehenden Geschöpf heraus geschaffen worden. Wohl ist sie unschuldig wie Adam, aber es ist gleichsam eine Ahnung da von einer Veranlagung, die, obwohl sie es nicht ist, doch erscheinen kann als ein Wink von der durch Fortpflanzung gesetzten Sündigkeit, die das Mitgeerbte ist, welches den Einzelnen prädisponiert, ohne ihn doch schuldig zu machen.

Hier muß man daran denken, was in § 5 gesagt wurde von dem Wort des Verbotes und der Verdammung. Die Unvollkommenheit in der Erzählung, wie jemand darauf verfallen sollte, zu Adam zu sagen, was er wesentlich nicht verstehen kann, fällt fort, wenn wir bedenken, daß der Redende die Sprache ist und daß es also Adam selbst ist, der redet [1].

Jetzt bliebe noch die Schlange übrig. Ich bin kein Freund vom Geistreichtun und werde, so Gott will, den Versuchungen der Schlange widerstehen, die, wie sie im Anbeginn der Zeit Adam und Eva versuchte, im Laufe der Zeit die Schriftsteller versuchte — geistreich zu sein. Ich gestehe lieber frei heraus, daß ich keinen bestimmten Gedanken mit ihr verbinden kann. Die Schwierigkeit bei der Schlange ist außerdem eine ganz andere, die nämlich, die Versuchung von außen her kommen zu lassen. Dies widerstreitet direkt der Lehre der Bibel, der bekannten klassischen Stelle bei Jakob, daß Gott niemand versucht und von niemand versucht wird, sondern daß jeder von sich selbst versucht wird. Wenn man nämlich glaubt, Gott gerettet zu haben, indem man den Menschen von der Schlange versuchen läßt und insofern meint, in Übereinstimmung mit Jakob zu sein, «daß Gott niemand versucht», so verstößt man gegen den zweiten Teil der Stelle, daß Gott von niemand versucht wird; denn das Attentat der Schlange gegen den Men-

---

1 Wenn man hier ferner sagen will, daß es dann eine Frage bleibt, wie der erste Mensch sprechen lernte, dann will ich antworten, dies sei ganz richtig, aber zugleich, daß es außerhalb des Umkreises dieser ganzen Untersuchung liegt. Dies darf jedoch nicht mißverstanden werden, als wollte ich durch die ausweichende Antwort nach modernem philosophischen Brauch mir das Ansehen geben, als ob ich es an einer anderen Stelle beantworten *könnte*. Aber soviel steht doch fest, daß es nicht angeht zu behaupten, der Mensch habe die Sprache selber erfunden.

schen war zugleich eine indirekte Versuchung Gottes dadurch, daß sie sich in das Verhältnis zwischen Gott und Mensch einmischte; und man stößt an gegen das Dritte, daß jeder Mensch durch sich selbst versucht wird.

Nun folgt der Sündenfall. Diesen kann die Psychologie nicht erklären; denn er ist der qualitative Sprung. Aber laßt uns einen Augenblick die Folge betrachten, wie sie in jener Erzählung angegeben wird, ehe wir noch einmal den Blick auf die Angst als die Voraussetzung der Erbsünde konzentrieren.

Die Folge war eine doppelte, nämlich daß die Sünde in die Welt hineinkam und daß das Sexuelle gesetzt wurde, und das eine soll vom andern untrennbar sein. Es ist von äußerster Wichtigkeit, den ursprünglichen Zustand des Menschen zu zeigen. Wäre er nämlich nicht eine Synthese, die in einem Dritten ruhte, dann könnte Eines nicht zwei Folgen haben. Wäre er nicht eine Synthese von Seele und Leib, die getragen wird vom Geist, könnte das Sexuelle niemals hineinkommen mit der Sündhaftigkeit.

Projektemachereien wollen wir unterlassen und ganz simpel annehmen, daß vor dem Sündenfall die sexuelle Verschiedenheit existierte, nur daß sie zugleich auch nicht da war, weil sie in der Unwissenheit nicht existierte. In dieser Hinsicht können wir uns auf die Schrift stützen.

In der Unschuld war Adam als Geist träumender Geist. Die Synthese ist also nicht wirklich; denn das Verbindende ist gerade der Geist, und dieser ist noch nicht als Geist gesetzt. Bei dem Tier kann die sexuelle Verschiedenheit instinktartig entwickelt sein, aber so kann ein Mensch sie nicht haben, gerade weil er eine Synthese ist. In dem Augenblick, da der Geist sich selber setzt, setzt er die Synthese, aber um die Synthese zu setzen, muß er sie zuerst unterscheidend durchdringen, und das Äußerste des Sinnlichen ist gerade das Sexuelle. Dieses Äußerste kann der Mensch erst erreichen in dem Augenblick, da der Geist wirklich wird. Vor dieser Zeit ist er nicht Tier, aber auch nicht eigentlich Mensch, erst in dem Augenblick, wo er Mensch wird, wird er dies auch dadurch, daß er zugleich Tier ist.

Die Sündhaftigkeit ist also nicht Sinnlichkeit, keineswegs, aber ohne Sünde keine Sexualität und ohne Sexualität keine Geschichte. Ein vollkommener Geist hat weder das eine noch das andere, weshalb ja auch die sexuelle Differenz in der Auferstehung aufgehoben ist und weshalb auch kein Engel Geschichte hat. Selbst wenn der Erzengel Michael alle die Befehle aufgezeichnet hätte, mit denen er ausgesandt wurde und die er ausgeführt hat, wäre dies ja doch nicht seine Geschichte. Erst im Sexuellen ist die Synthese als Widerspruch gesetzt, aber zugleich wie jeder Widerspruch als Aufgabe, deren Geschichte im selben Augenblick anfängt. Dies ist die Wirklichkeit, welcher die Möglichkeit der Freiheit vorausgeht. Aber die Möglichkeit der Freiheit ist nicht, das Gute oder das Böse wählen zu können. Eine solche Gedankenlosigkeit ist ebensowenig der Schrift wie dem Denken gemäß. Die Möglichkeit ist, zu *können*. In einem logischen System ist es freilich angenehm zu sagen, daß die Möglichkeit in die Wirklichkeit übergeht. In der Wirklichkeit ist das nicht so leicht, und es bedarf dazu einer Zwischenbestimmung. Diese Zwischenbestimmung ist die Angst, welche den qualitativen Sprung ebensowenig erklärt, wie sie ihn ethisch rechtfertigt. Angst ist nicht eine Bestimmung aus Notwendigkeit, aber auch nicht aus Freiheit, sie ist eine gefesselte Freiheit, wobei die Freiheit nicht frei in sich selbst ist, sondern gefesselt, nicht in der Notwendigkeit, sondern in sich selbst. Ist die Sünde notwendig in die Welt hereingekommen (was ein Widerspruch ist), dann gibt es keine Angst. Ist die Sünde hereingekommen durch einen Akt eines abstrakten freien Willens [*liberum arbitrium*] (der freilich ebensowenig wie später am Anfang in der Welt existiert hat, da er ein Gedankenunding ist), dann gibt es auch keine Angst. Logisch das Hineinkommen der Sünde in die Welt erklären zu wollen, ist eine Torheit, die nur Leuten einfallen kann, die lächerlicherweise darauf aus sind, für alles und jedes eine Erklärung zu bekommen.

Wenn ich hier Erlaubnis hätte, einen Wunsch zu äußern, dann würde ich wünschen, daß kein Leser so tiefsinnig wäre zu fragen: Was wäre, wenn nun Adam nicht gesündigt hätte? In dem Augenblick, wo die Wirklichkeit gesetzt ist, weicht die Möglichkeit beiseite wie ein Nichts, das alle gedankenlosen Menschen verlockt. Daß doch die Wissenschaft sich nicht entschließen kann, die Menschen in Zucht und sich selbst im Zaum zu halten! Wenn einer eine dumme Frage stellt, dann sieht man wohl zu, daß man ihm nicht antwortet; denn sonst ist man ebenso dumm wie der Frager. Das Törichte an jener Frage liegt nicht so sehr in der Frage wie darin, daß man sich damit an die Wissenschaft wendet. Wenn man damit zu Hause bleibt wie die kluge Else mit ihren Zukunftsphantasien [Figur aus Grimms Kinder- und Hausmärchen] und gleichgesinnte Freunde zusammenruft, dann hat man doch einigermaßen seine Dummheit verstanden. Die Wissenschaft kann dagegen solches nicht erklären. Jede Wissenschaft liegt entweder in einer logischen Immanenz oder in der Immanenz innerhalb einer Transzendenz, welche sie nicht erklären kann. Die Sünde ist nun gerade jene Transzendenz, jenes *discrimen rerum* [Krise], in welcher die Sünde in den Einzelnen als den Einzelnen hineinkommt. Anders kommt die Sünde nicht in die Welt hinein und ist niemals anders hineingekommen. Wenn also der Einzelne töricht genug ist, nach der Sünde zu fragen wie nach etwas, das ihn nichts angeht, dann fragt er wie ein Narr; denn entweder weiß er überhaupt nicht, wovon die Rede ist, und kann dies unmöglich zu wissen bekommen, oder er weiß es und versteht es und zugleich auch, daß keine Wissenschaft ihm dies erklären kann. Indes war die Wissenschaft zuweilen doch gefügig genug, sentimentalen Wünschen entgegenzukommen mit vergrübelten Hypothesen, von denen sie doch zum Schluß selbst einräumte, daß sie nichts hinreichend erklärten. Dies ist nun auch ganz zutreffend; aber es schafft Verwirrung, daß die Wissenschaft nicht energisch törichte Fragen abwies, sondern vielmehr abergläubische Menschen darin bestärkte, dereinst werde ein wissenschaftlicher Projektemacher kommen, der Manns genug wäre, das Richtige zu treffen. Man redet davon, daß es 6000 Jahre her ist, daß die Sünde in die Welt hineinkam, gänzlich auf dieselbe Weise, wie daß es 4000 Jahre her ist, daß Nebukadnezar ein Ochse wurde. Wenn man die Sache so auffaßt, ist es kein Wunder, daß die Erklärung danach wird. Was in einer Hinsicht das Simpelste auf der Welt ist, das macht man zu dem Schwierigsten. Was der einfältigste Mensch auf seine Weise und ganz richtig versteht, weil er versteht, daß es nicht gerade 6000 Jahre her ist, daß die Sünde in die Welt hineinkam, das hat die Wissenschaft durch die Kunst der Projektemacher als eine Preisfrage aufstellen lassen, die nun niemals vollständig beantwortet worden ist. Wie die Sünde in die Welt hineinkam, versteht jeder Mensch einzig und alleine durch sich selbst; will er dies von einem andern lernen, dann wird er es *eo ipso* mißverstehen. Die einzige Wissenschaft, die dabei ein bißchen tun kann, ist die Psychologie, die doch selbst einräumt, daß sie nichts erklärt und nicht mehr erklären *kann* und *will*. Wenn irgendeine Wissenschaft es erklären könnte, dann wäre alles verwirrt. Daß die Wissenschaft sich selbst vergessen soll, ist ganz richtig; aber deshalb ist es auch besonders glücklich, daß die Sünde kein wissenschaftliches Problem ist und deshalb kein Wissenschaftler, sowenig wie irgendein Projektemacher, verpflichtet ist, zu vergessen, wie die Sünde in die Welt hineinkam. Will er dies, will er großmütig sich selbst vergessen, dann wird er in seinem Eifer, die ganze Menschheit zu erklären, ebenso komisch wie jener Hofrat, der sich in solchem Grade aufopferte, seine Visitenkarte bei Krethi und Plethi abzugeben, daß er darüber zuletzt vergaß, wie er selbst hieß. Oder seine philosophische Begeisterung macht ihn so selbstvergessen, daß er ein genügend nüchternes Eheweib braucht, das er fragen kann, wie Soldin[1] Rebekka fragte, als auch er in begeisterter Selbstvergessenheit sich in der Objektivität des Geschwätzes verlor: Rebekka, bin ich es, der redet?

Daß die bewunderten Männer der Wissenschaft meiner hochverehrten Gegenwart dieses höchst unwissenschaftlich finden werden, ist gänzlich in seiner Ordnung, da sie in ihrem der ganzen Gemeinde bekannten Trachten und Suchen nach dem System wohl auch bemüht

---

[1] Buchhändler in der Grønnegade, ein Original, von dem obige Anekdote erzählt wird. (Anm. d. Übers.)

sind, darin einen Platz für die Sünde zu finden. Laß nur die Gemeinde mitsuchen oder doch jene tiefen Sucher in ihre frommen Fürbitten einschließen, sie finden den Platz ebenso gewiß, wie derjenige, der nach dem brennenden Tau sucht, es findet, wenn er nicht merkt, daß es in seiner Hand brennt [1].

---

[1] Dänisches Spiel, bei dem es den Ausruf gibt: *tampen brænder* — das Tau brennt! Dem deutschen Suchspiel ‹Feuer — Wasser — Kohle› ähnlich. (Anm. d. Übers.)

KAPITEL II

ANGST GESTEIGERT ALS ERBSÜNDE

Mit der Sündhaftigkeit wurde die Sexualität gesetzt. Im gleichen Augenblick beginnt die Geschichte des Menschengeschlechts. Ebenso wie die Sündhaftigkeit im Geschlecht sich in quantitativen Bestimmungen bewegt, so tut die Angst dies auch. Die Folge der Erbsünde oder die Gegenwart der Erbsünde in dem Einzelnen ist Angst, die von der Adams nur quantitativ verschieden ist. Im Zustand der Unschuld, und von einem solchen muß ja auch die Rede sein können beim späteren Menschen, muß die Erbsünde die dialektische Zweideutigkeit haben, aus welcher die Schuld herausbricht im qualitativen Sprung. Dagegen wird die Angst in einem späteren Individuum reflektierter sein können als in Adam, weil der quantitative Zuwachs, den das Geschlecht aufgespeichert hat, sich nun in ihm geltend macht. Die Angst wird hier jedoch so wenig eine Unvollkommenheit bei dem Menschen wie jemals, und man muß dagegen sagen, je ursprünglicher ein Mensch, desto tiefere Angst, weil die Voraussetzung der Sündhaftigkeit, auf der sein individuelles Leben sich gründet, angeeignet werden muß, da er ja in die Geschichte des Menschengeschlechts hineinkommt. Insofern hat die Sündhaftigkeit eine größere Macht bekommen, und die Erbsünde wächst. Daß es Menschen gibt, die überhaupt keine Angst spüren, muß so verstanden werden, wie daß Adam keine verspürt hätte, wenn er bloß ein Tier gewesen wäre.

Das spätere Individuum ist ebenso wie Adam eine Synthese, die vom Geist getragen werden soll; aber die Synthese ist eine abgeleitete, und insofern ist die Geschichte des Menschengeschlechtes darin mitgesetzt; hierin liegt bei dem späteren Individuum das Mehr oder Weniger der Angst. Doch ist dessen Angst nicht Angst vor der Sünde; denn der Unterschied zwischen Gut und Böse existiert nicht, da dieser Unterschied nur durch die Wirklichkeit der Freiheit ist. Ist dieser Unterschied da, dann ist er nur wie eine geahnte Vorstellung, die doch wiederum durch die Geschichte des Geschlechts ein Mehr oder Weniger bedeuten kann.

Daß die Angst in dem späteren Individuum reflektierter ist infolge seines Teilhabens an der Geschichte des Geschlechtes, welche mit der Gewohnheit zu vergleichen ist, die ja die zweite Natur, aber doch nicht eine neue Qualität, sondern nur ein quantitatives Fortschreiten ist, kommt daher, daß die Angst nun auch in einer anderen Bedeutung in die Welt hineinkommt. Die Sünde kam in die Angst hinein, aber die Sünde führte wiederum Angst mit sich. Die Wirklichkeit der Sünde ist nämlich eine solche, die nicht Bestand hat. Auf der einen Seite ist die Kontinuität der Sünde die Möglichkeit, die ängstigt; auf der andern

Seite ist die Möglichkeit einer Erlösung wiederum ein Nichts, welches das Individuum sowohl liebt wie fürchtet; denn dieses ist allezeit das Verhältnis der Möglichkeit zur Individualität. Erst in dem Augenblick, da die Erlösung wirklich gesetzt ist, erst da ist diese Angst überwunden. Das Harren des Menschen und der Schöpfung ist nicht, wie man sentimental gemeint hat, eine süße Sehnsucht; denn bloß damit das Sehnen ein solches sein könnte, müßte die Sünde entwaffnet sein. Wer sich in Wahrheit in den Zustand der Sünde hineinversetzen und sich vorstellen will, wie deren Erwartung oder Erlösung sein kann, der wird dies gewiß einräumen und sich ein klein bißchen wegen ästhetischer Ungeniertheit schämen. Die Sünde im Menschen hat, solange nur von Erwartung die Rede ist, noch Macht und faßt natürlich die Erwartung feindlich auf. (Dies wird später behandelt.) Wenn die Erlösung gesetzt ist, ist die Angst ebenso wie die Möglichkeit in den Hintergrund gedrängt. Sie ist deshalb nicht vernichtet, sondern spielt jetzt eine andere Rolle, wenn sie recht benützt wird. (Kapitel V)

Die Angst, die die Sünde mit sich bringt, ist wohl erst dann da, wenn das Individuum selbst die Sünde setzt, ist aber doch auch dunkel zur Stelle als ein Mehr oder Weniger in der quantitativen Geschichte des Geschlechts. Deshalb wird man hier sogar auf das Phänomen stoßen, daß einer bloß aus Angst vor sich selbst schuldig zu werden scheint, wovon nicht die Rede sein konnte bei Adam. Daß jedes Individuum dessenungeachtet schuldig wird nur durch sich selbst, ist freilich gewiß; aber das Quantitative im Generationsverhältnis hat hier seinen Höhepunkt erreicht und will Macht haben, jede Betrachtung zu verwirren, wenn man nicht den angegebenen Unterschied zwischen dem Quantitativen und dem qualitativen Sprung festhält. Dieses Phänomen soll später Gegenstand der Erörterung werden. Im allgemeinen wird es ignoriert; das ist ja das Bequemste. Oder es wird sentimental und rührend aufgefaßt mit einer feigen Sympathie, die Gott dafür dankt, nicht so einer geworden zu sein, ohne daß begriffen wird, eine solche Danksagung sei ein Verrat an Gott und an sich selbst, und ohne daß man bedenkt, daß das Leben allezeit analoge Erscheinungen bereithält, denen man vielleicht nicht entgehen wird. Sympathie soll man haben, aber diese Sympathie ist erst wahrhaftig, wenn man recht tief sich selber eingesteht, daß das, was *einem* Menschen passiert ist, allen passieren kann. Da erst nützt man auch sich selbst und anderen. Der Arzt einer Irrenanstalt, der dumm genug ist zu glauben, in aller Ewigkeit klug zu sein und sein bißchen Verstand vor allem Schaden im Leben versichert zu halten, er ist wohl in einem gewissen Sinne klüger als die Irrsinnigen, aber er ist zugleich dümmer, und er wird gewiß auch nicht viele heilen.

Angst bedeutet also jetzt zwei Dinge. Die Angst, in welcher das Individuum die Sünde durch den qualitativen Sprung setzt, und die

Angst, die mit der Sünde in die Menschheit hineingekommen ist und hineinkommt und die insofern auch quantitativ in die Welt hineinkommt, jedesmal, wenn ein Individuum die Sünde setzt.

Es ist nicht meine Absicht, ein gelehrtes Werk zu schreiben oder die Zeit zu vergeuden mit dem Aufsuchen literarischer Beweisstellen. Oft fehlt den Beispielen, die in Psychologien angeführt werden, die eigentlich psychologisch-poetische Autorität. Sie stehen da wie ein isoliertes notorisch bewiesenes Faktum, aber gerade deshalb weiß man nicht, ob man lachen oder weinen soll über den Versuch eines solchen einsamen Pedanten, eine Art Regel aufzustellen. Wer sich nach einem ordentlichen Maßstabe mit Psychologie und psychologischer Beobachtung beschäftigt hat, der hat sich eine allgemein menschliche Gelenkigkeit erworben, die ihn in den Stand setzt, sofort sein Beispiel bilden zu können, das, wenn es auch nicht die Autorität der Tatsachen hat, doch eine andere Überzeugungskraft besitzt. Wie der psychologische Beobachter geschmeidiger als ein Seiltänzer sein muß, um in die Menschen hineinschlüpfen und ihre Stellungen nachahmen zu können, wie sein Schweigen im Augenblick der Vertraulichkeit verführerisch und lusterweckend sein muß, damit das Verborgene Gefallen daran findet, in dieser künstlich zuwege gebrachten Unbemerktheit und Stille herauszuschlüpfen und mit sich selber einen kleinen Schwatz zu halten — so muß er auch eine dichterische Ursprünglichkeit in seiner Seele haben, um sofort das Totale und Regelmäßige schaffen zu können von dem, was im Individuum stets nur teilweise und unregelmäßig gegenwärtig ist. Wenn er sich so vervollkommnet hat, braucht er nicht seine Exempel aus literarischen Beispielsammlungen zu holen und halb abgestorbene Reminiszenzen aufzutischen, sondern er soll seine Beobachtungen frisch gefangen aus dem Wasser bringen, noch zappelnd und funkelnd in ihrem Farbenspiel. Er wird es auch nicht nötig haben, sich das Leben aus dem Leibe zu rennen, um auf etwas aufmerksam zu werden. Dagegen wird er ganz ruhig in seinem Zimmer sitzen wie ein Polizeiagent, der doch alles weiß, was da vorgeht. Was er braucht, kann er sofort selber hervorbringen; was er braucht, hat er gleich bei der Hand dank seiner umfassenden Praxis, ebenso wie man in einem wohleingerichteten Hause nicht auf die Straße zu gehen braucht, um Wasser zu holen, sondern dies durch Hochdruck in der Etage hat. Sollten ihm Zweifel kommen, dann ist er so im Menschenleben orientiert und sein Blick ist so inquisitorisch scharf, daß er weiß, wo er suchen muß, und leicht eine passende Individualität entdeckt, die dienlich für das Experiment ist. Seine Beobachtung soll mehr als alle andern glaubwürdig sein, wenn er sich auch nicht mit Namen oder gelehrten Zitaten belegt, etwa daß in Sachsen ein Bauernmädchen war, bei dem ein Arzt beobachtete usw., daß in Rom einst ein Kaiser lebte, von dem ein Geschichtsschreiber erzählt usw., als wäre es so, daß derartiges nur einmal in tausend Jahren vorkommt. Welches Interesse hätte dann die Psychologie? Nein, dies alles existiert und geschieht jeden Tag, wenn bloß ein Beobachter da ist. Seine Beobachtung soll das Gepräge der Frische und das Interesse der Wirklichkeit haben, wenn er die Vorsicht anwendet, seine Beobachtung zu kontrollieren. Zu diesem Zwecke ahmt er bei sich selber jede Stimmung, jeden seelischen Zustand nach, den er bei einem anderen entdeckt. Darauf sieht er, ob er den anderen durch die Nachahmung täuschen kann, ob er ihn hineinreißen kann in die gesteigerte Lebensäußerung, welche seine eigene Schöpfung ist kraft der Idee. Will man so eine Leidenschaft beobachten, dann wählt man sein Individuum. Nun gilt es, Stille, Schweigen und Unbemerktheit zu bewahren, damit man ihm das Geheimnis ablauern kann. Darauf übt man ein, was man gelernt hat, bis man imstande ist, ihn zu täuschen. Darauf dichtet man die Leidenschaft und zeigt sich nun vor ihm in der übernatürlichen Größe der Leidenschaft. Ist dies richtig gemacht, dann wird das Individuum eine unbeschreibliche Linderung und Genugtuung empfinden, ebenso wie ein Geistesschwacher sie fühlt, wenn man seine fixe Idee gefunden und dichterisch ergriffen hat und sie nun weiter ausführt. Glückt dies nicht, dann kann es seinen Grund in einem Fehler der Operation haben, aber es kann auch seinen Grund darin haben, daß das Individuum ein untaugliches Exemplar war.

§ 1

Objektive Angst

Wenn wir den Ausdruck ‹objektive Angst› gebrauchen, dann könnte man dabei fast an jene Angst der Unschuld denken, welche die Reflexion der Freiheit in sich selbst in ihrer Möglichkeit ist. Es wäre keine hinreichende Antwort, dagegen einwenden zu wollen, man übersähe, daß wir uns nun an einem anderen Punkte in der Untersuchung befinden. Dagegen dürfte es dienlicher sein, daran zu erinnern, daß der distinkte Begriff der objektiven Angst in der Unterscheidung von subjektiver Angst liegt, eine Distinktion, von der nicht die Rede sein kann bei Adams Unschuldszustand. Im strengsten Sinne ist die subjektive Angst die im Individuum gesetzte Angst, die die Folge seiner Sünde ist. Von Angst in diesem Sinne wird die Rede sein in einem späteren Kapitel. Aber wenn man das Wort so nimmt, dann fällt der Gegensatz einer objektiven Angst fort, dann zeigt die Angst sich gerade als das, was sie ist, als das Subjektive. Die Unterscheidung zwischen objektiver und subjektiver Angst gehört deshalb hinein in die Betrachtung der Welt und den Unschuldszustand des späteren Individuums. Die Einteilung tritt hier so hervor, daß die subjektive Angst jetzt die Angst bezeichnet, die in der Unschuld des Einzelnen ist, die der Adams entspricht, aber doch durch das quantitierende Bestimmen der Generation quantitativ verschieden von jener ist. Unter objektiver Angst dagegen verstehen wir den Reflex der Sündhaftigkeit jener Generation in der ganzen Welt.

Im § 2 des vorhergehenden Kapitels wurde daran erinnert, daß der Ausdruck: «durch Adams Sünde kam die Sündhaftigkeit *in die Welt hinein*», eine äußere Reflexion enthalte; hier ist die Stelle, um diesen Ausdruck wieder aufzunehmen in der Wahrheit, die doch in ihm liegen kann. In dem Augenblick, in dem Adam die Sünde gesetzt hat, verläßt also die Betrachtung ihn, um den Anfang der Sünde jedes späteren Individuums zu betrachten; denn jetzt ist die Generation gesetzt. Wenn durch Adams Sünde die Sündhaftigkeit des Geschlechtes gesetzt ist in demselben Sinne wie der aufgerichtete Gang usw., dann ist der Begriff Individuum aufgehoben. Dies wurde im Vorhergehenden entwickelt, wo zugleich protestiert wurde gegen eine experimentierende Neugier, die die Sünde als ein Kuriosum behandeln wollte, und wo das Dilemma gestellt wurde, daß man entweder einen Fragenden erdichten müßte, der nicht einmal wüßte, worum er fragte, oder einen Fragenden, der es wüßte und dessen anspruchsvolle Unwissenheit eine neue Sünde wäre.

Wenn nun alles dies festgehalten wird, dann bekommt dadurch jener Ausdruck seine abgrenzende Wahrheit. Das Erste setzt die Qualität. Adam setzt also die Sünde in sich selbst, aber auch für das Geschlecht. Aber der Begriff des Menschengeschlechts ist zu abstrakt, um eine so konkrete Kategorie wie die Sünde setzen zu können, welche gerade dadurch gesetzt wird, daß der Einzelne selbst sie als der Einzelne setzt. Die Sündhaftigkeit im Geschlecht wird dagegen nur ein quantitatives Approximieren; aber dies nimmt seinen Anfang mit Adam. Hierin liegt die größere Bedeutung, die Adam vor jedem anderen Individuum im Geschlecht hat, hierin liegt die Wahrheit jenes Ausdruckes. Dies muß sogar eine Orthodoxie, die sich selbst verstehen will, einräumen, da sie ja lehrt, daß durch Adams Sünde sowohl das Geschlecht als auch die Natur der Sünde verfallen sei; aber in bezug auf die Natur geht es wohl doch nicht an, zu sagen, die Sünde sei als die Qualität der Sünde hineingekommen.

Indem also die Sünde in die Welt hineinkam, erhielt dies Bedeutung für die ganze Schöpfung. Diese Wirkung der Sünde in dem nichtmenschlichen Dasein habe ich bezeichnet als objektive Angst.

Was hier gemeint ist, kann ich andeuten durch die Erinnerung an das Schriftwort ἀποκαραδοκία τῆς κτίσεως (Röm. 8, 19). Insoweit hier nämlich die Rede von einem Sehnen sein soll, folgt es aus sich selbst, daß die Schöpfung sich in einem Unvollkommenheitszustand befindet. Man übersieht oft bei solchen Ausdrücken und Bestimmungen wie

Sehnsucht, Harren, Erwartung usw., daß diese einen vorhergehenden Zustand in sich schließen und daß dieser daher gegenwärtig ist und sich geltend macht in derselben Zeit, in der die Sehnsucht sich entwickelt. In den Zustand, in dem der Erwartende ist, ist er nicht durch Zufall usw. hineingeraten, so daß er sich gänzlich fremd in ihm befände, sondern er schafft ihn zur gleichen Zeit selber. Ein solcher Ausdruck der Sehnsucht ist Angst; denn in der Angst bekundet sich der Zustand, aus welchem er sich heraussehnt, und bekundet sich, weil die Sehnsucht allein nicht genug ist, ihn zu erlösen.

All dieses: in welchem Sinne die Schöpfung durch Adams Sünde ins Verderben geraten ist, wie die Freiheit, indem sie dadurch gesetzt wurde, daß ihr Mißbrauch gesetzt wurde, einen Reflex der Möglichkeit und ein Zittern des Mitbeteiligtseins über die Schöpfung warf, in welchem Sinne dies geschehen mußte, weil der Mensch die Synthese ist, deren äußerste Gegensätze gesetzt wurden und deren einer Gegensatz gerade durch die Sünde des Menschen ein weit extremerer Gegensatz wurde, als er von vornherein war — all dies hat nicht seinen Platz in einer psychologischen Erwägung, sondern gehört in die Dogmatik hinein, in den Abschnitt von der Versöhnung, in deren Erklärung diese Wissenschaft die Voraussetzung der Sündhaftigkeit erklärt [1].

Diese Angst in der Schöpfung kann man wohl mit Recht objektive Angst nennen. Sie wurde nicht von der Schöpfung hervorgebracht, sondern kam dadurch zustande, daß eine ganz andere Beleuchtung über sie fiel dadurch, daß durch Adams Sünde die Sinnlichkeit zur Sündhaftigkeit herabgedrückt wurde und, insofern die Sünde fortdauernd in die Welt hineinkommt, beständig zu dieser Bedeutung herabgedrückt wird. Man sieht leicht, daß diese Auffassung auch in dem Sinne gut aufpaßt, als sie der rationalistischen Anschauung entgegentritt, nach welcher die Sinnlichkeit als solche Sündhaftigkeit sei. Nachdem die Sünde in die Welt hineingekommen ist und jedesmal, wenn die Sünde in die Welt hineinkommt, wird Sinnlichkeit Sündhaftigkeit; aber das, was sie wird, war sie nicht von Anfang an. Fr. Baader hat oft genug gegen den Satz protestiert, daß die Elendigkeit, daß die Sinnlichkeit als solche Sündhaftigkeit sei. Wenn man indessen hier nicht aufpaßt, bekommt man den Pelagianismus von einer ganz anderen Seite. Fr. Baader hat nämlich in seiner Bestimmung nicht die Geschichte des ganzen Menschengeschlechts mit in seine Berechnung

---

1 So nämlich muß die Dogmatik angelegt werden. Jede Wissenschaft muß vor allem energisch ihren eigenen Anfang ergreifen und darf nicht in losen Beziehungen mit anderen leben. Fängt die Dogmatik damit an, die Sündhaftigkeit erklären zu wollen oder deren Wirklichkeit beweisen zu wollen, dann wird da niemals eine Dogmatik herauskommen, deren ganze Existenz wird problematisch und schwebend bleiben.

genommen. Im Quantitieren des Geschlechts (also unwesentlich) ist die Sinnlichkeit Sündhaftigkeit; im Verhältnis zum Individuum nicht, ehe dieses selbst, indem es die Sünde setzt, wiederum die Sinnlichkeit zur Sündhaftigkeit macht.

Einzelne Männer der Schellingschen Schule [1] sind besonders aufmerksam auf die Alteration [2] gewesen, die durch die Sünde in der Schöpfung vorgegangen ist. Hier ist auch die Rede gewesen von der Angst, die in der leblosen Natur sein soll. Doch wird die Wirkung geschwächt, weil man bald glauben muß, ein Naturphilosophem vor sich zu haben, das geistreich mit Hilfe der Dogmatik behandelt wird, bald eine dogmatische Bestimmung, die sich über einen Abglanz des magischen Zaubers der Naturbetrachtung freut.

Doch ich breche hier ab, was ich nur hervortreten ließ, um es augenblicklich über die Grenze der gegenwärtigen Untersuchung hinauszu-

---

1 Bei Schelling selbst ist oft genug die Rede von Angst, Zorn, Qual, Leiden usw. Doch muß màn sich gegen dergleichen stets ein wenig aufmerksam verhalten, um nicht die Folge der Sünde in der Schöpfung zu verwechseln mit Zuständen und Stimmungen in Gott, was es bei Schelling auch bezeichnet. Durch diese Ausdrücke bezeichnet er nämlich, wenn ich so sagen darf, die Schöpferwehen der Gottheit. Mit Vorstellungsausdruck bezeichnet er das, was er teils auch selbst das Negative genannt hat und was bei Hegel mit dem Wort «das Negative» näher bestimmt wird als das Dialektische (τὸ ἕτερον). Die Zweideutigkeit zeigt sich auch bei Schelling; denn er spricht von einer Melancholie, die über die Natur ausgebreitet ist, und zugleich von einer Schwermut in der Gottheit. Doch ist es vornehmlich der Hauptgedanke bei Schelling, daß Angst usw. vor allem Gottes Leiden bezeichnet, das er leidet, um schaffen zu können. In Berlin führte er noch bestimmter dasselbe aus, indem er Gott verglich mit Goethe und Joh. v. Müller, die sich nur wohlbefanden, indem sie produzierten, und indem er zugleich daran erinnerte, daß eine Seligkeit, die sich nicht mitteilen kann, Unseligkeit ist. Dies führe ich hier an, weil diese Äußerung von ihm bereits in einer kleinen Arbeit von Marheineke gedruckt wurde. Marheineke will dies ironisieren. Das sollte man nicht tun; denn ein kräftiger und vollblütiger Anthropomorphismus ist schon etwas wert. Der Fehler ist indes ein anderer, und man kann hier ein Beispiel sehen, wie sonderbar alles wird, wenn man Metaphysik und Dogmatik dadurch verwässert, daß die Dogmatik metaphysisch und die Metaphysik dogmatisch behandelt wird.

2 Das Wort Alteration drückt recht gut die Zweideutigkeit aus. Man sagt alterieren in der Bedeutung von verändern, verwässern, herausbringen aus seinem ursprünglichen Zustand (das Ding wird ein anderes), man sagt aber auch alteriert werden im Sinne von erschreckt werden, eben weil dies im Grunde die erste unausbleibliche Folge ist. Soweit ich weiß, gebraucht der Lateiner dieses Wort überhaupt nicht, sondern sagt seltsamerweise *adulterare*. Der Franzose sagt *altérer les monnaies* und *être altéré*. Bei uns wird das Wort in der täglichen Rede nur in der Bedeutung von erschreckt werden gebraucht, und so hört man wohl den gemeinen Mann sagen: Ich wurde ganz alteriert. Zum mindesten habe ich eine Verkäuferin dies sagen hören.

schieben. Wie die Angst in Adam war, kommt sie niemals mehr wieder, denn durch ihn kam die Sündhaftigkeit in die Welt hinein. Auf Grund hiervon bekam jene Angst nun zwei Analogien, die objektive Angst in der Natur und die subjektive Angst im Individuum, von welchen die letzte ein Mehr enthält, die erste ein Weniger als jene Angst in Adam.

§ 2

Subjektive Angst

Je reflektierter man die Angst zu setzen wagt, desto leichter kann man sie scheinbar dazu bekommen, in Schuld umzuschlagen. Aber hier gilt es, sich nicht von Approximationsbestimmungen betören zu lassen: Kein ‹Mehr› bringt den Sprung hervor, kein ‹Leichter› macht in Wahrheit die Erklärung leichter. Hält man daran nicht fest, dann geht man das Risiko ein, plötzlich auf ein Phänomen zu stoßen, wo alles so leicht geht, daß der Übergang ein simpler Übergang wird, oder das Risiko, niemals seinen Gedanken abschließen zu dürfen, weil die rein empirische Beobachtung niemals fertig werden kann. Wenn daher die Angst auch immer reflektierter wird, so behält doch die Schuld, die mit dem qualitativen Sprung in der Angst hervorbricht, denselben Charakter schuldhafter Zurechnung wie die Adams, und die Angst dieselbe Zweideutigkeit.

Wollte man leugnen, daß jedes spätere Individuum einen Unschuldszustand hat oder gehabt hat, der eine Analogie zu dem Adams bildet, so würde dies ebensosehr jedermann empören, wie es alles Denken aufheben würde, denn da entstände ein Individuum, das nicht Individuum wäre, sondern nur als Exemplar sich zu seiner Gattung verhielte, obgleich es zur selben Zeit gesehen werden sollte unter der Bestimmung des Individuums: als schuldig.

Angst kann man vergleichen mit Schwindligsein. Derjenige, dessen Auge plötzlich in eine gähnende Tiefe hinunterschaut, der wird schwindlig. Aber was ist der Grund dafür? Es ist ebensosehr sein Auge wie der Abgrund; denn was, wenn er nicht hinabgestarrt hätte! So ist Angst der Schwindel der Freiheit, der entsteht, indem der Geist die Synthese setzen will und die Freiheit nun hinabschaut in ihre eigene Möglichkeit und da die Endlichkeit ergreift, um sich daran zu halten. In diesem Schwindel sinkt die Freiheit ohnmächtig um. Weiter kann die Psychologie nicht kommen und will es auch nicht. Im selben Augenblick ist alles verändert, und indem die Freiheit sich wieder aufrichtet, sieht sie, daß sie schuldig ist. Zwischen diesen zwei Augenblicken liegt der Sprung, den keine Wissenschaft erklärt hat oder erklären kann. Wer in Angst schuldig wird, der wird so zweideutig schuldig wie nur möglich. Angst ist eine weibliche Ohnmacht, in welcher die Freiheit ohnmächtig wird, psychologisch gesprochen geschieht der Sündenfall allezeit in Ohnmacht; aber die Angst ist zugleich das am meisten Selbstische, und keine konkrete Äußerung der Freiheit ist so selbstisch wie die Möglichkeit jeder Konkretion. Dies ist wiederum das Überwältigende, das das zweideutige sympathetische und antipathetische Verhalten des Individuums bestimmt. In der Angst ist die selbstische Unendlichkeit der Möglichkeit, die nicht verführt wie eine Wahl, sondern betörend ängstigt mit ihrer süßen Beängstigung.

In dem späteren Individuum ist die Angst mehr reflektiert. Dies kann so ausgedrückt werden, daß das Nichts, das der Gegenstand der Angst ist, gleichsam immer mehr zu einem Etwas wird. Wir sagen nicht, daß es wirklich etwas wird oder wirklich etwas bedeutet, wir sagen nicht, daß da nun an Stelle des Nichts die Sünde oder etwas anderes zu setzen wäre; denn hier gilt das von der Unschuld des späteren Individuums, was von der Adams gilt; alles dies ist nur für die Freiheit und nur, indem der Einzelne selbst durch den qualitativen Sprung die Sünde setzt. Das Nichts der Angst ist also hier ein Komplex von Ahnungen, die sich in sich selbst reflektieren, sich dem Individuum immer mehr nähern, obgleich sie, wesentlich gesehen, doch wiederum in der Angst nichts bedeuten; aber wohlgemerkt nicht ein Nichts, mit dem das Individuum nichts zu tun hat, sondern ein Nichts, das mit der Unwissenheit der Unschuld in lebendigem Kontakt steht. Diese Reflektiertheit ist ein Vorhergeneigtmachen, das, ehe das Individuum schuldig wird, doch wesentlich gesehen nichts bedeutet, während es, indem es durch den qualitativen Sprung schuldig wurde, die Voraussetzung ist, in der das Individuum über sich selbst hinausgeht, weil die Sünde sich selbst voraussetzt, natürlich nicht, ehe sie gesetzt ist (dies wäre eine Prädestination), sondern sich voraussetzt, indem sie gesetzt ist.

Wir wollen nun ein wenig mehr dies Etwas erörtern, welches das Nichts der Angst in dem späteren Individuum bedeuten kann. In der psychologischen Erörterung gilt es ja in Wahrheit als etwas. Aber die psychologische Erörterung vergißt nicht, daß, wenn ein Individuum durch dieses Etwas ohne weiteres schuldig wurde, alle Betrachtung aufgehoben ist.

Dieses Etwas, welches also die Erbsünde, im strengen Sinne so genannt, bedeutet, ist

A. Die Folge des Generationsverhältnisses

Es folgt aus sich selbst, daß hier nicht die Rede davon sein soll, was etwa Ärzte beschäftigen kann, ob einer als Krüppel geboren wird usw. Auch soll nicht die Rede davon sein, ein Resultat zuwege zu bringen durch tabellarische Übersichten. Es gilt hier wie überall, daß die Stimmung die richtige ist. Wenn man so lernt, daß Hagel und Mißwuchs dem Teufel zugeschrieben werden müssen, so kann dies sehr gut gemeint sein, aber wesentlich ist es eine Geistreichelei, die den Begriff des Bösen abschwächt und einen beinahe scherzenden Ton hereinbringt, so wie es ästhetisch scherzen heißt, wenn man vom dummen Teufel spricht. — Wenn man so im Begriff ‹Glaube› das Historische so einseitig geltend macht, daß man dessen primitive Ursprünglichkeit im Individuum vergißt, dann wird er eine endliche Kleinlichkeit an Stelle einer freien Unendlichkeit. Die Folge davon ist, daß man dazu kommen kann, von dem Glauben zu sprechen wie Hieronymus bei Holberg, der von Erasmus sagt, daß er irrtümliche Meinungen im Glauben habe, weil er annehme, die Erde sei rund und nicht flach, was eine Generation nach der anderen auf dem Berge geglaubt habe. Auf diese Weise kann man auch dem Irrtum im Glauben verfallen, indem man mit Pluderhosen geht, wenn alle Leute auf dem Berge mit engen Beinkleidern gehen [1]. — Wenn man statistische Übersichten über das Verhalten der Sündhaftigkeit liefert, Landkarten davon zeichnet, wo man mit Farben und Erhöhungen sofort dem Auge zur Übersicht verhilft, dann macht man einen Versuch, die Sünde als eine Naturmerkwürdigkeit zu behandeln, die nicht zu beheben ist, sondern zu berechnen wie der atmosphärische Druck und die Regenmenge; und der Mittelwert, die Durchschnittszahl, die herauskommt, ist in einem ganz anderen Sinne Nonsens als in jenen rein empirischen Wissenschaften. Das würde doch ein sehr lächerliches Abrakadabra werden, wenn einer im Ernst sagen würde, daß im Durchschnitt auf jeden Menschen dreidreiachtel Zoll Sündhaftigkeit kämen oder daß in Südfrankreich nur zweieinviertel, in der Bretagne aber dreisiebenachtel auf ihn kämen. — Diese Beispiele sind ebensowenig überflüssig wie die in der Einleitung, da sie aus dem Bereich der Sphäre geholt sind, innerhalb deren das Folgende sich bewegen soll.

Durch die Sünde wurde die Sinnlichkeit Sündhaftigkeit. Dieser Satz bedeutet ein Doppeltes. Durch die Sünde wird die Sinnlichkeit Sündhaftigkeit, und durch Adam kam die Sünde in die Welt hinein. Diese Bestimmungen müssen beständig einander die Waage halten; denn sonst würde etwas Unwahres ausgesagt. Dies nämlich, daß die Sinnlichkeit einmal Sündhaftigkeit *wurde*, ist die Geschichte der Generation, aber daß die Sinnlichkeit dies *wird*, ist der qualitative Sprung des Individuums.

---

[1] Dies bezieht sich auf das Drama von HOLBERG ‹Erasmus Montanus›, III, 4. «Auf dem Berge» = ironischer Ausdruck von Holberg für einen Ort des selbstgefälligen Festhaltens an bornierten und veralteten eigenen Meinungen. (Anm. d. Übers.)

Es wurde (Kapitel I, § 6) daran erinnert, daß Evas Entstehung bereits bildlich die Folge des Generationsverhältnisses sichtbar machte. Sie bezeichnete in gewisser Weise das Derivierte. Das Abgeleitete ist niemals so vollkommen wie das Ursprüngliche [1]. Doch ist der Unterschied hier nur ein quantitativer. Das spätere Individuum ist ebenso ursprünglich wie das erste. Der Unterschied ist für alle späteren Individuen in ihrer Gesamtheit *(in pleno)* die Derivation; aber die Derivation kann wiederum für den Einzelnen ein Mehr oder ein Weniger bedeuten.

Diese Derivation der Frau enthält zugleich die Erklärung dafür, in welchem Sinne sie schwächer ist als der Mann, etwas, das zu allen Zeiten angenommen wurde, ob es nun ein Pascha war, der sprach, oder ein romantischer Ritter. Der Unterschied ist indessen doch nicht anders, als daß der Mann und die Frau wesentlich gleich sind trotz der Unterschiedenheit. Der Ausdruck für den Unterschied ist, daß die Angst in Eva mehr reflektiert ist als in Adam. Dies hat seinen Grund darin, daß die Frau sinnlicher ist als der Mann. Hier ist natürlich nicht die Rede von einem empirischen Zustand oder von einer Durchschnittszahl, sondern von der Verschiedenheit der Synthese. Wenn in dem einen der Teile der Synthese ein Mehr ist, so wird als Folge davon, indem der Geist sich setzt, die Unterscheidung sich tiefer aufspalten, und die Angst wird in der Möglichkeit der Freiheit einen größeren Spielraum haben. In der Erzählung der Genesis ist es Eva, die Adam verführt. Daraus folgt doch keineswegs, daß ihre Schuld größer ist als die Adams, und noch weniger, daß die Angst eine Unvollkommenheit ist, da ihre Größe im Gegenteil eine Prophetie der Vollkommenheit ist.

Bereits hier hat die Untersuchung eingesehen, daß das Verhältnis der Sinnlichkeit dem der Angst entspricht. Sobald nun das Generationsverhältnis sich zeigt, dann ist, was da von Eva gesagt wurde, bloß eine Andeutung dessen, was in dem Verhältnis jedes späteren Individuums zu Adam da ist: daß die Vermehrung der Sinnlichkeit in der Generation auch eine Vermehrung der Angst mit sich bringt. Die Folge des Generationsverhältnisses bedeutet also ein Mehr, so daß kein Individuum da herauskommt, es ist das Mehr aller späteren Individuen im Verhältnis zu Adam, das aber niemals ein solches Mehr werden kann, daß das spätere Individuum wesentlich verschieden von Adam wird.

Doch ehe wir dazu übergehen, will ich erst etwas näher den Satz erklären, daß die Frau sinnlicher ist als der Mann und mehr Angst hat. *Daß die Frau sinnlicher als der Mann ist*, zeigt sofort ihre körperli-

---

1 Dies gilt natürlich nur im Menschengeschlecht, weil das Individuum als Geist bestimmt ist; bei den Tierarten dagegen ist jedes spätere Exemplar ebenso gut wie das erste, oder richtiger gesagt, es bedeutet überhaupt nichts, hier das erste zu sein.

che Organisation. Dies näher auszuführen, ist nicht meine Sache, sondern ist eine Aufgabe für die Physiologie. Dagegen will ich meinen Satz auf eine andere Art beweisen, nämlich dadurch, daß ich sie ästhetisch unter ihren idealen Gesichtspunkt bringe, welcher die Schönheit ist, indem ich daran erinnere, daß der Umstand, daß dies ihr idealer Gesichtspunkt ist, gerade beweist, daß sie sinnlicher ist als der Mann. Darauf werde ich sie ethisch unter ihren idealen Gesichtspunkt bringen, den der Zeugung, indem ich daran erinnere, daß der Umstand, daß dies ihr idealer Gesichtspunkt ist, gerade zeigt, daß sie sinnlicher ist als der Mann.

Wenn die Schönheit herrschend sein darf, dann bringt sie eine Synthese hervor, in welcher der Geist ausgeschlossen ist. Dies ist das Geheimnis in der ganzen Gräzität. Insofern ist da eine Sicherheit, eine stille Feierlichkeit über der griechischen Schönheit; aber gerade deshalb ist da auch eine Angst, die der Grieche wohl nicht merkte, wenn auch seine plastische Schönheit in ihr erbebte. Deshalb gibt es eine Sorglosigkeit in der griechischen Schönheit, weil der Geist ausgeschlossen ist, aber deshalb gibt es da auch eine unerklärte tiefe Trauer. Deshalb ist Sinnlichkeit nicht Sündhaftigkeit, sondern ein unerklärtes Rätsel, das ängstigt; deshalb ist die Naivität begleitet von einem unerklärlichen Nichts, welches das der Angst ist.

Wohl begreift nun die griechische Schönheit den Mann und die Frau wesentlich auf dieselbe Art, also nicht geistig, macht aber doch einen Unterschied innerhalb dieser Gleichheit. Das Geistige hat seinen Ausdruck im Antlitz. Bei der männlichen Schönheit ist doch das Antlitz und der Ausdruck darin wesentlicher als bei der weiblichen Schönheit, wenn auch die ewige Jugend des Plastischen stets das tiefere Geistige hindert hervorzutreten. Dies weiter auszuführen, ist nicht meine Sache, ich will nur den Unterschied in einer einzelnen Andeutung nachweisen. Venus wird wesentlich ebenso schön, auch wenn sie schlafend abgebildet wird, ja, sie ist vielleicht gerade dann am schönsten, und doch ist das Schlafende eben der Ausdruck für die Abwesenheit des Geistes. Daher kommt es, daß, je älter und je mehr geistig entwickelt die Individualität ist, der Mensch desto weniger schön im Schlaf ist, wogegen das Kind im Schlaf am schönsten ist. Venus taucht aus dem Meere auf und wird in einer ruhenden Stellung oder in einer solchen, die gerade den Ausdruck des Antlitzes als unwesentlich erscheinen läßt, dargestellt. Soll dagegen ein Apollo dargestellt werden, so ginge es nicht an, ihn schlafen zu lassen, ebensowenig wie einen Jupiter. Apollo würde dadurch unschön und Jupiter lächerlich. Mit Bacchus könnte da eine Ausnahme gemacht werden, aber er ist in der griechischen Kunst gerade die Indifferenz zwischen männlicher und weiblicher Schönheit, weshalb seine Formen auch weiblich sind. Bei einem Ganymed dagegen ist doch bereits der Gesichtsausdruck wesentlicher.

Als die Schönheit eine andere wurde, wiederholte sich doch wiederum in der Romantik der Unterschied innerhalb der wesentlichen Gleichheit. Während die Geschichte des Geistes (und dies ist gerade das Geheimnis des Geistes, daß er allezeit Geschichte hat) sich in des Mannes Antlitz ausprägen darf, so daß man alles vergißt, wenn bloß dessen Züge deutlich und edel sind, will die Frau auf eine andere Weise als Totalität wirken, wenn auch das Antlitz eine größere Bedeutung bekommen hat als im klassischen Zeitalter. Der Ausdruck muß nämlich eine Totalität sein, die keine Geschichte hat. Deshalb ist Schweigen nicht bloß die höchste Weisheit der Frau, sondern auch ihre höchste Schönheit.

Ethisch betrachtet erreicht die Frau ihren Höhepunkt in der Hervorbringung von Nachkommen. Deshalb sagt die Schrift, daß ihr Trachten nach dem Manne sein soll. Zwar ist auch des Mannes Trachten nach ihr, aber sein Leben kulminiert nicht in diesem Trachten, es sei denn, sein Leben wäre töricht oder verloren. Aber dies, daß die Frau hierin kulminiert, zeigt gerade, daß sie sinnlicher ist.

Die Frau hat mehr Angst als der Mann. Dies liegt nun nicht daran, daß sie weniger physische Kraft usw. hat, denn von dieser Art von Angst ist hier überhaupt nicht die Rede; sondern es liegt daran, daß sie sinnlicher und doch ebenso wesentlich geistig bestimmt ist wie der Mann. Daß man deshalb oft davon gesprochen hat, sie sei das schwächere Geschlecht, ist mir sehr gleichgültig; denn deshalb könnte sie durchaus weniger Angst haben als der Mann. Angst ist hier ständig zu verstehen in Richtung auf Freiheit. Wenn also die Geschichte in der Genesis in krassem Gegensatz zu aller Analogie die Frau den Mann verführen läßt, dann ist dies doch bei näherer Überlegung gänzlich in seiner Ordnung; denn jene Verführung ist gerade eine weibliche Verführung, weil Adam doch eigentlich nur durch Eva von der Schlange verführt wird. Wenn sonst die Rede von Verführung ist, dann sichert der Sprachgebrauch (betören, beschwatzen usw.) allezeit dem Manne die erste Stelle.

Ich will durch eine experimentierende Beobachtung bloß zeigen, was von aller Erfahrung als anerkannt gilt. Wenn ich mir ein unschuldiges Mädchen denke und nun einen Mann einen begehrlichen Blick auf sie werfen lasse, dann wird ihr angst. Im übrigen kann sie entrüstet usw. sein, aber zuerst wird ihr angst. Stelle ich mir dagegen vor, eine Frau hefte einen begehrlichen Blick auf einen unschuldigen jungen Mann, dann wird seine Stimmung nicht Angst sein, sondern höchstens eine mit Ekel gemischte Beschämung, eben weil er mehr als Geist bestimmt ist.

Durch Adams Sünde kam die Sündhaftigkeit in die Welt hinein und zugleich die Sexualität, und diese erhielt für ihn die Bedeutung der Sündhaftigkeit. Das Sexuelle wurde gesetzt. Es gibt in der Welt sowohl mündlich wie schriftlich viel Geschwätz die Naivität betreffend. Indessen ist nur die Unschuld naiv, aber sie ist auch unwissend. Sobald das Sexuelle zu Bewußtsein gebracht ist, ist es Gedankenlosigkeit, Affektiertheit und zuweilen, was schlimmer ist, eine Tarnung für die Lüsternheit, von Naivität reden zu wollen. Aber daraus, daß der Mensch nicht mehr naiv ist, folgt keineswegs, daß er sündigt. Es sind nur diese faden Schmeicheleien, die die Menschen eben dadurch verlocken, daß sie die Aufmerksamkeit ablenken vom Wahren, vom Sittlichen.

Die ganze Frage der Bedeutung des Sexuellen und dessen Bedeutung in den einzelnen Sphären ist fraglos bisher zu wenig beantwortet worden, und vor allem sehr selten in der rechten Stimmung. Darüber Witze zu machen, ist eine ärmliche Kunst, zu warnen ist nicht schwer, und darüber so zu predigen, daß man die Schwierigkeit ausläßt, ist auch nicht schwer; aber recht menschlich darüber zu sprechen, ist eine Kunst. Läßt man die Bühne und den Predigtstuhl die Beantwortung übernehmen, und zwar so, daß der eine sich geniert zu sagen, was der andere sagt, und läßt man aus diesem Grund die Erklärung des einen himmelschreiend verschieden von der des anderen sein, dann heißt das ja eigentlich alles aufgeben und den Menschen die schwere Bürde auferlegen, an die man selbst mit keinem Finger rührt: nämlich den Sinn in beiden Erklärungen zu finden, während die betreffenden Lehrer ständig nur die eine vortragen. Diese Mißlichkeit würde man schon längst bemerkt haben, wenn nicht die Menschen in diesen Zeiten sich darin vervollkommnet hätten, in der Gedankenlosigkeit das so schön angelegte Leben zu verspielen und in der Gedankenlosigkeit lärmend mit dabeizusein, wenn da ein Geschwätz entsteht über die eine oder andere großartige, ungeheure Idee, zu deren Ausführung sie sich vereinigen in unerschütterlichem Glauben an die Macht der Vereinigung, mag auch dieser Glaube ebenso wunderlich sein wie der jenes Bierzapfers, der sein Bier einen Schilling unter dem Einkaufspreis ausverkaufte und doch mit Gewinn rechnete: «denn es ist die *Menge*, die es machen muß». Da dies sich so verhält, soll es mich nicht wundern, daß niemand in diesen Zeiten auf eine solche Überlegung achtet. Aber dies weiß ich: Wenn Sokrates jetzt lebte, dann würde er über derartiges nachdenken, wenn er es auch besser machte, oder soll ich sagen göttlicher, als ich dies vermag, und ich bin davon überzeugt, daß er zu mir gesagt hätte: Oh! Lieber Freund, darin handelst du recht, daß du über solche Dinge nachdenkst, welche wohl einer Überlegung wert sind; ja!, man kann ganze Nächte im Gespräch zusammensitzen und doch niemals fertigwerden, die Merkwürdigkeit der Menschennatur zu ergründen. Und diese Gewißheit ist mir unendlich mehr wert als das Bravo aller Zeitgenossen; denn jene Gewißheit macht meine Seele unerschütterlich, der Beifall würde sie zweifelhaft machen.

Das Sexuelle als solches ist nicht das Sündhafte. Das eigentliche

Nicht-darum-Wissen, wenn es trotzdem wesentlich vorhanden sein soll, ist nur dem Tiere vorbehalten, das deshalb in der Blindheit des Instinktes geknechtet ist und im Dunkel geht. Eine Unwissenheit, die zugleich eine Unwissenheit von dem ist, was nicht da ist, ist die des Kindes. Die Unschuld ist ein Wissen, das Unwissenheit bedeutet. Ihr Unterschied von der sittlichen Unwissenheit zeigt sich leicht, weil jene bestimmt ist in Richtung auf ein Wissen. Mit der Unschuld beginnt ein Wissen, dessen erste Bestimmung Unwissenheit ist. Dies ist der Begriff der Schamhaftigkeit. In der Schamhaftigkeit ist eine Angst, weil der Geist auf der äußersten Spitze der Differenz der Synthese so bestimmt ist, daß der Geist nicht bloß als Körper, sondern als Körper mit dem Geschlechtsunterschied bestimmt ist. Doch ist die Schamhaftigkeit zwar ein Wissen von dem Geschlechtsunterschied, aber nicht als ein Verhältnis zu einem Geschlechtsunterschied, das will sagen, der Trieb ist nicht als solcher zur Stelle. Die eigentliche Bedeutung der Schamhaftigkeit ist, daß der Geist gleichsam nicht die äußerste Spitze der Synthese anerkennen kann. Deshalb ist die Angst der Schamhaftigkeit so ungeheuer zweideutig. Da ist keine Spur von sinnlicher Lust, und doch ist da eine Schamerfülltheit, worüber? Über nichts. Und doch kann das Individuum aus Scham sterben, und verwundete Schamhaftigkeit ist der tiefste Schmerz, weil er der unerklärlichste von allen ist. Deshalb kann die Angst der Schamhaftigkeit durch sich selbst erwachen. Doch geht es natürlich hier darum, daß es nicht die Lust ist, die diese Rolle spielen wird. Ein Beispiel für das letztere findet sich in einem Märchen von Fr. Schlegel. (Sämtliche Werke, 7. Band, S. 15 in der Geschichte von Merlin.)

In der Schamhaftigkeit ist der Unterschied der Geschlechter gesetzt, aber nicht in Beziehung auf das andere. Dies geschieht im Trieb. Da aber der Trieb nicht Instinkt oder bloß Instinkt ist, hat er *eo ipso* ein τέλος [Ziel], welches die Fortpflanzung ist, während das Ruhende die Liebe ist, das rein Erotische. Der Geist ist noch immer nicht mitgesetzt. Sobald er gesetzt wird, nicht bloß als Setzung der Synthese, sondern als Geist, ist das Erotische vorbei. Der höchste heidnische Ausdruck hierfür ist, daß das Erotische das Komische ist. Dies muß natürlich nicht in dem Sinne genommen werden, in dem ein Wollüstling meinen kann, daß das Erotische das Komische und ein Stoff für seine geile Witzigkeit sei, sondern es ist die Kraft und das Übergewicht der Intelligenz, die sowohl das Erotische als auch das sittliche Verhältnis dazu in der Indifferenz des Geistes aufhebt (neutralisiert). Dies hat einen sehr tiefen Grund. Die Angst in der Schamhaftigkeit lag darin, daß der Geist sich fremd fühlte, nun hat der Geist vollständig gesiegt und sieht das Sexuelle als das Fremde und als das Komische an. Diese Freiheit des Geistes konnte die Schamhaftigkeit natürlich nicht haben. Das Sexuelle ist der Ausdruck für jenen ungeheuren Widerspruch, daß der unsterbliche Geist als Geschlecht *(genus)* bestimmt ist. Dieser Widerspruch äußert sich als die tiefe Scham, die sich demgegenüber verbirgt und es nicht zu verstehen wagt. Im Erotischen wird dieser Gegensatz in der Schönheit verstanden; denn die Schönheit ist gerade die Einheit des Seelischen und des Körperlichen. Aber dieser Gegensatz, den das Erotische in der Schönheit erklärt, ist für den Geist zugleich die Schönheit und das Komische. Der Ausdruck des Geistes für das Erotische ist deshalb, daß es zugleich das Schöne und das Komische ist. Hier gibt es keinen sinnlichen Reflex hin auf das Erotische (denn dies ist Wollust, und in einem solchen Falle befindet sich das Individuum weit unter der Schönheit des Erotischen), sondern es ist die Reife des Geistes. Dieses haben natürlich nur sehr wenige Menschen in seiner Reinheit verstanden. Sokrates jedoch hat es verstanden. Wenn deshalb Xenophon ihn sagen läßt, daß man die häßlichen Frauen lieben soll, dann wird diese Aussage wie alles mit Xenophons Dazutun zu einer widerwärtigen, bornierten Philisterei, die Sokrates am wenigsten von allen ähnlich sieht. Der Sinn seiner Aussage ist der, daß er das Erotische in die Indifferenz gesetzt hat, und den Widerspruch, der dem Komischen zugrunde liegt, drückt er richtig durch den entsprechenden ironischen Widerspruch aus, daß man die Häßlichen lieben soll[1]. Doch kommt eine

---

1 So muß auch verstanden werden, was Sokrates über den Kuß zu Critobulus sagt. Daß Sokrates unmöglich im Ernst so pathetisch sprechen konnte über die Gefährlichkeit des Kusses, muß, glaube ich, für jeden einleuchtend sein, ebenso, daß er kein ängstlicher Moralpeter war, der keine Frau anzusehen wagte. Wohl bedeutet der Kuß in südlicheren Ländern und bei den leidenschaftlicheren Nationen etwas mehr als hier im Norden (hierüber kann man nachlesen bei Puteanus in einem Brief an Joh. Bapt. Saccum: *nesciunt nostrae virgines ullum libidinis rudimentum oculis aut osculis inesse, ideoque fruuntur. Vestrae sciunt.* Vgl. Kempius ‹Abhandlung über das Küssen›, nach dem Dictionnaire des Pierre Bayle, deutsche Übersetzung von J. Chr. Gottsched, Leipzig 1741—1744. [Unsere, d. h. die belgischen, Jungfrauen wissen nicht, daß gewisse Spuren der Sinnlichkeit im Äugeln und Küssen da sind, und genießen sie deshalb. Die euren, d. h. die italienischen, wissen das.]). Aber dessenungeachtet sieht es Sokrates weder als Ironiker noch als Moralisten ähnlich, so zu sprechen. Wenn man nämlich zu nachdrücklich als Moralist redet, dann weckt man die Lust und verlockt den Anfänger fast gegen seinen Willen, ironisch gegen den Lehrer zu werden. Sokrates' Verhältnis zu Aspasia zeigt dasselbe. Mit ihr ging er um, ganz unbekümmert um das zweideutige Leben, das sie führte. Von ihr wünschte er bloß zu lernen (Athenaeus), und dazu scheint sie auch Talent gehabt zu haben, da ja erzählt wird, daß die Männer ihre Frauen mitnahmen zu Aspasia, bloß damit sie von ihr lernten. Sobald dagegen Aspasia mit ihrer Lieblichkeit hätte auf ihn wirken wollen, hätte vermutlich Sokrates ihr erklärt, daß man die Häßlichen lieben müsse und daß sie in keiner Weise mehr ihre Reize bemühen solle, da er für sich genug an Xanthippe habe. (Vgl. Xenophons Erzählung von Sokrates' An-

solche Auffassung sehr selten vor in ihrer absoluten Reinheit. Dazu gehört ein merkwürdiges Zusammenspiel einer glücklichen historischen Entwicklung und ursprünglichen Begabung; ist da irgendein noch so entfernter Einspruch möglich, dann ist die Auffassung widerwärtig und Affektiertheit.

Im Christentum hat das Religiöse das Erotische aufgehoben, nicht bloß durch ein ethisches Mißverständnis als das Sündige, sondern als das Indifferente, weil im Geiste kein Unterschied zwischen Mann und Frau ist. Hier ist das Erotische nicht ironisch neutralisiert, sondern suspendiert, weil es die Tendenz des Christentums ist, den Geist weiterzuführen. Während in der Schamhaftigkeit der Geist zu bange und scheu wird, um sich den Geschlechtsunterschied zu eigen zu machen, springt [im Christentum] die Individualität plötzlich ab, und anstatt ihn ethisch zu durchdringen, ergreift sie eine Erklärung aus der höchsten Sphäre des Geistes. Dies ist eine Seite der Klosteranschauung, mag diese nun mehr bestimmt werden als ethischer Rigorismus oder als überlegende Kontemplation [1].

Wie also in der Schamhaftigkeit die Angst gesetzt ist, so ist sie auch gegenwärtig in allem erotischen Genuß, nicht weil dieser sündig ist, keineswegs, weshalb es auch nicht hilft, wenn der Priester zehnmal das Paar segnet. Selbst wenn das Erotische sich so schön und rein und sittlich ausdrückt, wie es nur möglich ist, in seiner Freude ungestört von einer wollüstigen Reflexion, ist die Angst doch zur Stelle, zwar nicht störend, aber als ein mitwirkendes Moment.

In dieser Hinsicht ist es sehr schwierig, Beobachtungen anzustellen. Vornehmlich muß man hier die Vorsicht walten lassen, die die Ärzte benutzen, niemals den Puls zu beobachten, ohne sich zu sichern, daß sie nicht ihren eigenen statt den des Patienten fühlen, so muß man sich hier davor hüten, daß die Bewegung, die man entdeckt, nicht die Unruhe des Beobachters ist gegenüber seiner Beobachtung. Indessen steht es doch fest, daß alle Dichter, wie rein und unschuldig sie auch

---

schauung über sein Verhältnis zu Xanthippe.) — Da es ja leider sich immer wiederholt, daß man mit vorgefaßter Meinung alles zu lesen unternimmt, so ist es kein Wunder, daß jeder eine bestimmte Vorstellung davon hat, daß ein Zyniker ein beinahe ausschweifender Mensch sei. Doch dürfte es möglich sein, gerade auch hier ein Beispiel für jene Auffassung des Erotischen als des Komischen zu finden.

[1] Wie sonderbar es auch demjenigen vorkommen mag, der nicht gewöhnt ist an eine vorurteilslose Betrachtung der Phänomene, so ist da doch eine vollkommene Analogie zwischen Sokrates' ironischer Auffassung des Erotischen als des Komischen und eines Mönchs Verhältnis zu den *mulieres subintroductae* [heimlich zugeführte Gefährtinnen geistlicher Männer zu ursprünglich geistig gemeintem Umgang]. Der Mißbrauch betrifft natürlich nur denjenigen, der Sinn für den Mißbrauch hat.

die Liebe darstellen, sie so beschreiben, daß sie die Angst mit hineinnehmen. Dies näher zu verfolgen, ist Sache eines Ästhetikers. Aber warum diese Angst? Weil auf dem Höhepunkt des Erotischen der Geist nicht mit dabeisein kann. Ich will wie ein Grieche reden. Der Geist ist wohl zur Stelle, denn er ist es, der die Synthese herstellt, aber er kann sich nicht im Erotischen ausdrücken, dort fühlt er sich fremd. Er sagt gleichsam zu dem Erotischen: Lieber! Hier kann ich nicht der dritte Mann sein, deshalb will ich mich so lange verstecken. Aber dies ist gerade die Angst, und dies ist eben zugleich die Schamhaftigkeit; denn es ist eine große Dummheit anzunehmen, daß der Segen der Kirche oder des Mannes Treue, sich allein an seine Frau zu halten, genug ist. Manche Ehe ist entweiht, obgleich dies nicht durch einen Fremden geschah. Aber wenn das Erotische rein und unschuldig und schön ist, dann ist diese Angst freundlich und mild, und deshalb haben die Dichter recht, von der süßen Beängstigung zu reden. Es versteht sich indessen von selbst, daß die Angst größer bei der Frau ist als beim Mann.

Laßt uns nun zurückkehren zu unseren früheren Betrachtungen, zur Folge des Generationsverhältnisses im Individuum, welches das Mehr ist, was jedes spätere Individuum im Verhältnis zu Adam hat. Im Augenblick der Empfängnis ist der Geist am weitesten weg und deshalb die Angst am größten. In dieser Angst entsteht das neue Individuum. Im Augenblick der Geburt erreicht die Angst der Frau zum zweiten Male ihren Höhepunkt, und in diesem Augenblick kommt das neue Individuum zur Welt. Daß eine Gebärende sich ängstigt, ist bekannt genug. Die Physiologie hat ihre Erklärung, die Psychologie mag auch die ihre haben. Als Gebärende ist die Frau wieder am äußersten Ende des einen Extrems der Synthese, deshalb bebt der Geist; denn er hat in diesem Augenblick keine Aufgabe, er ist gleichsam suspendiert. Die Angst ist indes ein Ausdruck für die Vollkommenheit der menschlichen Natur, und deshalb findet man nur bei unentwickelten Völkern die Analogie zu der leichten Geburt des Tieres.

Aber je mehr Angst, desto mehr Sinnlichkeit. Das erzeugte Individuum ist sinnlicher als das ursprüngliche, und dieses Mehr ist das allgemeine Mehr der Generation für jedes spätere Individuum im Verhältnis zu Adam.

Aber dies Mehr an Angst und Sinnlichkeit für jedes spätere Individuum im Verhältnis zu Adam kann natürlich wiederum in dem einzelnen Individuum ein Mehr oder Minder bedeuten. Hier liegen Unterschiede, die in Wahrheit so entsetzlich sind, daß gewiß niemand in tieferem Sinne, d. h. mit echt menschlicher Sympathie darüber nachzudenken wagt, ohne daß er mit einer Unerschütterlichkeit, die nichts zum Wanken bringen kann, dessen vergewissert ist, daß da niemals in der Welt ein solches Mehr gefunden ist oder gefunden werden wird, welches durch einen einfachen Übergang das Quantitative in das Qualitative umwandelt. Was die Schrift lehrt, daß Gott die Verfehlung der Väter an den Kindern bis ins dritte und vierte Glied heimsuchen wird, wird vom Leben unüberhörbar verkündet. Sich von dem Entsetzlichen losschwatzen zu wollen durch die Erklärung, jene Aussage sei eine jüdische Lehre, hilft gar nichts. Das Christentum hat sich niemals dazu bekannt, jedes einzelne Individuum zu privilegieren, in einem äußeren Sinne von vorne zu beginnen. Jedes Individuum beginnt in einer Geschichtsreihe, und die Konsequenzen der Natur stehen jetzt ebenso in Kraft wie je. Nur darin liegt der Unterschied, daß das Christentum lehrt, sich über jenes Mehr zu erheben, und den verurteilt, der das nicht tut, weil er es nicht will.

Gerade weil die Sinnlichkeit hier als ein Mehr bestimmt ist, wird die Angst des Geistes, indem er sie übernehmen soll, eine größere. Als Maximum liegt hier das Entsetzliche, *daß die Angst vor der Sünde die Sünde hervorbringt*. Läßt man das böse Begehren, die Concupiscenz usw. dem Individuum angeboren sein, dann bekommt man nicht die Zweideutigkeit, in welcher das Individuum zugleich schuldig und unschuldig wird. In der Ohnmacht des Geistes sinkt das Individuum um, aber gerade deshalb ist es sowohl schuldig wie unschuldig.

Beispiele im einzelnen für dieses unendlich an- und abschwellende Mehr oder Weniger will ich hier nicht anführen. Wenn diese irgendeine Bedeutung haben sollen, verlangen sie eine weitläufige und sorgfältige ästhetisch-psychologische Ausführung.

B. Die Folge des historischen Verhältnisses

Wenn ich hier in einem einzigen Satz das Mehr umreißen sollte, das für jedes spätere Individuum im Verhältnis zu Adam da ist, dann würde ich sagen: Es ist, daß die Sinnlichkeit Sündhaftigkeit, das will sagen, dieses dunkle Wissen darum bedeuten kann, samt einem dunklen Wissen um das, was die Sünde im übrigen bedeuten kann, zusammen mit einer mißverstandenen historischen Aneignung des Historischen (*de te fabula narratur* [von dir berichtet die Fabel. Horaz, Satiren I, I 69 — 70]). Hierdurch wird die Pointe, die individuelle Ursprünglichkeit, ausgelassen, und das Individuum verwechselt sich ohne weiteres selbst mit dem Geschlecht und dessen Geschichte. Wir sagen nicht, daß die Sinnlichkeit Sündhaftigkeit ist, sondern daß die Sünde sie dazu macht. Wenn wir uns das spätere Individuum denken, so hat ein jedes eine historische Umgebung, in der sich erweisen kann, daß Sinnlichkeit Sündhaftigkeit bedeuten kann. Für das Individuum selbst bedeutet sie dies nicht, aber dieses Wissen gibt der Angst ein Mehr. Der Geist ist also nicht nur in ein Verhältnis gesetzt zum Gegensatz der Sinnlichkeit, sondern auch zu dem der Sündhaftigkeit. Es versteht sich von selbst, daß das unschuldige Individuum dieses Wissen noch nicht versteht; denn es kann ja erst qualitativ verstanden werden, aber dieses Wissen ist doch wiederum eine neue Möglichkeit, so daß der Freiheit, die sich in ihrer Möglichkeit zum Sinnlichen verhält, noch mehr angst wird.

Es leuchtet von selbst ein, daß dieses allgemeine Mehr für das einzelne Individuum ein Mehr oder ein Weniger bedeuten kann. Dies sei gesagt, um sofort auf einen großartigen Unterschied aufmerksam zu machen: Nachdem das Christentum in die Welt hineingekommen und die Erlösung gesetzt ist, ist über die Sinnlichkeit ein Licht des Gegensatzes geworfen, das im Heidentum nicht da war und das gerade dazu dient, den Satz zu bekräftigen, daß Sinnlichkeit Sündhaftigkeit ist.

Innerhalb der christlichen Differenz kann wiederum jenes Mehr ein Mehr oder Minder bedeuten. Dies liegt in dem Verhältnis des einzelnen unschuldigen Individuums zu der historischen Umgebung. In dieser Hinsicht kann das Verschiedenste dasselbe hervorrufen. Die Möglichkeit der Freiheit meldet sich in der Angst an. Nun kann eine Warnung das Individuum in der Angst umsinken lassen (man erinnere sich, daß ich beständig nur psychologisch rede und niemals den qualitativen Sprung aufhebe), und dies, obwohl die Warnung natürlich gerade zum Gegenteil führen sollte. Der Anblick des Sündigen kann ein Individuum retten und ein anderes zu Fall bringen. Ein Scherz kann dasselbe bewirken wie Ernst und umgekehrt. Reden und Schweigen können die entgegengesetzte Wirkung von dem, was beabsichtigt war, hervorbringen. In dieser Hinsicht gibt es keine Grenze, und deshalb sieht man hier wiederum die Richtigkeit der Bestimmung, daß es ein quantitatives Mehr oder Weniger ist; denn das Quantitative ist ja gerade die unendliche Grenze.

Dies will ich hier nicht durch experimentierende Beobachtung näher ausführen, da es aufhält. Das Leben ist indes reich genug, wenn man bloß zu sehen versteht; man braucht nicht nach Paris und London zu reisen — und dies hilft nichts —, wenn man nicht sehen kann.

Die Angst hat im übrigen hier wieder dieselbe Zweideutigkeit wie immer. An diesem Punkt kann ein Maximum sichtbar werden, das jenem Vorhergehenden entspricht, daß das Individuum aus Angst vor der Sünde die Sünde hervorbringt, dies nämlich, daß *das Individuum aus Angst, nicht davor, schuldig zu werden, sondern davor, für schuldig angesehen zu werden, schuldig wird.*

Übrigens ist das höchste Mehr in dieser Richtung, daß ein Individuum von seinem frühesten Erwachen so gestellt und beeinflußt ist, daß für es Sinnlichkeit identisch geworden ist mit Sündhaftigkeit, und dieses höchste Mehr wird sich in der peinlichsten Gestalt des Konfliktes zeigen, wenn es in der ganzen Umwelt nirgends irgendeinen Rückhalt finden kann. Wird nun zu diesem höchsten Mehr die Verwechslung hinzugefügt, daß das Individuum sich selbst mit seinem historischen Wissen um die Sündhaftigkeit verwechselt und in dem Erbleichen der Angst ohne weiteres sich selbst qua Individuum unter dieselbe Kategorie subsumiert, uneingedenk des Wortes der Freiheit: ‹wenn du ebenso tust›, — dann ist das höchste Mehr zur Stelle.

Was hier in Kürze angedeutet wurde, daß eine ziemlich reiche Erfahrung dazu gehört, um zu verstehen, daß hier vieles so bestimmt wie deutlich gesagt wurde, war oft genug Gegenstand von Überlegungen. Diese Überlegung nennt man im allgemeinen: Über die Macht des Beispiels. Hierüber ist unleugbar, wenn auch nicht gerade in diesen letzten superphilosophischen Zeiten, sehr viel Gutes gesagt worden, aber oft fehlt doch die psychologische Zwischenbestimmung, wie es zugeht, daß das Beispiel wirkt. Außerdem behandelt man zuweilen die Sache in diesen Sphären ein bißchen zu sorglos und merkt nicht, daß ein einziger kleiner Mißgriff in dem kleinsten Detail imstande ist, die ungeheure Rechnung des Lebens zu verwirren. Die psychologische Aufmerksamkeit heftet sich ausschließlich auf das einzelne Phänomen und hat nicht zur gleichen Zeit ihre ewigen Kategorien bereit und ist nicht bedacht genug darauf, die Menschheit zu retten, indem sie, mag es kosten, was es wolle, jedes einzelne Individuum in das Geschlecht hinein rettet. Das Exempel soll auf das Kind gewirkt haben. Man läßt das Kind recht einen kleinen Engel sein, aber die verdorbene Umgebung stürzte es ins Verderben. Man fährt fort, ständig zu erzählen, wie schlecht die Umgebung war — und dergestalt wird das Kind verdorben. Geschieht dies aber durch einen simplen quantitativen Prozeß, dann ist jeder Begriff aufgehoben. Darauf ist man nicht aufmerksam. Oder man läßt das Kind von Grund auf so mißraten sein, daß es von dem guten Beispiel überhaupt keinen Nutzen hat. Man passe doch wohl auf, daß dieses Kind nicht so abartig wird, daß es die Macht dazu bekommt, nicht bloß seine Eltern zum Narren zu machen, sondern auch alles menschliche Reden und Denken, ebenso wie eine *rana paradoxa* [Sagentier mit Froschbeinen und Salamanderschwanz, wohl große Kaulquappe] der naturwissenschaftlichen Anordnung der Frösche spottet und trotzt. Es gibt viele Menschen, die es wohl verstehen, das Einzelne zu betrachten, aber es nicht vermögen, zur gleichen Zeit das Totale im Geiste zu haben; aber eine jede solche Betrachtung, mag sie auch in anderer Hinsicht verdienstvoll sein, kann doch nur Verwirrung stiften. — Oder das Kind war, wie Kinder meistens sind, weder gut noch böse, aber dann kam es in gute Gesellschaft und wurde gut oder in schlechte Gesellschaft und wurde schlecht. Zwischenbestimmungen! Zwischenbestimmungen! Man bringe eine Zwischenbestimmung zustande, welche die Zweideutigkeit hat, die den Gedanken rettet (und ohne diesen ist ja des Kindes Erlösung eine Illusion), daß das Kind, wie es auch gewesen sein mag, sowohl schuldig wie unschuldig werden kann. Hat man nicht die Zwischenbestimmungen prompt und deutlich, dann sind die Begriffe Erbsünde, Sünde, Menschengeschlecht, Individuum verloren, und das Kind mit.

Sinnlichkeit ist also nicht Sündhaftigkeit, sondern indem die Sünde gesetzt wurde und indem sie gesetzt wird, macht sie Sinnlichkeit zur Sündhaftigkeit. Es versteht sich von selbst, daß die Sündhaftigkeit nun zugleich etwas anderes bedeutet. Aber was die Sünde weiter zu bedeuten hat, damit haben wir hier nichts zu schaffen, wo es darum geht, sich psychologisch in den Zustand zu vertiefen, der der Sünde vorausgeht, und, psychologisch gesprochen, mehr oder weniger zu ihr prädisponiert.

Durch das Essen der Frucht der Erkenntnis kam die Differenz zwischen Gut und Böse herein, aber zugleich die sexuelle Verschiedenheit als Trieb. Wie dies zuging, kann keine Wissenschaft erklären. Die Psychologie kommt der Sache am nächsten und erklärt die letzte Approximation, welche das Sich-selbst-offenbar-Werden der Freiheit in der Angst der Möglichkeit oder im Nichts der Möglichkeit oder im Nichts der Angst ist. Wenn der Gegenstand der Angst ein Etwas ist, bekommen wir keinen Sprung, sondern einen quantitativen Übergang. Das spätere Individuum hat ein Mehr im Verhältnis zu Adam und wiederum ein Mehr oder Weniger im Verhältnis zu andern Individuen, aber trotzdem gilt dies wesentlich, daß der Gegenstand der Angst ein Nichts ist. Ist deren Gegenstand ein solches Etwas, daß es, wesentlich gesehen, d. h. gesehen in Richtung der Freiheit, Etwas bedeutet, dann bekommen wir nicht einen Sprung, sondern einen quantitativen Übergang, der jeden Begriff verwirrt. Selbst wenn ich sage, daß für ein Individuum vor dem Sprunge Sinnlichkeit gesetzt ist als Sündhaftigkeit, dann gilt dies doch, daß sie wesentlich nicht als solche gesetzt ist, denn wesentlich setzt und versteht das Individuum dies nicht. Selbst wenn ich sage, daß in dem gezeugten Individuum ein Mehr von Sinnlichkeit gesetzt ist, so ist dies doch in Richtung auf den Sprung ein ungültiges Mehr.

Hat nun die Wissenschaft irgendeine andere psychologische Zwischenbestimmung, die den dogmatischen, ethischen und psychologischen Vorteil hat, den die Angst hat, so ziehe man diese vor.

Es ist leicht einzusehen, daß im übrigen das hier Entwickelte sich vorzüglich in Übereinstimmung bringen läßt mit der Erklärung, die man gewöhnlich von der Sünde gibt, daß sie das Selbstische ist. Aber wenn man sich in diese Bestimmung vertieft, dann läßt man sich überhaupt nicht darauf ein, die vorhergehende psychologische Schwierigkeit zu erklären, ebenso wie man auch die Sünde allzu pneumatisch [von griechisch: *pneuma* = Geist, im Gegensatz zum Leib] bestimmt und nicht hinreichend darauf achtet, daß die Sünde, indem sie gesetzt wird, ebensosehr eine sinnliche wie eine geistige Konsequenz schafft.

Wenn man nun in der neueren Wissenschaft[1] oft genug die Sünde erklärt hat als das Selbstische, dann ist es unbegreiflich, daß man nicht eingesehen hat, daß gerade hierin die Unmöglichkeit dafür liegt, daß ihre Erklärung in irgendeiner Wissenschaft Platz finden kann; denn das Selbstische ist gerade das Einzelne, und was dies bedeutet, kann nur der Einzelne als Einzelner wissen, da dies, unter allgemeinen Kategorien gesehen, alles bedeuten kann, dergestalt, daß dieses alles schlechthin nichts bedeutet. Die Bestimmung, die Sünde sei das Selbstische, kann deshalb sehr richtig sein, gerade wenn man zugleich festhält, daß sie, wissenschaftlich gesprochen, so inhaltslos ist, daß sie überhaupt nichts bedeutet. Endlich ist in dieser Bestimmung: ‹das Selbstische›, nicht Rücksicht genommen auf die Unterscheidung Sünde und Erbsünde, auch nicht darauf, in welchem Sinne die eine die andere erklärt, die Sünde die Erbsünde und die Erbsünde die Sünde.

Sobald man wissenschaftlich über dieses Selbstische reden will, löst sich alles in Tautologie auf, oder man wird geistreich, wodurch sich alles verwirrt. Wer hat vergessen, daß die Naturphilosophie das Selbstische in der gesamten Schöpfung fand, es fand in der Bewegung der Sterne, die doch beständig gebunden waren in Gehorsam unter dem Gesetz des Universums; daß sie fand, das Zentrifugale in der Natur sei das Selbstische. Wenn man erst einen Begriff so weit gebracht hat, dann kann dieser gerne hingehen und sich legen, um, wenn möglich, den Rausch auszuschlafen und wieder nüchtern zu werden. In dieser Hinsicht ist unsere Zeit unermüdlich, ein jedes Ding dahin zu bringen, alles zu bedeuten. Wie fix und unverdrossen sieht man nicht zuweilen den einen oder anderen geistreichen Mystagogen[2] eine ganze Mythologie dazu mißbrauchen, jede einzelne Mythe durch seinen Falkenblick zu einer Caprice auf seiner Mundharmonika zu machen? Sieht man nicht zuweilen eine ganze christliche Terminologie bis zur Verlorenheit entarten durch die eitle und anspruchsvolle Behandlung des einen oder anderen Spekulanten?

Wenn man sich nicht erst selber verdeutlicht, was ‹Selbst› bedeutet, dann nützt es nur wenig, von der Sünde auszusagen, daß sie das Selbstische sei. Aber ‹Selbst› bedeutet gerade den Widerspruch, daß das Allgemeine als das Einzelne gesetzt ist. Erst wenn der Begriff des Einzelnen gegeben ist, erst dann ist die Rede von dem Selbstischen; trotzdem aber zahllose Millionen von solchen Selbsten gelebt haben, kann keine Wissenschaft sagen, was das ist, ohne dies wiederum ganz allgemein

---

1 KANT, ‹Religion innerhalb ...›, 1. Stück, III; HEGEL, ‹Philosophie des Rechts›, § 139; ‹Philosophie der Religion›, II, S. 261. (Anm. d. Übers.)

2 N. F. S. GRUNDTVIG, ‹Nordens Mythologi›, 2. Aufl. 1832, S. 413, spricht vom Falkenblick der Mythenschmiede für den historischen Gang im Menschenleben. Auch Mundharfe = Mundharmonika ist ein Grundtvigscher Ausdruck. (Anm. d. Übers.)

auszusagen[1]. Und dies ist das Wunderbare des Lebens, daß jeder Mensch, der auf sich selber achtet, weiß, was keine Wissenschaft weiß, da er weiß, was er selbst ist, und dies ist der tiefe Sinn in jenem griechischen Satz γνῶθισαυτ όν[2], den man nun lange genug deutsch verstanden hat als das reine Selbstbewußtsein, die Luftigkeit des Idealismus[3]. Es ist wohl höchste Zeit, daß man diesen Satz griechisch zu verstehen sucht und da wiederum ihn so zu verstehen sucht, wie die Griechen ihn verstanden haben würden, wenn sie christliche Voraussetzungen gehabt hätten. Aber das eigentliche ‹Selbst› ist erst im qualitativen Sprung gesetzt. Im Zustande vorher kann keine Rede davon sein. Wenn man deshalb die Sünde aus dem Selbstischen erklären will, dann verwickelt man sich in Undeutlichkeiten, da es im Gegenteil gerade durch die Sünde und in der Sünde geschieht, daß das Selbstische wird. Soll gesagt werden, daß das Selbstische der Anlaß zu Adams Sünde war, dann ist diese Erklärung ein Spiel, in welchem der Ausleger selbst findet, was er zuerst selber versteckt hat. Soll gesagt werden, daß das Selbstische Adams Sünde bewirkte, dann ist der Zwischenzustand übersprungen, und die Erklärung hat sich eine verdächtige Leichtigkeit gesichert. Dazu kommt, daß man nichts zu wissen bekommt über die Bedeutung des Sexuellen. Hier bin ich bei meinem alten Punkt. Das Sexuelle ist nicht die Sündhaftigkeit, aber wenn (um einen Augenblick in Anpas-

---

1 Dies ist wohl wert, näher bedacht zu werden; denn gerade an diesem Punkt muß es sich zeigen, wie weit das neuere Prinzip, daß Denken und Sein eins sind, reicht, wenn man es nicht vergewaltigt durch matte und zum Teil dumme Mißverständnisse, aber auf der andern Seite auch nicht wünscht, ein höchstes Prinzip zu haben, das zur Gedankenlosigkeit verleitet. Nur das Allgemeine ist dadurch, daß es gedacht wird und sich denken läßt (nicht bloß experimentierend; denn was kann man nicht denken!), und ist, wie es sich denken läßt. Die Pointe in dem Einzelnen ist gerade dessen negatives Sichverhalten zum Allgemeinen, dessen Wegstoßen, aber sobald es weggedacht wird, ist es aufgehoben, und sobald es gedacht wird, ist es verwandelt, dergestalt, daß man es entweder nicht denkt, sondern nur sich einbildet, oder es denkt und sich bloß einbildet, daß es im Denken mitgenommen ist.

2 Der lateinische Satz *unum noris omnes* [kennt man einen, kennt man alle. TERENZ, ‹Phormio› 265] drückt leichtsinnig dasselbe aus und drückt wirklich dasselbe aus, wenn man unter *unum* den Betrachter selber versteht und nun nicht neugierig nach den *omnes* ausspäht, sondern ernstlich den Einen festhält, der wirklich Alle ist. Dieses glauben die Menschen im allgemeinen nicht und meinen sogar, daß es zu stolz ist; der Grund ist wohl eher der, daß sie zu feige und zu behaglich sind, um den Mut zu haben, zu verstehen und das Verstehen des wahren Stolzes zu erwerben.

3 Bezieht sich auf den dänischen Hegelianer P. M. STILLING, ‹Philosophiske Betragtninger over den speculative Logik›, 1812, S. 12; vgl. J. L. HEIBERGS ‹Inledenings-Foredrag til det logiske Kursus›, Prosaiske Skrifter I 472; vgl. HEGEL, ‹Enzyklopädie› § 377. (Anm. d. Übers.)

sung an die Torheit zu reden) Adam nicht gesündigt hätte, dann wäre das Sexuelle niemals als Trieb entstanden. Ein vollkommener Geist läßt sich nicht als sexuell bestimmt denken. Dies ist in Übereinstimmung mit der Lehre der Kirche über die Beschaffenheit der Auferstehung [1], in Übereinstimmung mit den kirchlichen Vorstellungen von den Engeln [2], in Harmonie mit den dogmatischen Bestimmungen in Richtung auf Christi Person [3]. So wird, um bloß eine Andeutung hinzuwerfen, während Christus in allen menschlichen Prüfungen versucht wird, niemals eine Versuchung in dieser Richtung genannt, welches sich gerade daraus erklären läßt, daß er in allen Versuchungen sich bewährt hat.

Sinnlichkeit ist nicht Sündhaftigkeit. Sinnlichkeit in der Unschuld ist nicht Sündhaftigkeit, und doch ist die Sinnlichkeit da, Adam hat ja des Essens und Trinkens usw. bedurft. Der Geschlechtsunterschied ist in der Unschuld gesetzt, aber ist nicht gesetzt als solcher. Erst in dem Augenblick, da die Sünde gesetzt wird, wird auch der Geschlechtsunterschied gesetzt als Trieb.

Hier wie überall muß ich mir jegliche mißverstehende Konsequenz verbitten, als ob es z. B. jetzt die wahre Aufgabe werden sollte, vom Sexuellen zu abstrahieren, d. h., es im äußeren Sinne zu vernichten. Wenn das Sexuelle einmal gesetzt ist als das Äußerste der Synthese, dann nützt alle Abstraktion gar nichts. Die Aufgabe ist natürlich, es in die Bestimmung des Geistes hineinzubekommen. (Hier liegen alle die sittlichen Probleme des Erotischen.) Ihre Verwirklichung ist der Sieg der Liebe in einem Menschen, in welchem der Geist dergestalt gesiegt hat, daß das Sexuelle vergessen ist und nur als vergessen erinnert wird. Wenn dies geschehen ist, dann ist die Sinnlichkeit verklärt in Geist und die Angst verjagt.

Will man nun diese Anschauung, die man christlich oder wie man will nennen kann, vergleichen mit der griechischen, dann glaube ich, daß da mehr gewonnen wurde als verloren. Wohl ist da nämlich ein Teil der wehmütigen erotischen Heiterkeit verloren, aber es ist auch eine Bestimmung von Geist gewonnen, welche die Gräzität nicht kennt. Die einzigen, die in Wahrheit verlieren, sind die vielen, die immer noch beständig dahinleben, als wären es 6000 Jahre her, daß die Sünde in die Welt hineinkam, als wäre diese ein Kuriosum, das sie nichts anginge; denn sie gewinnen nicht die griechische Heiterkeit, die sich eben nicht gewinnen, sondern nur verlieren läßt, und sie gewinnen auch nicht des Geistes ewige Bestimmung.

---

1 Nach HASES ‹Hutterus redivivus› § 130, 7 wird der Geschlechtsunterschied mit geringen Ausnahmen beibehalten. (Anm. d. Übers.)

2 Daß die Engel geschlechtslos sind, schließt man aus Lukas 20, 34—36; vgl. BRETSCHNEIDER, ‹Dogmatik› I, 3. Aufl., § 101, 2. (Anm. d. Übers.)

3 Die menschliche Natur Christi wird als sündenfrei gedacht; vgl. BRETSCHNEIDER, ‹Dogmatik› II, § 136. (Anm. d. Übers.)

KAPITEL III

Es wurde in den zwei vorhergehenden Kapiteln beständig festgehalten, daß der Mensch eine Synthese von Seele und Körper ist, die gebildet und getragen wird vom Geist. Die Angst war, um einen neuen Ausdruck zu gebrauchen, der dasselbe sagt, was da im Vorhergehenden gesagt wird, und der doch zugleich hinweist auf das Folgende, die Angst war der Augenblick in dem individuellen Leben.

Es gibt eine Kategorie, die ständig gebraucht wird in der neueren Philosophie, in logischen nicht weniger als in historisch-philosophischen Untersuchungen, das ist: der Übergang. Eine nähere Erklärung bekommt man jedoch niemals. Man benutzt den Ausdruck frischweg, und während Hegel und die Hegelsche Schule die Welt in Erstaunen versetzten mit dem großen Gedanken, dem voraussetzungslosen Beginnen der Philosophie oder damit, daß der Philosophie nichts anderes vorausgehen dürfe als die vollkommene Voraussetzungslosigkeit in allem, geniert man sich keineswegs, den Übergang, die Negation, die Mediation, d. h. die Bewegungsprinzipien im Hegelschen Denken dergestalt zu benutzen, daß diese nicht zugleich ihren Platz in dem systematischen Fortschreiten finden. Wenn dies keine Voraussetzung ist, weiß ich nicht, was Voraussetzung ist; denn etwas zu benutzen, das man nirgendwo erklärt, heißt ja, dies voraussetzen. Das System sollte die wunderbare Durchsichtigkeit haben und so wunderbar in sich hineinschauen, daß es nabelbeschauend (omphalopsychitisch) unerschütterlich auf das zentrale Nichts so lange hinschaute, bis alles sich verklärte und sein ganzer Inhalt durch sich selbst entstände. Diese nach innen gewendete Öffentlichkeit [Offenbarkeit] war ja die des Systems. Indessen stellt sich heraus, daß dies nicht so ist und daß der systematische Gedanke hinsichtlich seiner innersten Bewegungen dem Geheimnisvollen zu huldigen scheint. Die Negation, der Übergang, die Mediation sind drei vermummte, verdächtige Geheimagenten (agentia), die alle Bewegungen in Gang bringen. Unruhige Köpfe würde Hegel sie wohl niemals nennen, da sie mit seiner allerhöchsten Genehmigung ihr Spiel treiben, so ungeniert, daß man selbst in der Logik Ausdrücke und Wendungen gebraucht, die geholt sind aus der Zeitdimension des Übergangs: darauf, wann, als seiend ist es dies, als werdend ist es das, usw.

Doch dies sei nun, wie es sein will, laßt die Logik zusehen, wie sie sich selbst hilft. Das Wort Übergang ist und bleibt eine Geistreichelei in der Logik. In die Sphäre der historischen Freiheit gehört es hinein, denn der Übergang ist ein *Zustand* und ist wirklich [1]. Die Schwierigkeit, den ‹Übergang› im rein Metaphysischen anzubringen, hat Plato sehr gut eingesehen, und deshalb hat die Kategorie *der Augenblick* [2] ihn so viel Anstrengung gekostet. Die Schwierigkeit zu ignorieren, heißt gewiß nicht, ‹weiter zu gehen› als Plato; sie zu ignorieren, indem man fromm das Denken betrügt, um die Spekulation flott und die Bewegung in der Logik in Gang zu bekommen, heißt die Spekulation wie

---

1 Es ist deshalb nicht logisch, sondern in Richtung auf die historische Freiheit zu verstehen, wenn Aristoteles sagt, daß der Übergang von der Möglichkeit zur Wirklichkeit eine κίνησις ist.

2 Der Augenblick wird nun von Plato rein abstrakt verstanden. Um sich in dessen Dialektik zu orientieren, mag man sich vergegenwärtigen, daß der Augenblick das Nichtseiende unter der Bestimmung der Zeit ist. Das Nichtseiende (τὸ μὴ ὄν [das Nichtseiende]; τὸ κενόν [das Leere] bei den Pythagoreern) beschäftigte die Philosophie der Antike mindestens so stark wie die moderne. Das Nichtseiende wurde ontologisch von den Eleaten so verstanden, daß, was darüber ausgesagt wurde, nur im Gegensatz ausgesagt wurde, daß nur das Seiende ist. Würde man dies weiterverfolgen, dann würde man sehen, daß es in allen Sphären wiederkommt. Metaphysisch-propädeutisch wurde der Satz so ausgedrückt: Der, der das Nichtseiende aussagt, sagt überhaupt nichts. (Dieses Mißverständnis wird im ‹Sophisten› bekämpft und wurde auf eine mehr mimische Art bereits in dem früheren Dialog ‹Gorgias› bekämpft.) Schließlich benutzten die Sophisten in den praktischen Sphären das Nichtseiende dergestalt, daß sie hierdurch alle sittlichen Begriffe aufhoben; das Nichtseiende ist nicht, ergo ist alles wahr, ergo ist alles gut, ergo ist aller Betrug usw. überhaupt nicht da. Dies bekämpft Sokrates in mehreren Dialogen. Vornehmlich hat indessen Plato dies im ‹Sophisten› abgehandelt, der, wie alle Dialoge Platos, zugleich künstlerisch veranschaulicht, was er selbst lehrt; denn der Sophist, dessen Definition und Begriff der Dialog sucht, während er hauptsächlich über das Nichtseiende handelt, er ist selbst das Nichtseiende, und so entstehen der Begriff und das Beispiel zugleich in dem Kriege, in dem der Sophist bekriegt wird und der damit endet, nicht daß er vernichtet wird, sondern daß er entsteht, was das Schlimmste für ihn ist, nämlich dies, daß er trotz seiner Sophistik, die es vermag, ihn unsichtbar zu machen wie die Rüstung des Mars, hier doch heraustreten muß. In der neueren Philosophie ist man überhaupt nicht wesentlich weitergekommen im Verständnis des Nichtseienden, und dies, obwohl man sich für christlich hält. Die griechische Philosophie und die moderne sind so gestellt: Alles dreht sich darum, das Nichtseiende zum Dasein zu bringen; denn es fortzubekommen und zum Verschwinden zu bringen, scheint so sehr leicht. Die christliche Anschauung ist derart eingestellt: Das Nichtseiende ist überall da als das Nichts, woraus geschaffen wurde, als Schein und Eitelkeit, als Sünde, als Sinnlichkeit fern vom Geiste, als Zeitlichkeit, vergessen von der Ewigkeit, deshalb geht alles darum, es wegzuschaffen, um das Seiende herauszubringen. Nur in dieser Richtung ist der Begriff Versöhnung historisch richtig verstanden in dem Sinne, in welchem das Christentum ihn in die Welt hineingebracht hat. Geht das Ver-

ein ziemlich endliches Anliegen behandeln. Doch erinnere ich mich, daß ich einmal gehört habe, wie ein Spekulierender sagte, man dürfe nicht zuviel an die Schwierigkeiten im vorhinein denken; denn dann käme man niemals zum Spekulieren. Wenn es so bloß darum geht, zum Spekulieren zu kommen, nicht darum, ob unsere Spekulation wirkliche Spekulation wird, dann ist das ja ganz resolut gesagt, daß man bloß zusehen soll, zum Spekulieren zu kommen, so wie es preiswürdig

---

ständnis in entgegengesetzter Richtung (der Ausgang der Bewegung davon, daß das Nichtseiende nicht da ist), dann hat man die Versöhnung verflüchtigt und sie in das Gegenteil verkehrt. — Plato stellt den ‹Augenblick› im ‹Parmenides› ans Licht. Dieser Dialog beschäftigt sich damit, den Widerspruch in den Begriffen selbst nachzuweisen, was Sokrates auf eine derart bestimmte Weise ausdrückt, daß dies gerade nicht jener alten griechischen schönen Philosophie zur Schande gereicht, wohl aber dazu dienen kann, eine neuere prahlende Philosophie zu beschämen, die nicht wie die griechische Philosophie große Forderungen an sich selbst stellt, sondern an die Menschen und deren Bewunderung. Sokrates bemerkt, daß es nicht wunderbar sei, wenn einer das Widersprechende (τὸ ἐναντίον) an einem einzelnen Dinge nachweisen könnte, das an dem Verschiedenen teilhat, sondern wenn einer imstande wäre, den Widerspruch in den Begriffen selbst nachzuweisen, das wäre zu bewundern. (ἀλλ᾽ εἰ ὅ ἐστιν ἕν, αὐτὸ τοῦτο πολλὰ ἀποδείξει καὶ αὖ τὰ πολλὰ δὴ ἕν, τοῦτο ἤδη θαυμάσομαι. καὶ περὶ τῶν ἄλλων ἁπάντων ὡσαύτως. § 129 B. C.) Die Art des Vorgehens ist indes die experimentierende Dialektik. Man nimmt an, daß die Einheit τὸ ἕν ist und daß sie nicht ist, und zeigt nun, was daraus folgen wird für sie selbst und für das übrige. Der Augenblick erweist sich nun als das wunderliche Wesen (ἄτοπον, das griechische Wort ist hier vorzüglich), das zwischen Bewegung und Ruhe liegt, ohne doch zu irgendeiner Zeit zu sein, und in Richtung darauf und aus diesem heraus schlägt das Bewegende um in Ruhe und das Ruhende in Bewegung. Der Augenblick wird daher die Übergangskategorie überhaupt (μεταβολή [das Umschlagen]); denn Plato zeigt, daß auf dieselbe Weise der Augenblick auch ist in Beziehung auf den Übergang von der Einheit zur Vielheit und der Vielheit zur Einheit, von der Gleichheit zur Ungleichheit usw.; der Augenblick ist dasjenige, in welchem weder ein ἕν noch ein πολλά ist und in welchem weder abgegrenzt ·noch vermischt wird (οὔτε διακρίνεται οὔτε ξυγκρίνεται, § 157 A.). Durch all dieses hat Plato nun das Verdienst, sich die Schwierigkeit klarzumachen, aber der Augenblick bleibt doch eine lautlose atomistische Abstraktion, die man auch nicht erklärt, indem man sie ignoriert. Wenn nun die Logik klar heraussagen wollte, daß sie den Übergang nicht hat (und hat sie diese Kategorie, dann muß sie ja ihren Platz im System selbst finden, wenngleich sie auch im System operiert), dann würde es deutlicher werden, daß die historischen Sphären und all das Wissen, das auf historischer Voraussetzung beruht, den Augenblick haben. Diese Kategorie ist von großer Wichtigkeit, um sich gegen die heidnische Philosophie abzuschließen und gegen eine ebenso heidnische Spekulation im Christentum. Im Dialog ‹Parmenides› zeigt sich an einer anderen Stelle die Folge davon, daß der Augenblick eine solche Abstraktion ist. Indem von der Einist, wenn ein Mann, der nicht imstande war, in den Tiergarten im eigenen Wagen zu fahren, sagen würde: Um so etwas soll man sich kein Kopfzerbrechen machen, man kann gut mit einem Mietwagen fahren. Und so ist es ja auch: beide Fahrenden gelangen hoffentlich in den Tiergarten. Dagegen kommt der kaum zum Spekulieren, der resolut genug wäre, sich nicht um die Beförderung zu kümmern, wenn er nur dazu kommen könnte, zu spekulieren.

In der Sphäre der historischen Freiheit ist der Übergang ein Zustand. Indessen darf man, um dies richtig zu verstehen, nicht vergessen, daß das Neue durch den Sprung kommt. Wird dies nämlich nicht festgehalten, dann bekommt der Übergang ein quantitierendes Übergewicht über die Elastizität des Sprunges [s. Glossar: ‹Sprung›].

Der Mensch war also eine Synthese von Seele und Leib, aber er ist zugleich eine *Synthese des Zeitlichen und des Ewigen*. Daß dies oft genug gesagt worden ist, dagegen habe ich nichts einzuwenden; denn es ist nicht mein Wunsch, Neuheiten zu entdecken, aber wohl meine Freude und meine verliebte Beschäftigung, über das nachzudenken, was da so ganz simpel erscheint.

Was die letzte Synthese betrifft, so fällt es sofort auf, daß sie anders als die erste gebildet ist. In der ersten waren Seele und Körper die zwei Momente der Synthese, und der Geist war das Dritte, jedoch dergestalt, daß von der Synthese erst eigentlich die Rede war, indem der Geist gesetzt wurde. Die zweite Synthese hat nur zwei Momente: das Zeitliche

---

heit behauptet wird, daß sie die Bestimmung der Zeit habe, wird nun gezeigt, wie hier der Widerspruch herauskommt, daß die Einheit (τὸ ἕν) älter und jünger wird als sie selbst und als die Vielheit (τὰ πολλά), und dann wiederum, daß sie weder jünger noch älter wird als sie selbst oder als die Vielheit (§ 151 E). Einheit muß ja doch sein, wird gesagt, und nun wird dies ‹sein› so bestimmt: Teilhabe an einem Wesen oder an einer Wesenheit in der gegenwärtigen Zeit (τὸ δὲ εἶναι ἄλλο τί ἐστι ἢ μέθεξις οὐσίας μετὰ χρόνου τοῦ παρόντος. § 151 E.). In der näheren Entwicklung der Widersprüche zeigt es sich nun, daß das Gegenwärtige (τὸ νῦν) dazwischen schwankt, das Gegenwärtige zu bedeuten, das Ewige, der Augenblick. Dieses Nun (τὸ νῦν) liegt zwischen ‹war› und ‹wird sein›, und die Einheit kann ja, indem sie fortschreitet von dem Vergangenen zum Zukünftigen, nicht das Nun überspringen. Sie hält also inne im Nun, wird nicht älter, sondern ist älter. In der neuesten Philosophie erreicht die Abstraktion ihren Höhepunkt in dem reinen Sein; aber das reine Sein ist der abstrakteste Ausdruck für die Ewigkeit und ist als Nichts gerade wieder der Augenblick. Hier zeigt es sich wiederum, wie wichtig der ‹Augenblick› ist, denn erst mit dieser Kategorie kann es gelingen, der Ewigkeit ihre Bedeutung zu geben, indem die Ewigkeit und der Augenblick die äußersten Gegensätze werden, während sonst die dialektische Hexerei es fertigbringt, daß die Ewigkeit und der Augenblick dasselbe bedeuten. Erst mit dem Christentum werden Sinnlichkeit, Zeitlichkeit, Augenblick verständlich, gerade weil erst mit ihm die Ewigkeit wesentlich wird.

und das Ewige. Wo ist hier das Dritte? Gibt es da kein Drittes, dann ist eigentlich keine Synthese da, denn eine Synthese, die ein Widerspruch ist, kann nicht vollendet werden als Synthese außer in einem Dritten; denn die Tatsache, daß die Synthese ein Widerspruch ist, sagt ja gerade aus, daß dies Dritte nicht ist. Was ist also das Zeitliche?

Wenn man die Zeit richtig bestimmt als die unendliche Sukzession, dann liegt es scheinbar nahe, sie auch zu bestimmen als gegenwärtig, vergangen und zukünftig. Indessen ist diese Unterscheidung unrichtig, falls man meint, daß sie in der Zeit selbst liege; denn sie tritt erst hervor durch das Verhältnis der Zeit zur Ewigkeit und durch die Reflexion der Ewigkeit in der Zeit. Wenn man nämlich in der unendlichen Sukzession der Zeit einen festen Angelpunkt finden könnte, d. h. ein Gegenwärtiges, was der Teilungspunkt wäre, dann wäre die Einteilung ganz richtig. Aber weil eben jeder Moment, ebenso wie die Summe der Momente, ein Prozeß (ein Vorbeigehen) ist, so ist kein Moment ein gegenwärtiger, und insoweit ist da in der Zeit weder ein Gegenwärtiges, noch ein Vergangenes, noch ein Zukünftiges. Meint man, diese Einteilung festhalten zu können, dann geschieht dies, weil man einen Moment *spatiiert* [1] — aber dadurch ist die unendliche Sukzession aufgehalten —, dann geschieht dies, weil man das Vorstellen mit hineinbringt, die Zeit für die Vorstellung dasein läßt, anstatt sie zu denken. Aber selbst hierbei verhält man sich nicht richtig, denn selbst für die Vorstellung ist die unendliche Sukzession der Zeit ein unendliches inhaltsloses Gegenwärtiges. (Dies ist die Parodie auf das Ewige.) Die Inder sprechen von einer Königsreihe, die 70 000 Jahre geherrscht hat [2]. Über die Könige weiß man nichts, nicht einmal ihre Namen (dies nehme ich an). Wenn wir dies als ein Beispiel für die Zeit nehmen wollen, dann sind die 70 000 Jahre für den Gedanken ein unendliches Verschwinden, für die Vorstellung weitet sich dies aus, spatiiert sich zu dem illusorischen Schauen eines unendlichen inhaltslosen Nichts [3].

---

1 In diesen Gedankengängen schließt sich Kierkegaard an HEGELS Ausführungen über die Zeit an; vgl. ‹Enzyklopädie› 2. Teil, Naturphilosophie, § 259, wo etwa dem Spatiieren der Passus entspricht: «Die endliche Gegenwart ist das Jetzt als seiend fixiert . . .». Vgl. auch ferner § 448, Zusatz, wo Hegels Zeitbegriff durch seine Raumanschauung ergänzt wird: «Beide Formen der abstrakten Äußerlichkeit sind aber darin miteinander identisch, daß sowohl die eine wie die andere in sich schlechthin diskret und zugleich schlechthin kontinuierlich ist.» Auch bei Hegel ist die Zeit offenbar ein Paradox des Zugleichseins von Diskretion und Kontinuität. (Anm. d. Übers.)

2 Aus HEGELS ‹Philosophie der Geschichte›, Werke IX, 2. Aufl., S. 200. (Anm. d. Übers.)

3 Dies ist im übrigen der Raum. [Siehe HEGEL, ‹Enzyklopädie› § 259 f.] Der Geübte wird leicht gerade hierin den Beweis für die Richtigkeit meiner Darstellung sehen, denn Zeit und Raum sind für das abstrakte Denken gänz-

Sobald man dagegen den einen auf den anderen folgen läßt, setzt man das Gegenwärtige.

Das Gegenwärtige ist indessen nicht ein Begriff der Zeit, außer eben als ein unendlich inhaltloses und damit wiederum als ein unendliches Verschwinden. Achtet man nicht hierauf, dann hat man, wie schnell man es auch verschwinden läßt, doch das Gegenwärtige gesetzt, und nachdem man es gesetzt hat, läßt man es doch wiederum in den Bestimmungen «das Vergangene» und «das Zukünftige» zur Stelle sein.

Das Ewige ist dagegen das Gegenwärtige. Gedacht, ist das Ewige das Gegenwärtige als die aufgehobene Sukzession (die Zeit war die Sukzession, die vorübergeht). Für die Vorstellung ist das ein Fortgehen, das doch nicht von der Stelle kommt, weil das Ewige für jene das unendlich inhaltsvolle Gegenwärtige ist. Im Ewigen findet sich also wiederum nicht die Scheidung des Vergangenen und Zukünftigen, weil das Gegenwärtige gesetzt ist als die aufgehobene Sukzession.

Die Zeit ist also die unendliche Sukzession; das Leben, das in der Zeit ist und bloß ein solches der Zeit ist, hat kein Gegenwärtiges. Wohl pflegt man zuweilen, um das sinnliche Leben zu bestimmen, zu sagen, daß dies im Augenblick und nur im Augenblick ist. Man versteht da unter Augenblick die Abstraktion vom Ewigen, welche, wenn sie das Gegenwärtige sein soll, die Parodie darauf ist. Das Gegenwärtige ist das Ewige, oder richtiger, das Ewige ist das Gegenwärtige, und das Gegenwärtige ist die Fülle [absoluter Inhaltsreichtum]. In diesem Sinne sagte der Lateiner von der Gottheit, daß sie *praesens* [gegenwärtig] *(praesentes dii)* sei, mit welchem Wort über die Gottheit er zugleich deren kräftigen Beistand bezeichnete.

Der Augenblick bezeichnet das Gegenwärtige als ein solches, das kein Vergangenes und kein Zukünftiges hat; denn darin liegt ja gerade die Unvollkommenheit des sinnlichen Lebens. Das Ewige bezeichnet auch das Gegenwärtige, das kein Vergangenes und kein Zukünftiges hat, und dies ist die Vollkommenheit des Ewigen.

Will man nun den Augenblick gebrauchen, um damit die Zeit zu bestimmen, und ihn nehmen als Bezeichnung für die rein abstrakte Ausschließung des Vergangenen und des Zukünftigen und somit als Bezeichnung für das Gegenwärtige, dann ist der Augenblick gerade nicht das Gegenwärtige, denn das rein abstrakt gedachte Dazwischenliegende zwischen dem Vergangenen und dem Zukünftigen ist überhaupt nicht da. Aber so wird sichtbar, daß der Augenblick nicht eine bloße Bestimmung der Zeit ist, da die Bestimmung der Zeit nur ist, vorüberzugehen, weshalb die Zeit, wenn sie bestimmt werden soll

lich identisch (nacheinander und nebeneinander) und bleiben es für die Vorstellung. Sie sind es in Wahrheit in der Bestimmung von Gott, daß er der *Allgegenwärtige* ist.

durch irgendwelche von den in der Zeit sich offenbarenden Bestimmungen, die vorübergegangene Zeit ist. Sollen dagegen Zeit und Ewigkeit einander berühren, dann muß dies in der Zeit geschehen, und nun sind wir bei dem Augenblick.

Der ‹Augenblick› ist ein bildlicher Ausdruck, und insofern ist er nicht so gut zu handhaben. Doch ist es ein schönes Wort, das wohl Beachtung verdient. Nichts ist so schnell wie der Blick eines Auges, und doch ist er angemessen für den Gehalt des Ewigen. Wenn so Ingeborg über das Meer ausschaut nach Frithjof [1], so ist dies ein Bild dafür, was der bildliche Ausdruck bedeutet. Ein Ausbruch ihres Gefühls, ein Seufzer, ein Wort haben bereits beim Lautwerden mehr Bestimmung der Zeit in sich und sind gegenwärtiger in Richtung auf ein Dahinschwinden und haben nicht so stark die Gegenwart des Ewigen in sich, aber dafür haben auch ein Seufzer, ein Wort usw. die Macht, der Seele zu helfen, das Bedrückende loszuwerden, gerade weil das Bedrückende, sobald es bloß ausgesprochen ist, bereits beginnt, ein Vergangenes zu werden. Ein Blick ist daher eine Bezeichnung der Zeit, aber wohlgemerkt der Zeit in dem schicksalsträchtigen Konflikt, da sie berührt wird von der Ewigkeit [2]. Das, was wir Augenblick nennen, nennt Plato τὸ ἐξαιφνής [wörtlich: das Plötzliche]. Wie dies auch etymologisch erklärt wird, es steht doch in einem Verhältnis zu der Bestimmung: das Unsichtbare, weil Zeit und Ewigkeit gleichermaßen abstrakt verstanden wurden, da man den Begriff Zeitlichkeit nicht hatte, welches seinen Grund darin hat, daß der Begriff Geist fehlte. Auf lateinisch heißt der Augenblick *momentum,* dessen Ableitung (von *movere*) nur das bloße Verschwinden ausdrückt [3].

---

1 Gestalten aus Esaias Tegnérs ‹Frithjofs Saga›, 1825, IX. Kierkegaard hat hier wohl eher eine Illustration dieser Szene vor Augen gehabt. (Anm. d. Übers.)

2 Es ist merkwürdig, daß die griechische Kunst ihren Höhepunkt in der Plastik erreicht, der gerade der Blick fehlt. Dies hat indessen seinen tiefen Grund darin, daß die Griechen nicht im tiefsten Sinne den Begriff des Geistes erfaßten und deshalb auch nicht im tiefsten Sinne die Sinnlichkeit und Zeitlichkeit erfaßten. Was für ein starker Gegensatz ist es doch hierzu, daß man im Christentum Gott bildlich gerade als ein Auge darstellt.

3 Im Neuen Testament findet sich eine poetische Umschreibung des Augenblicks. Paulus sagt, daß die Welt vergehen soll ἐν ἀτόμῳ καὶ ἐν ῥιπῇ ὀφθαλμοῦ [1. Kor. 15, 52; in einem Atom und in einem Augenblick]. Damit drückt er auch aus, daß der Augenblick das richtige Maß ist für die Ewigkeit, weil nämlich der Untergangsaugenblick im selben Augenblick die Ewigkeit ausdrückt. Man erlaube mir, anschaulich zu machen, was ich meine, und vergebe mir, soweit man etwas Anstößiges in dem Bilde finden sollte. Hier in Kopenhagen waren einmal zwei Künstler, die vielleicht selbst kaum daran dachten, daß ihrer Leistung auch eine tiefere Bedeutung abgewonnen werden könnte. Sie traten auf, stellten sich einander gegenüber und begannen

So verstanden ist der Augenblick nicht eigentlich das Atom der Zeit, sondern das Atom der Ewigkeit. Es ist der erste Reflex [Spiegelung] der Ewigkeit in der Zeit, ihr erster Versuch, die Zeit gleichsam anzuhalten. Deshalb verstand die Gräzität den Augenblick nicht, denn wenn sie ihn auch erfaßte als Atom der Ewigkeit, so begriff sie doch nicht, daß er der Augenblick war, bestimmte ihn nicht nach vorwärts, sondern nach rückwärts, weil das Atom der Ewigkeit für die Gräzität wesentlich die Ewigkeit war und auf diese Art weder Zeit noch Ewigkeit zu ihrem wahren Recht kamen.

Die Synthese des Zeitlichen und des Ewigen ist nicht eine zweite Synthese, sondern der Ausdruck für jene erste Synthese, derzufolge der Mensch eine Synthese von Seele und Leib ist, die getragen wird vom Geist. Sobald der Geist gesetzt ist, ist der Augenblick da. Deshalb kann es mit Recht tadelnd vom Menschen gesagt werden, daß er nur im Augenblick lebt, da dies durch eine willkürliche Abstraktion geschieht. Das Wesen der Natur liegt nicht im Augenblick.

Es geht mit der Zeitlichkeit, wie es mit der Sinnlichkeit geht; denn die Zeitlichkeit scheint noch unvollkommener, der Augenblick noch geringer als das scheinbar sichere Bestehen in der Zeit bei der Natur. Und doch ist es umgekehrt; denn die Sicherheit der Natur hat ihren Grund darin, daß die Zeit für sie überhaupt keine Bedeutung hat. Erst mit dem Augenblick beginnt die Geschichte. Die Sinnlichkeit des Menschen wird durch die Sünde als Sündhaftigkeit gesetzt und steht also niedriger als die des Tieres. Doch ist es eben darum so, weil hier das Höhere beginnt, denn nun beginnt der Geist.

Der Augenblick ist jenes Zweideutige, worin Zeit und Ewigkeit einander berühren, und hiermit ist der Begriff *Zeitlichkeit* gesetzt, wo die Zeit ständig die Ewigkeit abschneidet und die Ewigkeit ständig die Zeit durchdringt. Erst jetzt bekommt jene besprochene Einteilung ihre Bedeutung: die gegenwärtige Zeit, die vergangene Zeit, die zukünftige Zeit.

Bei dieser Einteilung ruft es sofort die Aufmerksamkeit wach, daß das Zukünftige in einem gewissen Sinne mehr bedeutet als das Gegenwärtige und Vergangene; denn das Zukünftige ist in einem gewissen

---

nun, den einen oder anderen leidenschaftlichen Konflikt mimisch darzustellen. Wenn dann die mimische Entwicklung in vollem Gange war und die Augen der Zuschauer dem Geschehen folgten und das Folgende erwarteten, dann brachen sie plötzlich ab und verharrten nun unerschütterlich versteinert in dem mimischen Ausdruck, den sie im Augenblick hatten. Die Wirkung hiervon kann über die Maßen komisch sein, weil der Augenblick auf eine zufällige Weise kommensurabel für das Ewige wird. Die Wirkung des Plastischen beruht darauf, daß der ewige Ausdruck eben ewig ausgedrückt ist; das Komische dagegen lag darin, daß der zufällige Ausdruck verewigt wurde.

Sinne das Ganze, wovon das Vergangene ein Teil ist, und das Zukünftige kann in einem gewissen Sinne das Ganze bedeuten. Das kommt daher, daß das Ewige zuerst das Zukünftige bedeutet oder daß das Zukünftige das Inkognito ist, worin das Ewige als inkommensurabel für die Zeit doch seinen Umgang mit der Zeit bewahren will. Der Sprachgebrauch nimmt so zuweilen das Zukünftige als identisch mit dem Ewigen (das zukünftige Leben — das ewige Leben). Da nun die Griechen den Begriff des Ewigen in einem tieferen Sinne nicht hatten, so hatten sie auch nicht den Begriff des Zukünftigen. Man kann deshalb die Verlorenheit des griechischen Lebens im Augenblick nicht tadeln, oder richtiger, man kann nicht einmal sagen, daß es verloren war; denn die Zeitlichkeit wurde von den Griechen ebenso naiv aufgefaßt wie die Sinnlichkeit, weil ihnen die Bestimmung des Geistes fehlte.

Der Augenblick und das Zukünftige setzen wiederum das Vergangene. Sollte das griechische Leben überhaupt irgendeine Bestimmung der Zeit bezeichnen, dann ist es das Vergangene, doch dieses nicht bestimmt im Verhältnis zum Gegenwärtigen und Zukünftigen, sondern bestimmt, wie es die Bestimmung der Zeit überhaupt ist, als ein Vorübergehen. Hier zeigt das platonische Erinnern seine Bedeutung [vgl. Platons ‹Phaidon› 72e ff: abstrakte Begriffe nur als Erinnerungen aus einem früheren Dasein erklärbar]. Das griechische Ewige liegt zurück wie das Vergangene, in das man nur rückwärts hineinkommt[1]. Doch ist dies ein gänzlich abstrakter Begriff des Ewigen, daß es das Vergangene ist, mag es nun philosophisch näher bestimmt werden (das philosophische Absterben) oder historisch[2].

Überhaupt kann man an der Bestimmung der Begriffe des Vergangenen, des Zukünftigen, des Ewigen ersehen, wie man den Augenblick bestimmt hat. Ist der Augenblick nicht, dann kommt das Ewige als das Vergangene von rückwärts hervor. Es ist, wie wenn ich einen Mann einen Weg gehen lasse, aber nicht die Richtung angebe, dann kommt der Weg rückwärts hinter ihm hervor als das Zurückgelegte. Der Augenblick ist gesetzt, aber bloß als *discrimen* [Grenze, Wendepunkt], dann ist das Zukünftige das Ewige. Ist der Augenblick gesetzt, dann ist das Ewige, aber zugleich das Zukünftige, das wiederkommt als das Vergangene. Dies zeigt sich deutlich in der griechischen, jüdi-

---

1 Man bedenke hier wieder die Kategorie, auf die ich etwas halte: die Wiederholung, durch welche man vorwärts hineinkommt in die Ewigkeit.

2 «Das philosophische Absterben»: nämlich von der Sinnlichkeit im weitesten Sinne als Aufgabe des Philosophen, wodurch er in die Ewigkeit eingeht (‹Phaidon› 64 a ff) — «Historisch»: Im Urtext des Entwurfes, ‹Papirer› V B 55,7, ausführlicher: «mehr philosophisch wie bei den Griechen, oder mehr historisch, so, wie wenn man [im Buche Daniel 7,9] die Gottheit ‹den Alten› nennt. Das Ewige ist nämlich in ebenso hohem Maße das Künftige.» (Anm. d. Übers.)

schen und christlichen Anschauung. Der Begriff, um den sich alles im Christentum dreht, dasjenige, was alles neu machte, ist die Fülle der Zeit, aber die Zeitenfülle ist der Augenblick als das Ewige, und doch ist dieses Ewige zugleich das Zukünftige und das Vergangene. Wenn man nicht auf diesen Sachverhalt achtet, dann kann man nicht einen einzigen Begriff vor ketzerischen und verräterischen Zusätzen bewahren, die den Begriff zerstören. Man gewinnt nicht das Vergangene aus sich selbst heraus, sondern aus einem simplen Übergang zum Zukünftigen (hierdurch gehen die Begriffe Bekehrung, Versöhnung, Erlösung verloren in ihrer welthistorischen Bedeutung und in der individualhistorischen Entwicklung). Man gewinnt das Zukünftige nicht aus sich selbst heraus, sondern in einer simplen Kontinuität mit dem Gegenwärtigen (dadurch gehen die Begriffe Auferstehung, Gericht zugrunde).

Laßt uns nun Adam denken und als nächstes uns erinnern, daß jedes spätere Individuum ganz und gar auf dieselbe Weise beginnt, nur innerhalb des quantitativen Unterschiedes, welcher die Folge des Generations- und des historischen Verhältnisses ist. Für Adam ebensowohl wie für das spätere Individuum gibt es also den Augenblick. Die Synthese des Seelischen und des Leiblichen soll vom Geiste gesetzt werden, aber der Geist ist das Ewige und ist darum erst, wenn der Geist die erste Synthese zugleich mit der zweiten Synthese, der des Zeitlichen und Ewigen, setzt. Solange das Ewige nicht gesetzt ist, ist der Augenblick nicht oder nur als *discrimen*. Dadurch zeigt sich das Ewige (da der Geist in der Unschuld nur bestimmt ist als träumender Geist) als das Zukünftige, denn dieses ist, wie gesagt, der erste Ausdruck des Ewigen, dessen Inkognito. Wie nun (im vorhergehenden Kapitel) der Geist, indem er in der Synthese gesetzt werden sollte oder, richtiger, indem er die Synthese setzen sollte, sich als die Möglichkeit des Geistes (der Freiheit) in der Individualität als Angst ausdrückte, so ist hier wiederum das Zukünftige, die Möglichkeit des Ewigen (der Freiheit), in der Individualität als Angst vorhanden. Indem also die Möglichkeit der Freiheit sich der Freiheit zeigt, sinkt die Freiheit um, und die Zeitlichkeit kommt nun auf dieselbe Weise wie die Sinnlichkeit in der Bedeutung von Sündhaftigkeit hervor. Abermals muß hier wiederholt werden, daß dies nur der letzte psychologische Ausdruck für die letzte psychologische Approximation an den qualitativen Sprung ist. Der Unterschied zwischen Adam und dem späteren Individuum ist, daß für dieses das Zukünftige reflektierter ist als für Adam. Dieses Mehr kann psychologisch das Entsetzliche bedeuten, aber in Richtung auf den qualitativen Sprung bedeutet es das Unwesentliche. Das höchste Maximum an Verschiedenheit im Verhältnis zu Adam ist, daß das Zukünftige von dem Vergangenen antizipiert [vorweggenommen] scheint, oder ist die Angst davor, daß die Möglichkeit verloren ist, ehe sie gewesen war.

Das Mögliche entspricht ganz und gar dem Zukünftigen. Das Mögliche ist für die Freiheit das Zukünftige, und das Zukünftige ist für die Zeit das Mögliche. Beiden entspricht im individuellen Leben die Angst. Ein genauer und korrekter Sprachgebrauch verknüpft daher die Angst mit dem Zukünftigen. Wenn man zwar auch zuweilen sagt, man ängstige sich über das Vergangene, dann scheint dies dem zu widerstreiten. Indessen zeigt es sich doch bei näherem Hinsehen, daß man dies nur in der Form sagt, daß das Zukünftige auf die eine oder andere Weise sichtbar wird. Das Vergangene, vor welchem ich mich ängstigen soll, muß in einem Verhältnis der Möglichkeit zu mir stehen. Werde ich so von einem vergangenen Unglück geängstigt, dann geschieht dies nicht, soweit es vergangen ist, sondern soweit es sich wiederholen, d. h. zukünftig werden kann. Ängstige ich mich über eine vergangene Verfehlung, dann geschieht es deshalb, weil ich sie nicht in ein wesentliches Verhältnis zu mir als vergangen gesetzt habe und sie auf die eine oder andere betrügerische Weise daran hindere, vergangen zu sein. Wenn sie nämlich wirklich vergangen wäre, dann könnte ich nicht geängstigt werden, sondern könnte nur bereuen. Tue ich das nicht, dann habe ich mir zuvor erlaubt, mein Verhältnis zu ihr dialektisch zu machen, dadurch aber ist die Verfehlung selbst eine Möglichkeit geworden und nicht etwas Vergangenes. Ängstige ich mich vor der Strafe, dann geschieht dies nur, sobald diese in ein dialektisches Verhältnis zum Vergehen gesetzt wird (andernfalls würde ich meine Strafe tragen), und also werde ich in Angst vor dem Möglichen und dem Zukünftigen versetzt.

So sind wir wiederum dahin gekommen, wo wir in Kapitel I waren. Die Angst ist der psychologische Zustand, der der Sünde vorausgeht, ihr so nahe wie möglich kommt, so ängstigend wie möglich, ohne doch die Sünde zu erklären, die erst im qualitativen Sprung hervorbricht.

In dem Augenblick, wo die Sünde gesetzt ist, ist die Zeitlichkeit Sündhaftigkeit[1]. Wir sagen nicht, daß die Zeitlichkeit Sündhaftigkeit

---

1 Aus der Bestimmung der Zeitlichkeit als Sündhaftigkeit folgt wiederum der Tod als Strafe. Dies ist ein Avancement, dessen Analogie man, si placet, darin finden kann, daß selbst im Verhältnis zum äußeren Vorgang sich der Tod im selben Grade entsetzlicher ankündigt, je vollkommener die Organisation ist. Während so das Sterben und Verrotten einer Pflanze einen Wohlgeruch verbreitet, fast lieblicher als ihr würziger früherer Duft, verpestet dagegen das Verwesen eines Tieres die Luft. In einem tieferen Sinne gilt es, daß, je höher ein Mensch veranschlagt wird, desto entsetzlicher der Tod ist. Das Tier stirbt eigentlich nicht; aber wenn der Geist als Geist gesetzt ist, dann zeigt der Tod sich als das Entsetzliche. Die Todesangst entspricht daher der Geburtsangst, ohne daß ich deshalb doch wiederholen will, was zum Teil wahr, zum Teil nur geistreich, zum Teil begeistert, zum Teil leichtsinnig davon gesprochen wird, daß der Tod eine Metamorphose sei. Im Todesaugen-

ist, ebensowenig wie daß die Sinnlichkeit Sündhaftigkeit ist. Aber indem die Sünde gesetzt ist, bedeutet Zeitlichkeit Sündhaftigkeit. Deshalb sündigt derjenige, der bloß lebt im Augenblick als der Abstraktion vom Ewigen. Hätte Adam, um einmal akkomodationsmäßig und töricht zu reden, nicht gesündigt, dann wäre er im selben Augenblick in die Ewigkeit übergegangen. Sobald dagegen die Sünde gesetzt ist, hilft es nichts, von der Zeitlichkeit zu abstrahieren, ebensowenig wie von der Sinnlichkeit[1].

§ 1

Die Angst der Geistlosigkeit

Wenn man das Leben betrachtet, wird man sich bald davon überzeugen können, daß doch das ganze Heidentum und dessen Wiederholung innerhalb des Christentums auf einem bloßen quantitativen Bestimmen beruht, aus dem der qualitative Sprung der Sünde nicht hervorbrechen kann, wiewohl das hier Entwickelte sich richtig verhält, daß

blick befindet sich der Mensch am äußersten Ende der Synthese; der Geist kann gleichsam nicht zur Stelle sein, denn der kann nicht sterben, und doch muß er warten, denn der Leib muß ja sterben. Die heidnische Anschauung des Todes war — ebenso wie deren Sinnlichkeit naiver, deren Zeitlichkeit sorgloser war — milder und anmutiger, ermangelte aber des Höchsten. Man lese Lessings schöne Abhandlung darüber, wie die antike Kunst den Tod darstellte, und man wird nicht leugnen können, daß man wehmütig-anheimelnd bewegt wird bei dem Bilde des schlafenden Genius oder beim Betrachten der schönen Feierlichkeit, mit welcher der Genius des Todes sein Haupt beugt und die Fackel löscht. Es ist, wenn man so will, etwas unbeschreiblich Überredendes und Verlockendes darin, sich einem solchen Führer anzuvertrauen, der versöhnt ist wie eine Erinnerung, in welcher nichts erinnert wird. Aber auf der anderen Seite ist es doch wieder unheimlich, dem stummen Führer zu folgen; denn er verbirgt nichts, seine Gestalt ist kein Inkognito, so wie er da ist, so ist der Tod, und damit ist es vorbei. Es liegt eine unergründliche Wehmut darin, daß dieser Genius mit seiner freundlichen Gestalt sich über den Sterbenden beugt und mit dem Atem seines letzten Kusses den letzten Lebensfunken auslöscht, während das Erlebte nach und nach verschwunden ist und der Tod zurückgeblieben wie das Geheimnis, das, selbst unerklärt, erklärte, das ganze Leben sei ein Spiel gewesen, das damit endete, daß alles, das Größte wie das Kleinste, sich verlief wie die Schulkinder, und zuletzt die Seele selbst als Schulmeister. Aber es liegt da auch die Stummheit der Vernichtung darin, daß das Ganze nur ein Kinderspiel war, und nun ist das Spiel aus.

1 Was hier dargelegt wurde, hätte auch seinen Platz in Kapitel I finden können. Doch habe ich mich entschlossen, es hierher zu setzen, weil es besser zum Folgenden hinführt.

die Angst der letzte psychologische Zustand ist, aus welchem die Sünde durch den qualitativen Sprung hervorbricht. Dieser Zustand ist indessen nicht der Zustand der Unschuld, sondern ist, vom Standpunkt des Geistes gesehen, gerade der der Sündhaftigkeit.

Es ist recht merkwürdig, daß die christliche Orthodoxie beständig lehrte, daß das Heidentum in Sünden lag, während doch das Bewußtsein der Sünde erst durch das Christentum gesetzt wurde. Die Orthodoxie hat indessen recht, wenn sie sich nur etwas genauer erklären wollte. Durch quantitierende Bestimmungen zieht das Heidentum gleichsam die Zeit hin und kommt niemals zur Sünde im tiefsten Sinne, aber dieses ist gerade die Sünde.

Daß dies alles vom Heidentum gilt, ist leicht nachzuweisen. Mit dem Heidentum innerhalb des Christentums verhält es sich ganz anders. Das Leben des christlichen Heidentums ist weder schuldig noch nichtschuldig, es kennt eigentlich keinen Unterschied zwischen dem Gegenwärtigen, Vergangenen, Zukünftigen, Ewigen. Sein Leben und seine Geschichte geht fort, wie die Schrift in jenen alten Tagen über das Papier hinging, als man keine Trennungszeichen gebrauchte, sondern ein Wort ans andere, den einen Satz an den anderen malte. Ästhetisch betrachtet, ist das sehr komisch, denn während es schön ist, einen Bach murmelnd durch das Leben laufen zu hören, so ist es komisch, daß eine Summe von vernünftigen Geschöpfen verwandelt wird in ein ewiges Murmeln ohne Sinn. Ich weiß nicht, ob die Philosophie diese *plebs* als eine Kategorie gebrauchen kann, indem sie sie das Substrat für das Größere sein läßt, gleichsam wie die vegetative Rohrpflanze nach und nach zu fester Erde wird, zuerst Torf und dann mehr. Vom Standpunkte des Geistes gesehen, ist eine solche Existenz Sünde, und es ist das mindeste, was man für sie tun kann, daß man den Geist von ihr fordert, indem man dies ausspricht.

Was hier gesagt ist, gilt nun nicht vom Heidentum. Eine derartige Existenz kann nur innerhalb des Christentums gefunden werden. Dies hat seinen Grund darin, daß die Ausschließung eines höheren Sinnes sich desto tiefer zeigt, je höher der Geist gesetzt ist; und je höher das ist, was verloren wird, desto elender sind οἱ ἀπηλγηκότες (Eph. 4, 19 [die gefühllosen Schmerzunfähigen]) in ihrer Zufriedenheit. Will man diese Glückseligkeit der Geistlosigkeit vergleichen mit dem Zustand der Sklaven im Heidentum, so gibt es doch einen Sinn im Sklavenstand; denn er ist überhaupt nichts in sich selbst. Die Verlorenheit der Geistlosigkeit dagegen ist das Entsetzlichste von allem; denn dies ist gerade das Unglück, daß die Geistlosigkeit ein Verhältnis zum Geiste hat, das keins ist. Die Geistlosigkeit kann daher bis zu einem gewissen Grade den ganzen Gehalt des Geistes besitzen, aber wohlgemerkt nicht als Geist, sondern als Gespensterspuk, Galimathias, Phrase usw. Sie kann die Wahrheit besitzen, aber wohlgemerkt nicht als

Wahrheit, sondern als Gerücht und Weibertratsch. Das ist, ästhetisch gesehen, das tief Komische an der Geistlosigkeit, etwas, worauf man gewöhnlich nicht aufmerksam ist, weil der Darsteller selbst mehr oder minder in Sachen des Geistes unsicher ist. Wenn daher die Geistlosigkeit dargestellt werden soll, legt man ihr gerne schlecht und recht Geschwätz in den Mund, weil man nicht den Mut hat, sie dieselben Worte gebrauchen zu lassen, die man selbst gebraucht. Dies ist Unsicherheit. Die Geistlosigkeit kann ganz und gar dasselbe sagen, was der reichste Geist gesagt hat, nur sagt sie dies nicht kraft des Geistes. Als geistlos bestimmt, ist der Mensch eine Sprechmaschine geworden, und es gibt keinen Hinderungsgrund dafür, daß er ebensogut eine philosophische Vokabelreihe wie ein Glaubensbekenntnis und eine politischen Parole auswendig lernen kann. Ist es nicht seltsam, daß der einzige Ironiker und der größte Humorist[1] sich zusammentun müssen, um das zu sagen, was das Simpelste von allem zu sein scheint, daß man unterscheiden muß zwischen dem, was man versteht, und dem, was man nicht versteht; was sollte es für ein Hindernis geben, daß der geistloseste Mensch wörtlich dasselbe zu sagen vermöchte? Es gibt nur einen Beweis für Geist, das ist der Beweis des Geistes in uns selbst [vgl. 1. Kor. 2, 4]; jeder, der etwas anderes fordert, kann vielleicht das Glück haben, Beweise in überströmender Fülle zu bekommen, aber er ist doch bereits als geistlos gekennzeichnet.

In der Geistlosigkeit gibt es keine Angst, dazu ist sie zu glücklich und zufrieden und zu geistlos. Aber dies ist ein sehr trauriger Grund, und darin ist das Heidentum verschieden von der Geistlosigkeit, daß jenes bestimmt ist in Richtung *auf* Geist, dieses in Richtung *vom* Geist. Das Heidentum ist deshalb, wenn man so will, Geistesabwesenheit und als solche weit verschieden von der Geistlosigkeit. Insoweit ist das Heidentum weit vorzuziehen. Die Geistlosigkeit ist das Stagnieren des Geistes und das Zerrbild der Idealität. Die Geistlosigkeit ist deshalb nicht eigentlich dumm, wenn es darauf ankommt, Wörter abzuleiern, aber sie ist *dumm* in der Bedeutung, in welcher vom Salze gesagt wird: «Wenn aber das Salz dumm wird, womit soll man salzen?» [Matth. 5, 13; Luk. 14, 34. Abgeleitet von dem Worte μωρός = dumm, albern, stumpf, träge.] Gerade darin liegt ihre Verlorenheit, aber auch ihre Sicherheit, daß sie nichts geistig versteht, nichts als Aufgabe erfaßt, wenngleich sie es vermag, alles mit ihrer ermatteten Lauheit zu umtasten. Wird sie nur ein einziges Mal vom Geiste berührt und beginnt einen Augenblick zu zappeln wie ein galvanisierter Frosch, so tritt ein Phänomen ein, das vollkommen dem heidnischen Fetischismus entspricht. Für die Geistlosigkeit gibt es keine Autorität, denn sie weiß ja, daß es für den Geist keine Autorität gibt,

1 Sokrates und Hamann; vgl. das Motto dieser Schrift. (Anm. d. Übers.)

da sie aber selbst unglücklicherweise nicht Geist ist, so treibt sie trotz ihrem Wissen vollkommene Götzenanbetung. Sie betet einen Dummkopf und einen Helden mit derselben Ehrfurcht an, aber vor allem ist doch ein Scharlatan ihr eigentlicher Fetisch.

Wenn nun auch in der Geistlosigkeit keine Angst da ist, weil diese ausgeschlossen ist, wie der Geist es ist, so ist die Angst doch da, nur wartet sie. Es läßt sich denken, daß ein Schuldner das Glück haben kann, von seinem Gläubiger sich wegzudrücken und ihn hinzuhalten mit Geschwätz, aber es gibt einen Gläubiger, der niemals zu kurz kommt, und das ist der Geist. Vom Standpunkt des Geistes gesehen, ist deshalb die Angst auch zugegen in der Geistlosigkeit, aber verborgen und vermummt. Selbst der Betrachtung graut es beim Anblick dessen; denn wie die Gestalt der Angst, wenn man die Phantasie eine solche bilden lassen will, entsetzlich anzusehen ist, so würde ihre Gestalt doch noch mehr entsetzen, wenn sie es notwendig findet, sich zu verkleiden, um nicht als das aufzutreten, was sie ist, trotzdem sie es voll und ganz ist. Wenn der Tod sich in seiner wahren Gestalt zeigt als der magere, freudlose Schnitter, dann betrachtet man ihn nicht ohne Erschrecken, wenn er aber, um der Menschen zu spotten, die sich einbilden, seiner spotten zu können, verkleidet auftritt, wenn allein der Betrachter sieht, daß der Unbekannte, der alle fesselt durch seine Höflichkeit und alle in die wilde Ausgelassenheit der Lust hineinpeitscht, der Tod ist, dann ergreift ihn ein tiefes Entsetzen.

§ 2

Angst dialektisch bestimmt in Richtung auf Schicksal

Man pflegt im allgemeinen zu sagen, daß das Heidentum in der Sünde liege, vielleicht dürfte es richtiger sein zu sagen, daß es in Angst liege. Das Heidentum ist überhaupt Sinnlichkeit, die ein Verhältnis zum Geist hat, ohne daß jedoch der Geist im tiefsten Sinne als Geist gesetzt wird. Aber diese Möglichkeit ist gerade Angst.

Fragen wir nun näher, was der Gegenstand der Angst ist, dann muß da geantwortet werden, hier wie überall: er ist Nichts. Angst und Nichts entsprechen einander beständig. Sobald die Wirklichkeit der Freiheit und des Geistes gesetzt ist, ist die Angst aufgehoben. Aber was bedeutet nun näher das Nichts der Angst im Heidentum? Es ist das Schicksal.

Schicksal ist ein Verhältnis zum Geist, aber nur ein äußerliches, es ist ein Verhältnis zwischen Geist und etwas anderem, das nicht Geist ist und zu dem dieser doch in einem geistigen Verhältnis stehen soll. Schicksal kann genau das Entgegengesetzte bedeuten, da es die Einheit von Notwendigkeit und Zufälligkeit ist. Darauf hat man nicht allezeit geachtet. Man hat über das heidnische Fatum gesprochen (dies wiederum verschieden umgeformt in die orientalische und die griechische Auffassung), als wäre es die Notwendigkeit. Einen Rest von dieser Notwendigkeit hat man in der christlichen Anschauung stehen lassen, wo es die Bedeutung des Schicksals bekam als des Zufälligen, des in Beziehung auf die Vorsehung Inkommensurablen. Jedoch verhält sich dies nicht so; denn Schicksal ist gerade Einheit von Notwendigkeit und Zufälligkeit. Dies ist sinnig dadurch ausgedrückt, daß das Schicksal blind ist; denn der, der blind vorwärts geht, geht ebensosehr notwendig wie zufällig. Eine Notwendigkeit, die sich ihrer selbst nicht bewußt ist, ist *eo ipso* im Verhältnis zum nächsten Augenblick Zufälligkeit. Das Schicksal ist also das Nichts der Angst. Es ist Nichts, denn sobald der Geist gesetzt ist, ist die Angst aufgehoben, aber auch das Schicksal, da die Vorsehung eben damit auch gesetzt ist. Vom Schicksal kann man deshalb sagen, was Paulus [1. Kor. 8, 4] über einen Götzen sagt: Es gibt keinen Götzen in der Welt; aber doch ist der Götze Gegenstand für die Religiosität des Heiden.

Im Schicksal hat also die Angst des Heiden ihren Gegenstand, ihr Nichts. In ein Verhältnis zum Schicksal kann er nicht kommen, denn da es in einem Augenblick das Notwendige ist, ist es im nächsten Augenblick das Zufällige. Und doch ist er in einem Verhältnis zum Schicksal, und dies Verhältnis ist die Angst. Näher kann der Heide dem Schicksal nicht kommen. Der Versuch, den das Heidentum in Richtung darauf machte, war tiefsinnig genug, ein neues Licht auf das Schicksal zu werfen. Wer das Schicksal erklären soll, muß ebenso zweideutig sein wie das Schicksal. Dies war das *Orakel* auch. Aber das Orakel konnte wiederum gerade das Entgegengesetzte bedeuten. Das Verhältnis des Heiden zum Orakel ist also wiederum Angst. Hier liegt das tief unerklärliche Tragische im Heidentum. Das Tragische liegt jedoch nicht darin, daß die Aussage des Orakels zweideutig ist, sondern darin, daß der Heide es nicht zu unterlassen wagt, bei ihm Rat zu suchen. Er ist im Verhältnis dazu, er wagt nicht zu unterlassen, es zu konsultieren, selbst im Augenblick der Beratung ist er in einem zweideutigen Verhältnis zu ihm (sympathetisch und antipathetisch). Und nun denke man an die Erklärungen des Orakels.

Der Begriff Schuld und Sünde tritt im tiefsten Sinne im Heidentum nicht hervor. Sofern er hervortreten sollte, würde das Heidentum zugrunde gehen an dem Widerspruch, daß einer schuldig wurde durch das Schicksal. Dies ist nämlich der höchste Widerspruch, und in diesem Widerspruch bricht das Christentum hervor. Das Heidentum faßt ihn nicht, dazu ist es zu leichtsinnig in der Bestimmung des Begriffes Schuld.

Der Begriff Sünde und Schuld setzt gerade den Einzelnen als den

Einzelnen. Da ist keine Rede von irgendeinem Verhältnis zur ganzen Welt, zu all dem Vergangenen. Da ist nur die Rede davon, daß er schuldig ist, und doch soll er dies durch das Schicksal werden, also durch alles das, wovon keine Rede ist, und er soll dadurch etwas werden, was gerade den Begriff Schicksal aufhebt, und dies soll er durch das Schicksal werden.

Dieser Widerspruch, begriffen auf eine mißverständliche Weise, ergibt den mißverstandenen Begriff der Erbsünde, richtig verstanden ergibt er den wahren Begriff, derart nämlich, daß jedes Individuum es selbst und das Geschlecht ist und das spätere Individuum nicht wesentlich verschieden von dem ersten. In der Möglichkeit der Angst sinkt die Freiheit um, überwältigt vom Schicksal, nun steht deren Wirklichkeit auf mit der Erklärung, daß sie schuldig wurde. Die Angst auf ihrer äußersten Spitze, wo es ist, als wäre das Individuum schuldig geworden, ist noch nicht die Schuld. Die Sünde kommt also weder als eine Notwendigkeit, noch als ein Schicksal, und deshalb entspricht dem Begriff der Sünde: die Vorsehung.

Innerhalb des Christentums findet man die Angst des Heidentums im Verhältnis zum Schicksal überall da, wo der Geist wohl gegenwärtig ist, aber nicht wesentlich als Geist gesetzt wird. Das Phänomen zeigt sich am deutlichsten, wenn man ein Genie beobachtet. Das Genie ist unmittelbar als solches überwiegend Subjektivität[1]. Noch ist es nicht als Geist gesetzt; denn als solches wird es nur durch Geist gesetzt. Als unmittelbares kann es Geist sein (hier liegt das Täuschende, als wäre seine außerordentliche Begabung Geist, gesetzt als Geist), aber es hat da ein Anderes außerhalb seiner, welches nicht Geist und selbst in einem äußerlichen Verhältnis zum Geist ist. Deshalb entdeckt das Genie beständig das Schicksal, und je tiefer das Genie, desto tiefer entdeckt es das Schicksal. Für die Geistlosigkeit ist dies natürlich eine Torheit, aber in Wirklichkeit ist es das Große; denn kein Mensch wird geboren mit der Idee der Vorsehung, und die, welche meinen, daß man sie allmählich durch die Erziehung bekommt, irren sich sehr, ohne daß ich doch deshalb die Bedeutung der Erziehung verneinen möchte. Dadurch zeigt das Genie gerade seine urkräftige Macht, daß es das Schicksal entdeckt, und darin zeigt es wiederum seine Ohnmacht. Für den unmittelbaren Geist, welcher das Genie allezeit ist — nur daß es unmittelbarer Geist *sensu eminentiori* [in ausgezeichnetem Sinne] ist —, ist das Schicksal Grenze. Erst mit der Sünde wird die Vorsehung gesetzt. Deshalb hat das Genie einen ungeheuren Kampf zu führen, diese zu erreichen. Erreicht es sie nicht, dann kann man an ihm so recht das Schicksal studieren.

---

1 Vgl. HEGEL, ‹Ästhetik›, Werke X, 1, S. 364 f. (Anm. d. Übers.)

Das Genie ist ein allmächtiges An-sich [1], das als solches die ganze Welt bewegen würde. Der Ordnung halber entsteht deshalb gleichzeitig mit ihm eine andere Gestalt, das ist das Schicksal. Dieses ist Nichts; es ist das Genie selbst, welches es entdeckt, und je tiefer das Genie, desto tiefer entdeckt es dies; denn jene Gestalt ist bloß die ahnungsvolle Vorwegnahme der Vorsehung. Fährt es nun bloß fort, Genie zu sein, und wendet sich nach draußen, dann wird es das Erstaunliche vollbringen, und doch wird es beständig dem Schicksal unterliegen, wenn auch nicht äußerlich, handgreiflich und sichtbar für jeden, so doch innerlich. Deshalb ist die Existenz eines Genies allezeit gleichsam ein Abenteuer [Märchen], wenn es nicht dazu kommt, im tiefsten Sinne sich in sich selbst hineinzuwenden. Das Genie vermag alles, und doch ist es abhängig von der geringfügigsten Kleinigkeit, die niemand faßt, einer Unbedeutendheit, welcher das Genie selbst wiederum durch seine Allmacht allmächtige Bedeutung gibt. Deshalb vermag ein Unterleutnant, wenn er Genie ist, Kaiser zu werden, die Welt umzuschaffen, so daß da nur ein Kaisertum und ein Kaiser übrigbleibt. Aber deshalb kann auch die Armee zum Kampfe aufgestellt, die Bedingung der Schlacht absolut günstig, vielleicht im nächsten Augenblick verspielt sein, ein Königreich von Helden kann flehentlich bitten, daß das Kommandowort erschallen möge, aber das Genie kann nicht, es muß warten bis zum 14. Juni, und warum? Weil es der Tag der Schlacht von Marengo war. Deshalb kann alles fertig sein, der Kaiser selbst vor der Front der Legionen halten, bloß darauf wartend, daß die Sonne aufgehe und ihn zu der Rede inspiriere, die die Soldaten elektrisieren soll, und die Sonne kann prachtvoller aufgehen als je, ein begeisternder und entflammender Anblick für jeden, nur nicht für ihn, denn so prachtvoll ging sie bei Austerlitz nicht auf, und nur die Austerlitz-Sonne gibt Sieg und begeistert. Daher die unerklärliche Leidenschaft, mit welcher ein solcher oft rasen kann gegen einen gänzlich unbedeutenden Menschen, wenn er auch sonst Humanität und Liebenswürdigkeit selbst gegen Feinde zeigen kann. Ja, wehe dem Mann, wehe der Frau, wehe dem unschuldigen Kind, wehe dem Tier des Feldes, wehe dem Vogel, dessen Flucht, wehe dem Baum, dessen Zweige ihm in dem Augenblick in den Weg kommen, da er sein Vorzeichen befragen will.

---

1 Ausdruck der Hegelschen Philosophie; daß etwas (an sich) ist, bedeutet bei HEGEL, daß es nicht für etwas anderes ist, sondern an sich selbst. Es muß immer gleichzeitig damit an die Negation gedacht werden, des «für ein anderes sein». (Siehe Hegel, Logik I, S. 125 ff.) Das bedeutet, angewendet auf das Genie, daß dies, unmittelbar (irreligiös) bestimmt, sein Ziel und sein Gesetz allein in sich selbst und nicht außerhalb seiner hat. Kierkegaard bezeichnet mit dem Ausdruck An-sich in der Regel den abstrakten Begriff im Gegensatz zum konkreten Realverhältnis. (Anm. d. Übers.)

Das Äußere als solches bedeutet für das Genie nichts, und deshalb kann niemand es verstehen. Alles beruht darauf, wie es dies in der Gegenwart seines geheimen Freundes (des Schicksals) versteht. Das Ganze kann verloren sein, der einfältigste und der klügste Mensch können einig darin sein, ihm vom fruchtlosen Versuch abzuraten. Dennoch weiß das Genie, daß es stärker ist als die ganze Welt, soweit da an diesem Punkt kein zweifelhafter Kommentar sich findet zu der unsichtbaren Schrift, worin es den Willen des Schicksals liest. Liest es ihn nach Wunsch, dann sagt es mit seiner allmächtigen Stimme zu dem Schiffer: «Fahre du nur, du fährst Caesar und sein Glück.» Alles kann gewonnen sein, und im selben Augenblick, da er die Nachricht bekommt, tönt da vielleicht ein Wort mit, dessen Bedeutung kein Geschöpf, nicht Gott im Himmel versteht (denn in einem gewissen Sinne versteht nicht einmal er das Genie), und es sinkt ohnmächtig zusammen.

So ist das Genie außerhalb des Allgemeinen gestellt. Es ist groß durch seinen Glauben an das Schicksal, mag es siegen oder fallen; denn es siegt durch sich selbst und fällt durch sich selbst oder, richtiger, beides durch das Schicksal. Im allgemeinen bewundert man seine Größe nur, wenn es siegt, doch ist es niemals größer, als wenn es durch sich selbst fällt. Dies muß nämlich so verstanden werden, daß das Schicksal sich nicht auf eine äußerliche Weise ankündigt. Wenn vielmehr gerade in dem Augenblick, da, menschlich gesprochen, alles gewonnen ist, das Genie die zweifelhafte Lesart entdeckt und nun zusammensinkt, dann mag man wohl in die Worte ausbrechen: Welch ein Gigant gehörte dazu, um es zu stürzen. Deshalb aber vermochte keiner dies außer ihm selbst. Der Glaube, der die Reiche und Lande der Welt unter seine gewaltige Hand legte, während die Menschen ein Märchen zu sehen glaubten, dieser selbe Glaube stürzte es, und sein Fall war ein noch unergründlicheres Abenteuer.

Deshalb hat das Genie zu einer anderen Zeit Angst als die gewöhnlichen Menschen. Diese entdecken die Gefahr erst im Augenblick der Gefahr, bis dahin sind sie sicher, und wenn die Gefahr vorüber ist, dann sind sie wieder sicher. Das Genie ist im Augenblick der Gefahr am allerstärksten, dagegen liegt seine Angst im Augenblick davor und im Augenblick danach, diesem zitternden Moment, da es sich mit jenem großen Unbekannten, welcher das Schicksal ist, unterhalten muß. Vielleicht ist seine Angst gerade am allergrößten im Augenblick danach, weil die Ungeduld der Gewißheit allezeit wächst im umgekehrten Verhältnis zur Kürze des Abstandes, weil ja immer mehr zu verlieren ist, je näher man daran war zu siegen, und am allermeisten im Augenblick des Sieges, und weil die Konsequenz des Schicksals gerade Inkonsequenz ist.

Das Genie als solches kann sich nicht religiös fassen, kommt deshalb weder zur Sünde noch zur Vorsehung, und aus diesem Grunde befindet es sich im Verhältnis der Angst zum Schicksal. Es hat nie ein Genie existiert ohne diese Angst, außer wenn es zugleich religiös gewesen ist.

Bleibt es dabei stehen, unmittelbar bestimmt zu sein und sich nach außen zu wenden, dann wird es wohl groß und seine Leistungen werden verblüffend, aber es kommt niemals zu sich selbst und wird nicht groß vor sich selbst. All sein Tun ist nach außen gewendet, aber der, wenn ich so sagen darf, planetarische Kern, der alles ausstrahlt, entsteht nicht. Die Bedeutung des Genies für sich selbst gibt es nicht, oder es gibt sie so zweifelhaft wehmütig wie die Teilnahme, mit der die Einwohner von einer der Faröer-Inseln sich freuen würden, wenn auf dieser Insel ein eingeborener Faröer leben würde, der durch Schriften in den verschiedenen europäischen Sprachen ganz Europa in Erstaunen setzte, die Wissenschaften durch seine unsterblichen Verdienste umgestaltete, dagegen niemals eine Zeile in färöischer Sprache schriebe und zum Schluß selbst vergäße, diese zu sprechen. Das Genie wird sich selbst nicht im tiefsten Sinne bedeutungsvoll, seine Reichweite kann nicht höher bestimmt werden als die des Schicksals im Verhältnis zu Glück, Unglück, Ruhm, Ehre, Macht, unsterblichem Weiterleben seines Namens, welches alles zeitliche Bestimmungen sind. Jede tiefere dialektische Bestimmung der Angst ist ausgeschlossen. Die letzte würde die sein, für schuldig angesehen zu werden in der Weise, daß die Angst sich nicht gegen die Schuld richtet, sondern gegen den Schein der Schuld, welches eine Bestimmung der Ehre ist. Dieser Seelenzustand eignete sich wohl für eine dichterische Behandlung. Derartiges kann jedem Menschen passieren, aber das Genie würde dies sofort derartig tief ergreifen, daß es nicht mit Menschen stritte, sondern mit den tiefsten Mysterien des Daseins.

Es gehört wohl Mut dazu, um zu verstehen, daß eine solche geniale Existenz trotz ihres Glanzes, ihrer Herrlichkeit und Bedeutung Sünde ist, und man versteht dies kaum, ehe man gelernt hat, den Hunger der verlangenden Seele zu sättigen. Indessen ist es doch so. Daß eine solche Existenz trotzdem bis zu einem gewissen Grade glücklich sein kann, beweist nichts. Man kann ja seine Begabung als ein Zerstreuungsmittel verstehen und, indem man sie entfaltet, sich keinen Augenblick über die Kategorien erheben, in welchen das Zeitliche liegt. Nur durch eine religiöse Besinnung werden das Genie und das Talent im tiefsten Sinne gerechtfertigt. Will man ein Genie wie Talleyrand nehmen, dann hat da ja in ihm die Möglichkeit einer viel tieferen Besinnung auf das Leben gelegen. Dem ist er ausgewichen. Er folgte der Bestimmung in sich, die sich nach außen wendete. Sein bewundertes Intrigantengenie hat sich herrlich erwiesen, seine Spannkraft, die Sättigungsfähigkeit seines Genies (um einen Ausdruck zu gebrauchen, den die Chemiker für ätzende Säuren benutzen) wird bewundert, aber er gehört der Zeitlichkeit an. Wenn ein solches Genie die Zeitlichkeit als unmittelbare verschmäht, sich gegen sich selbst und gegen das Göttliche gewendet hätte, welches religiöse Genie wäre da nicht herausgekommen! Aber welche Qualen hätte er nicht auch auszustehen gehabt. Es ist eine Erleichterung im Leben, den unmittelbaren Bestimmungen zu folgen, man sei groß oder klein, aber der Lohn steht auch im Verhältnis dazu, man sei groß oder klein, und der, welcher geistig nicht so gereift ist, daß er versteht, selbst unsterbliche Ehre durch alle Geschlechter hindurch sei doch nur eine Bestimmung der Zeitlichkeit, nicht begreift, daß dasjenige, dem nachzujagen die Seele des Menschen schlaflos hält in Wunsch und Begehren, etwas sehr Unvollkommenes ist im Vergleich mit der Unsterblichkeit, die für jeden Menschen da ist und die mit Recht den begründeten Neid aller Welt erwecken würde, wenn sie einem einzigen Menschen vorbehalten wäre, — er wird nicht weit kommen in seiner Erklärung von Geist und Unsterblichkeit.

§ 3

Angst dialektisch in Richtung auf Schuld

Man pflegt gewöhnlich zu sagen, daß das Judentum der Standpunkt des Gesetzes sei. Dies kann man indes auch so ausdrücken, daß das Judentum in Angst liegt. Aber das Nichts der Angst bedeutet hier etwas anderes als Schicksal. Es ist in dieser Sphäre so, daß der Satz: ‹geängstigt werden — Nichts›, sich als höchst paradox erweist; denn Schuld ist doch wohl Etwas. Und doch ist es richtig, daß diese, solange sie Gegenstand der Angst ist, nichts ist. Die Zweideutigkeit liegt im Verhältnis; denn sobald die Schuld gesetzt ist, ist die Angst vorbei, und die Reue ist da. Das Verhältnis ist, wie das der Angst, allezeit sympathetisch und antipathetisch. Dies erscheint wieder paradox, doch ist es nicht so; denn während die Angst fürchtet, unterhält sie eine listig verborgene Wechselbeziehung zu ihrem Gegenstand, kann nicht von diesem absehen, ja will es nicht, denn will das Individuum dies, so wird die Reue eintreten. Ich kann nichts dafür, daß dies dem einen oder anderen als eine schwierige Rede erscheint. Derjenige, der die nötige Unerschütterlichkeit hat, um, wenn ich so sagen darf, göttlicher Staatsanwalt zu sein, wenn auch nicht im Verhältnis zu anderen, so doch zu sich selbst, der wird diese Rede nicht schwierig finden. Das Leben bietet außerdem Phänomene genug dar, wo das Individuum in Angst nahezu verlangend auf die Schuld starrt und sie doch fürchtet. Schuld hat für das Auge des Geistes die Macht, die der Blick der Schlange hat, nämlich durch Verzauberung zu lähmen. In diesem

Punkt liegt die Wahrheit der Anschauung der Karpokratianer [1], durch Sünde zur Vollkommenheit zu kommen. Das hat seine Wahrheit im Augenblick der Entscheidung, wenn der unmittelbare Geist sich als Geist durch den Geist setzt; dagegen ist es eine Blasphemie, zu meinen, es solle konkret verwirklicht werden.

Das Judentum ist gerade hierdurch weiter als die Gräzität, und auch hieran kann man das sympathetische Moment in seinem Angstverhältnis zur Schuld sehen, daß es dies um keinen Preis aufgeben würde, bloß um die leichtsinnigeren Ausdrücke der Gräzität, Schicksal, Glück und Unglück, zu bekommen.

Die Angst, die im Judentum ist, ist Angst vor der Schuld. Die Schuld ist eine Macht, die sich überall ausbreitet und die doch niemand im tieferen Sinne verstehen kann, während sie über dem Dasein brütet. Dasjenige, was sie erklären soll, muß also von derselben Beschaffenheit sein, ebenso wie das Orakel dem Schicksal entsprach. Dem Orakel im Heidentum entspricht das Opfer im Judentum. Aber das Opfer kann deshalb niemand verstehen. Darin liegt im Judentum das tief Tragische analog dem Verhältnis zum Orakel im Heidentum. Der Jude nimmt seine Zuflucht zum Opfer, aber das hilft ihm nicht, denn das, was eigentlich helfen soll, wäre, daß das Angstverhältnis zur Schuld aufgehoben und ein wirkliches Verhältnis gesetzt würde. Da dies nicht geschieht, bleibt das Opfer zweideutig, was ausgedrückt ist in dessen Wiederholung, deren weitere Konsequenz eine reine Skepsis sein würde in Richtung auf Reflexion über den Opferakt selbst.

Was deshalb im Vorhergehenden galt, daß erst mit der Sünde die Vorsehung in die Erscheinung tritt, das gilt hier wiederum; erst mit der Sünde ist die Versöhnung gesetzt, und deren Opfer wird nicht wiederholt. Das hat seinen Grund nicht, wenn ich so sagen darf, in der äußeren Vollkommenheit des Opfers, sondern die Vollkommenheit des Opfers entspricht dem, daß das wirkliche Verhältnis der Sünde gesetzt ist. Sobald das wirkliche Verhältnis der Sünde nicht gesetzt ist, muß das Opfer wiederholt werden. (So wird ja auch im Katholizismus das Opfer wiederholt, während man doch die absolute Vollkommenheit des Opfers anerkennt.)

Dies hier in den welthistorischen Verhältnissen in Kürze Angedeutete wiederholt sich innerhalb des Christentums in den Individualitäten. Das Genie offenbart hier wiederum am deutlichsten, was in den

---

1 Gnostische Sekte des 2. Jhs. n. Chr. Lehrte, daß der Mensch alle Taten, selbst die ruchlosesten, begehen müßte. Solange dies nicht erreicht sei, werde man ständig wiedergeboren. Vgl. hierzu Kierkegaards Tagebuchnotiz Pap. I A 282 von 1836, die davon spricht, durch alle Laster zu gehen, um dadurch Lebenserfahrungen zu gewinnen. Vgl. zu dieser zyklischen Dialektik der Gnostiker HEGELS Lehre vom Bösen als dialektisch notwendigem Durchgangsglied zum Guten. (Anm. d. Übers.)

weniger ursprünglichen Menschen in solcher Form lebt, daß es sich nicht leicht unter Kategorien bringen läßt. Das Genie ist überhaupt bloß dadurch verschieden von jedem anderen Menschen, daß es mit Bewußtsein innerhalb seiner historischen Voraussetzung ebenso ursprünglich beginnt wie Adam. Jedesmal, wenn ein Genie geboren wird, wird gleichsam die Probe auf die Existenz gemacht; denn es durchläuft und erlebt all das Erfahrene, bis es sich selbst einholt. Das Wissen des Genies von dem Vergangenen ist deshalb ein ganz anderes als das, was in welthistorischen Übersichten geboten wird.

Daß das Genie stehenbleiben kann bei seiner unmittelbaren Bestimmung, ist im Vorhergehenden angedeutet, und die Erklärung, daß dies Sünde ist, enthält zugleich die wahre Höflichkeit gegen das Genie. Jedes Menschenleben ist religiös angelegt. Dies leugnen wollen heißt alles sich verwirren lassen und die Begriffe Individuum, Menschengeschlecht, Unsterblichkeit aufheben. An diesem Punkte wäre es zu wünschen, daß man all seinen Scharfsinn anwendete, denn hier liegen sehr schwierige Probleme. Wenn man von einem Mann, der ein intriganter Kopf ist, sagt, er solle Diplomat oder Polizeiagent werden, von einem Mann, der mimisches Talent für das Komische hat, er solle Schauspieler werden, von einem Mann, der überhaupt kein Talent hat, er solle Heizer bei der Stadtverwaltung werden, dann ist das eine sehr nichtssagende Betrachtung des Lebens, oder richtiger, es ist überhaupt keine Betrachtung, denn es sagt bloß, was aus sich selber folgt. Aber zu erklären, wie meine religiöse Existenz in ein Verhältnis zu meinem äußeren Dasein kommt und sich darin ausdrückt, das ist die Aufgabe. Aber wer macht sich in unserer Zeit die Mühe, über derartiges nachzudenken, und dies, obwohl jetzt mehr als jemals das gegenwärtige Leben sich als ein flüchtig vorüberrauschender Augenblick erweist. Aber statt daraus zu lernen, das Ewige zu ergreifen, lernt man nur, das Leben aus sich selbst und seinem Nächsten und aus dem Augenblick herauszujagen — in seiner Jagd nach dem Augenblick. Wenn man bloß mitkommen kann, bloß einmal den Walzer des Augenblicks aufführen kann, dann hat man gelebt, dann wird man beneidet von den Unglücklichen, die, obgleich sie nicht geboren wurden, sondern kopfüber in das Leben hineinstürzten und dabei bleiben, kopfüber vorwärtszustürzen, dies doch niemals erreichen, dann hat man gelebt, denn wieviel ist ein Menschenleben mehr wert als eines jungen Mädchens kurze Lieblichkeit, die sich schon ungewöhnlich gut gehalten hat, wenn sie eine Nacht die Reihen der Tanzenden bezaubert hat und erst in den Morgenstunden verwelkte. Aber dazu ist keine Zeit, zu bedenken, wie eine religiöse Existenz ein äußeres Dasein durchdringt und durchwirkt. Jagt man auch nicht mit dem Hasten der Verzweiflung, so greift man doch nach dem, was am nächsten liegt. Auf die Weise wird man vielleicht sogar etwas Großes in der Welt; geht man nun obendrein unter anderem einmal in die Kirche, dann ist alles überaus vortrefflich. Dies scheint darauf zu deuten, daß das Religiöse für einige Individuen das Absolute ist, für andere nicht[1], und dann gute Nacht mit allem Sinn des Lebens. Das Nachdenken darüber wird natürlich um so schwieriger, je ferner die äußere Lebensaufgabe vom Religiösen als solchem liegt. Welche tiefe religiöse Besinnung würde nicht dazu gehören, um bis zu einer solchen äußeren Aufgabe zu gelangen, wie z. B. der, komischer Schauspieler zu sein. Ich leugne nicht, daß sich dies durchführen läßt; denn der, welcher sich etwas auf das Religiöse versteht, weiß sehr gut, daß dies weicher ist als Gold und auf jede äußere Lebenssituation absolut anwendbar. Der Fehler des Mittelalters war nicht die religiöse Besinnung, sondern daß man sie zu früh zum Stillstand brachte. Hier steht die Frage nach der Wiederholung wieder auf, wie weit es nämlich einer Individualität glücken kann, nachdem sie die religiöse Besinnung begonnen hat, dann sich selbst wiederzubekommen bis zum letzten Tüpfelchen. Im Mittelalter brach man ab. Wenn so eine Individualität, die im Begriffe war, sich selbst wiederzufinden, nun z. B. darauf stieß, daß sie Witz hatte, Sinn für das Komische usw., dann vernichtete sie all dies als etwas Unvollkommenes. Heutzutage findet man nur allzu leicht, daß solches Torheit ist; denn hat man Witz und Talent für das Komische, dann ist man ja ein Lieblingskind des Glücks, was will man mehr. Derartige Erklärungen haben natürlich nicht die entfernteste Ahnung von dem Problem, denn so wie die Menschen jetzt klüger für die Welt geboren werden als in alten Zeiten, so wird auch eine Masse von ihnen blind geboren im Verhältnis zum Religiösen. Doch findet man im Mittelalter auch Beispiele dafür, daß diese religiöse Überlegung weiter durchgeführt wurde. Wenn so z. B. ein Maler sein Talent religiös auffaßte, aber dieses Talent sich wiederum nicht kundtun konnte in Leistungen, die dem Religiösen am nächsten lagen, dann hat man wohl gesehen, daß ein solcher Künstler ebenso fromm seinen Sinn sammelte, eine Venus zu malen, ebenso fromm seine künstlerische Berufung auffaßte wie der, welcher der Kirche zu Hilfe kam, indem er den Blick der Gemeinde fesselte im An-

---

[1] Bei den Griechen konnte die Frage nach dem Religiösen so nicht aufkommen. Indessen ist es doch so schön zu lesen, was Plato an einer Stelle erzählt und benutzt. Als Epimetheus den Menschen mit allerlei Gaben ausgerüstet hatte, da fragte er Zeus, ob jetzt die Fähigkeit, zwischen Gut und Böse zu wählen, austeilen solle in der Form, wie er die anderen Gaben ausgeteilt habe, nämlich so, daß einer sie bekäme, gleichsam wie ein anderer die Gabe der Beredsamkeit bekam, ein anderer die der Poesie, ein dritter die Gabe der Kunst. Aber Zeus antwortete, daß diese Fähigkeit gleichermaßen an alle ausgeteilt werden solle, weil sie jedem Menschen gleich wesentlich zugehöre.

blick der himmlischen Schönheit. Doch im Hinblick auf alles dieses wird man zu warten haben, bis da Individuen hervorkommen, die trotz der äußeren Begabung nicht den breiten Weg wählen, sondern Schmerz und Not und Angst, um sich darauf religiös zu besinnen und währenddessen gleichsam zu verlieren, was zu besitzen nur allzu verführerisch ist. Ein solcher Kampf ist zweifellos sehr anstrengend, weil da Augenblicke kommen, wo sie es fast bereuen, damit begonnen zu haben, und wehmütig, ja vielleicht zuweilen mit Verzweiflung das lächelnde Leben bedenken, das vor ihnen gelegen hätte, wenn sie dem unmittelbaren Trieb des Talentes gefolgt wären. Doch wird unbezweifelbar der Aufmerksame im äußersten Erschrecken der Not, wenn es ist, als ob alles verloren wäre, weil der Weg, auf welchem er vorwärtsdringen will, nicht zum Vorwärtskommen ist und der einladende Weg des Talentes ihm durch ihn selbst abgeschnitten ist, eine Stimme hören, die sagt: Wohlan, mein Sohn! Nur voran; denn der, der alles verliert, wird alles gewinnen.

Wir wollen nun ein religiöses Genie betrachten, d. h. ein solches, das bei seiner Unmittelbarkeit nicht stehenbleiben will. Ob es jemals dazu kommen wird, sich nach außen zu wenden, bleibt ihm eine Frage für später. Das erste, was es tut, ist, daß es sich zu sich selbst wendet. Wie das unmittelbare Genie das Schicksal, so bekommt das religiöse Genie die Schuld als die Gestalt, die ihm folgt. Indem es sich nämlich auf sich selber richtet, richtet es sich eo ipso auf Gott, und es ist nun einmal eine zeremonielle Vorschrift, daß der endliche Geist, wenn er Gott sehen will, als Schuldiger beginnen muß. Indem er sich nun auf sich selber richtet, entdeckt er die Schuld. Je größer das Genie ist, desto tiefer entdeckt es die Schuld. Daß dies der Geistlosigkeit eine Torheit ist, ist mir eine Freude und ein freudiges Zeichen. Das Genie ist nicht, wie die Leute meistens sind, und begnügt sich nicht damit. Dies hat jedoch seinen Grund nicht darin, daß es die Menschen verachtet, sondern es ist so, weil das Genie wesensursprünglich mit sich selbst zu tun hat, und dabei können alle andern Menschen und ihre Erklärungen ihm gar nichts helfen.

Dies, daß es die Schuld so tief entdeckt, zeigt, daß dieser Begriff ihm gegenwärtig ist in ausgezeichnetem Sinne (sensu eminentiori), ebenso wie dessen Gegensatz, die Unschuld. So war es mit dem unmittelbaren Genie im Verhältnis zum Schicksal; denn jeder Mensch hat ein kleines Verhältnis zum Schicksal, aber dabei bleibt es, bei dem Geschwätz, das nicht merkt, was Talleyrand entdeckte (und bereits vor ihm Young [Edward Young, Love of Fame II, 208] gesagt hat) und doch nicht so vollkommen und gut, wie das Geschwätz es tut, daß die Sprache dazu da ist, die Gedanken zu verbergen — nämlich daß man keine hat.

Indem es sich also nach innen wendet, entdeckt es die Freiheit. Das

Schicksal fürchtet es nicht; denn es setzt sich nicht eine äußere Aufgabe, und die Freiheit ist ihm seine Seligkeit, nicht Freiheit, dies und das in der Welt zu tun, König und Kaiser zu werden oder billettverkaufender Ausrufer der Gegenwart, sondern die Freiheit, bei sich zu wissen, daß es selbst die Freiheit ist. Doch je höher das Individuum hinaufkommt, desto teurer muß alles erkauft werden, und der Ordnung halber entsteht mit diesem An-sich der Freiheit eine andere Gestalt, das ist die Schuld. Sie ist, was das Schicksal war, das einzige, was es fürchtet; doch ist seine Furcht nicht, was im Vorhergehenden das Äußerste war, die Furcht, für schuldig gehalten zu werden, sondern die Furcht, schuldig zu sein.

Im selben Grad, wie es die Freiheit entdeckt, im selben Grad ist über ihm die Angst der Sünde im Zustand der Möglichkeit. Nur die Schuld fürchtet es; denn sie ist das einzige, was ihn der Freiheit berauben kann. Daß die Freiheit hier keineswegs Trotz ist oder die im endlichen Sinne selbstische Freiheit, ist leicht einzusehen. Durch eine solche Annahme hat man öfter versucht das Entstehen der Sünde zu erklären. Das ist jedoch verschwendete Mühe, denn die Annahme einer solchen Voraussetzung führt eine größere Schwierigkeit mit sich als die Erklärung. Wenn die Freiheit so aufgefaßt wird, hat sie ihren Gegensatz in der Notwendigkeit, welches zeigt, daß man die Freiheit in einer Reflexionsbestimmung verstanden hat. Nein, der Gegensatz der Freiheit ist Schuld, und das ist das Höchste an der Freiheit, daß sie beständig nur mit sich selbst zu tun hat, daß sie die Schuld in ihrer Möglichkeit projektiert [vorentwirft] und sie also durch sich selbst setzt, und wenn die Schuld wirklich gesetzt wird, dann setzt sie sie durch sich selbst. Wenn man darauf nicht achtet, hat man die Freiheit geistreich mit etwas ganz anderem verwechselt, mit *Kraft*.

Wenn die Freiheit nun die Schuld fürchtet, dann ist das nicht die Furcht, sich schuldig zu erkennen, falls sie es ist, sondern sie fürchtet, schuldig zu werden, und deshalb kommt die Freiheit wieder als Reue, sobald die Schuld gesetzt ist. Aber das Verhältnis der Freiheit zur Schuld ist bis auf weiteres eine Möglichkeit. Hier erweist sich das Genie wiederum dadurch, daß es nicht von der primitiven Entscheidung abspringt, daß es nicht die Entscheidung außerhalb seiner, bei Krethi und Plethi dadurch sucht, daß es sich nicht zufriedengibt mit dem gewöhnlichen Herunterhandeln. Nur durch sich selbst kann die Freiheit zu wissen bekommen, ob sie Freiheit ist oder ob die Schuld gesetzt ist. Es gibt deshalb nichts Lächerlicheres als anzunehmen, daß die Frage, ob man ein Sünder oder schuldig ist, hineingehört in die Rubrik: **Auswendiggelerntes.**

Das Verhältnis der Freiheit zur Schuld ist Angst, weil die Freiheit und die Schuld noch Möglichkeit ist. Aber indem die Freiheit so mit dem Wünschen all ihrer Leidenschaft auf sich selber starrt und die

Schuld fernhalten will, so daß da auch nicht ein Fussel von Schuld an der Freiheit zu finden ist, da kann sie es nicht sein lassen, dennoch auf die Schuld zu starren, und dieses Starren ist das Zweideutige der Angst, so wie selbst der Verzicht innerhalb der Möglichkeit ein Begehren ist.

Hier ist es nun, wo sich recht zeigt, in welchem Sinne da für das spätere Individuum ein Mehr in der Angst vorhanden ist als in der Angst Adams [1]. Die Schuld ist eine konkretere Vorstellung, die im Verhältnis der Möglichkeit der Freiheit möglicher und möglicher wird. Zum Schluß ist es, als ob die ganze Schuld der Welt sich vereint, um es schuldig zu machen, und, was dasselbe ist, als ob es, indem es schuldig wurde, an der Schuld der ganzen Welt schuldig wurde. Schuld hat nämlich die dialektische Beschaffenheit, daß sie nicht übertragbar ist; sondern der, der schuldig wird, wird mit an dem schuldig, was die Schuld veranlaßte, denn die Schuld hat niemals eine äußere Veranlassung, und der, der in Versuchung fällt, ist selbst schuld an der Versuchung.

Im Verhältnis der Möglichkeit zeigt sich dies in der Täuschung [über die Schuld], sobald dagegen mit der wirklichen Sünde die Reue hervorbricht, hat sie die wirkliche Sünde als ihren Gegenstand. In der Möglichkeit der Freiheit gilt dies: Je tiefer die Schuld entdeckt wird, desto größer ist das Genie; denn die Größe des Menschen hängt einzig und allein von der Energie des Gottesverhältnisses in ihm ab, selbst wenn dieses Gottesverhältnis einen ganz und gar unzutreffenden Ausdruck als Schicksal findet.

Wie also das Schicksal zuletzt das unmittelbare Genie einfängt und dies eigentlich dessen Kulminationsaugenblick ist, nicht die glänzende Verwirklichung nach außen, die die Menschen in Erstaunen setzt und sogar den Handwerker von seiner täglichen Beschäftigung aufhorchen läßt, sondern der Augenblick, da es durch das Schicksal durch sich selbst für sich selbst zusammensinkt — so fängt die Schuld das religiöse Genie, und dies ist sein Kulminationsaugenblick, der Augenblick, da es am größten ist, nicht der Augenblick, da der Anblick seiner Frömmigkeit der Feierlichkeit eines außerordentlichen Festtages gleicht, sondern wenn es durch sich selbst vor sich selbst zusammensinkt in der Tiefe des Sündenbewußtseins.

---

1 Indessen darf man doch nicht vergessen, daß die Analogie hier insofern unrichtig ist, als wir es bei dem späteren Individuum nicht mit der Unschuld zu tun haben, sondern mit dem verdrängten Sündenbewußtsein.

KAPITEL IV

DIE ANGST DER SÜNDE
ODER
ANGST ALS FOLGE DER SÜNDE IM EINZELMENSCHEN

Durch den qualitativen Sprung kam die Sünde in die Welt hinein, und so kommt sie beständig hinein. Sobald sie gesetzt ist, sollte man glauben, die Angst wäre aufgehoben, da ja die Angst dahin bestimmt wurde, daß die Freiheit sich vor sich selbst in der Möglichkeit zeigt. Der qualitative Sprung ist ja die Wirklichkeit, und insofern sind die Möglichkeit und die Angst aufgehoben. Dies ist jedoch nicht so. Teils ist nämlich die Wirklichkeit nur ein einziger Moment, teils ist die Wirklichkeit, die gesetzt wurde, eine unberechtigte Wirklichkeit. Die Angst kommt da ja wieder in ein Verhältnis zu dem Gesetzten und zu dem Zukünftigen. Doch ist der Gegenstand der Angst jetzt ein Bestimmtes, dessen Nichts ist wirklich Etwas, da der Unterschied zwischen Gut und Böse [1] *in concreto* gesetzt ist und die Angst deshalb ihre dialektische Zweideutigkeit verloren hat. Dies gilt von Adam wie von jedem späteren Individuum; denn durch den qualitativen Sprung sind sie vollkommen gleich.

Wenn die Sünde durch den qualitativen Sprung im Einzelmenschen gesetzt ist, dann ist der Unterschied zwischen Gut und Böse gesetzt. Wir haben uns nirgendwo der Torheit schuldig gemacht, die meint, daß der Mensch sündigen *müsse*, dagegen haben wir ständig prote-

---

1 Das Problem: Was ist das Gute?, ist ein Problem, das immer näher auf unsere Zeit zukommt, weil es entscheidende Bedeutung für die Frage nach dem Verhältnis zwischen Kirche und Staat und dem Sittlichen hat. In der Beantwortung muß man indessen vorsichtig sein. Das Wahre hat bis jetzt auf eine wunderliche Weise den Vorzug gehabt, indem man die Trilogie: das Schöne, das Gute, das Wahre — in dem Wahren (in der Erkenntnis) aufgefaßt und dargestellt hat. Das Gute läßt sich überhaupt nicht definieren. Das Gute ist die Freiheit. Erst für die Freiheit oder in der Freiheit gibt es den Unterschied zwischen Gut und Böse, und dieser Unterschied ist niemals *in abstracto*, sondern nur *in concreto*. Daher kommt auch das für den nicht voll Ausgebildeten Störende in der sokratischen Methode, daß Sokrates dies scheinbar unendlich Abstrakte, das Gute, augenblicklich zurückholt auf das am meisten Konkrete. Die Methode ist ganz richtig, nur irrte er (griechisch gesprochen handelte er richtig) darin, allein die äußere Seite des Guten zu erfassen (das Nützliche, das Endlich-Teleologische). Der Unterschied zwischen Gut und Böse existiert wohl für die Freiheit, aber nicht *in abstracto*. Dieses Mißverständnis kommt daher, daß man die Freiheit zu etwas anderem macht, zu einem Gedankending. Aber die Freiheit ist niemals *in abstracto*. Wenn man der Freiheit einen Augenblick geben will, um zwischen Gut und Böse zu wählen, ohne selbst in einem der Teile zu sein, dann ist die Freiheit gerade

stiert gegen jedes bloß experimentierende Wissen, haben gesagt, was wir erneut wiederholen, daß die Sünde sich selbst voraussetzt wie die Freiheit und sich ebensowenig durch etwas Vorausgehendes erklären läßt wie diese. Es heißt von Grund auf jede Erklärung unmöglich machen, wenn man die Freiheit beginnen läßt als ein *liberum arbitrium* [Wahlfreiheit] (die nirgendwo ihre Stelle hat, vgl. Leibniz [Theodizee § 319 f. Aus den Tagebüchern Pap. IV C 39 ist ersichtlich, daß Kierkegaard auf dieses Werk, übersetzt von J. C. Gottsched 1763, hinweist]), das ebensowohl das Gute wie das Böse wählen kann. Von Gut und Böse als Gegenständen der Freiheit zu sprechen, heißt sowohl die Freiheit wie die Begriffe Gut und Böse endlich machen. Die Freiheit ist unendlich und kommt aus dem Nichts. Deshalb sagen zu wollen, daß der Mensch notwendig sündige, heißt den Kreis des Sprunges in eine gerade Linie verwandeln wollen. Daß ein solches Verhalten vielen höchst plausibel vorkommt, hat seinen Grund darin, daß Gedankenlosigkeit vielen Menschen am allerleichtesten fällt und daß zu allen Zeiten die Zahl derer Legion war, welche eine Betrachtungsweise lobenswert finden, die durch alle Jahrhunderte vergeblich abgestempelt wurde als λόγος ἀργός (Chrysipp), *ignava ratio* (Cicero [De fato 12, 28]), *sophisma pigrum, la raison paresseuse* (Leibniz [Theodizee § 55. Pap. IV A 12]) [die faule Vernunft, fatalistische Anschauung, nach der es gleichgültig ist, was der Mensch tut, da alles auf Schicksal beruht].

Die Psychologie hat nun wiederum die Angst zu ihrem Gegenstand, doch muß sie vorsichtig sein. Die Geschichte des individuellen Lebens bewegt sich von Zustand zu Zustand fort. Jeder Zustand wird durch

---

in dem Augenblick nicht Freiheit, sondern eine sinnlose Reflexion, und wozu hilft dann das Experiment, wenn nicht zu verwirren. Wenn *(sit venia verbo)* die Freiheit in dem Guten bleibt, dann weiß sie überhaupt nichts vom Bösen. In diesem Sinne kann man von Gott sagen (wenn jemand das mißverstehen wird, dann ist dies nicht meine Schuld), daß er nichts vom Bösen weiß. Damit sage ich keineswegs, daß das Böse bloß das Negative ist, «das Aufzuhebende»; sondern dies, daß Gott davon nicht weiß, davon nicht wissen kann und nicht wissen will, ist die absolute Strafe des Bösen. In diesem Sinne wird die Präposition ἀπό [von, hinweg, ab] im Neuen Testament gebraucht, um die Entfernung von Gott zu bezeichnen, wenn ich so sagen darf, Gottes Ignorieren des Bösen. Wenn man Gott endlich auffaßt, dann wäre es wohl dem Bösen angenehm genug, wenn Gott es ignorieren würde, aber da Gott der Unendliche ist, so ist sein Ignorieren die lebendige Zunichtemachung; denn das Böse kann Gott nicht entbehren, nicht einmal zum bloßen Bösesein. Ich will eine Schriftstelle anführen, 2. Thess. 1,9 wird von denen gesagt, die Gott nicht kennen und dem Evangelium nicht gehorchen: οἵτινες δίκην τίσουσιν, ὄλεθρον αἰώνιον, ἀπὸ προσώπου τοῦ κυρίου, καὶ ἀπὸ τῆς δόξης τῆς ἰσχύος αὐτοῦ [die ihre Strafe durch die ewige Verdammnis erhalten, vom Antlitz des Herrn und seiner Kraft ausgeschlossen].

einen Sprung gesetzt. Wie die Sünde in die Welt hineinkam, so bleibt sie dabei zu kommen, wenn sie nicht zum Stillstand gebracht wird. Aber jede ihrer Wiederholungen ist doch nicht eine einfache Konsequenz, sondern ein neuer Sprung. Jedem solchen Sprung geht ein Zustand als die nächste psychologische Approximation voraus. Dieser Zustand ist Gegenstand der Psychologie. In einem jeden Zustand ist die Möglichkeit gegenwärtig und insoweit die Angst. So ist es, nachdem die Sünde gesetzt ist; denn nur in dem Guten ist Einheit von Zustand und Übergang.

§ 1

Angst vor dem Bösen

a) Die gesetzte Sünde ist zwar eine aufgehobene Möglichkeit, aber sie ist zugleich eine unberechtigte Wirklichkeit. Insofern kann die Angst sich zu ihr verhalten. Da sie eine unberechtigte Wirklichkeit ist, soll sie wiederum negiert werden. Diese Arbeit will die Angst übernehmen. Hier ist der Tummelplatz für die listige Sophistik der Angst. Während die Wirklichkeit der Sünde die eine Hand der Freiheit in ihrer eisigen Rechten hält wie der Befehlshaber, gestikuliert die andere Hand mit Täuschung und Betrug und der Beredsamkeit eines Blendwerks [1].
b) Die gesetzte Sünde ist zugleich in sich Konsequenz, wenngleich eine der Freiheit fremde Konsequenz. Diese Konsequenz kündigt sich an, und das Verhältnis der Angst richtet sich auf die Zukunft dieser Konsequenz, die die Möglichkeit eines neuen Zustandes ist. Wie tief ein Individuum auch gesunken ist, es kann noch tiefer sinken, und dieses ‹kann› ist der Gegenstand der Angst. Je mehr hier die Angst erschlaffend wirkt, desto mehr bedeutet dies, daß die Konsequenz der Sünde dem Individuum in *succum et sanguinem* [in Fleisch (Saft) und Blut] übergegangen ist und daß die Sünde Heimatrecht in der Individualität bekommen hat.

Die Sünde bedeutet natürlich hier das Konkrete; denn man sündigt niemals überhaupt oder im allgemeinen. Selbst die Sünde [2], zurückzuwollen hinter die Wirklichkeit der Sünde, ist nicht eine Sünde überhaupt, und eine solche kam niemals vor. Derjenige, der etwas von den Menschen versteht, weiß sehr gut, daß die Sophisterei sich immer derart verhält, daß man sich immer nur an einem einzelnen Punkt

---

1 Der Form der Untersuchung Rechnung tragend, kann ich nur ganz kurz, beinahe algebraisch [als Zahlenreihe], den einzelnen Zustand andeuten. Zur eigentlichen Schilderung ist hier nicht der Ort.

2 Dies ist ethisch gesprochen; denn die Ethik sieht nicht den Zustand, sondern sieht, wie der Zustand im selben Augenblick eine neue Sünde ist.

stößt, welcher Punkt ständig variiert wird. Die Angst will die Wirklichkeit der Sünde weg haben, nicht ganz, aber bis zu einem gewissen Grade, oder richtiger, sie will, daß bis zu einem gewissen Grade die Wirklichkeit der Sünde ihren Bestand hat, aber wohlgemerkt, nur bis zu einem gewissen Grade. Sie ist deshalb nicht abgeneigt, ein bißchen mit den quantitativen Bestimmungen zu kokettieren, ja, je mehr sie entwickelt ist, desto weiter wagt sie diese Tändelei zu treiben. Aber sobald der Scherz und Zeitvertreib des quantitativen Bestimmens dazu schreiten will, das Individuum im qualitativen Sprunge zu fangen, welcher wie der Ameisenbär in dem vom losen Sande gebildeten Trichter auf der Lauer liegt, da zieht die Angst sich vorsichtig zurück, da hat sie einen kleinen Punkt, der gerettet werden muß und der ohne Sünde ist, und im nächsten Augenblick einen andern. Das Sündenbewußtsein, tief und ernst ausgeprägt im Ausdruck der Reue, ist eine große Seltenheit. Indessen werde ich mich doch wohl hüten, sowohl um meiner selbst wie um des Denkens und des Nächsten willen, dies so auszudrücken, wie Schelling [1] es vermutlich ausdrücken würde, der an einer Stelle vom Genie zur Handlung im selben Sinne redet wie von dem zur Musik usw. So kann man zuweilen, ohne sich dessen bewußt zu sein, mit einem erklärenden Wort alles zunichte machen. Lebt nicht jeder Mensch wesentlich in der Teilhabe am Absoluten, dann ist alles verloren. In der Sphäre des Religiösen soll man deshalb nicht vom Genie als einer speziellen Begabung, die nur Einzelnen gegeben ist, reden; denn Begabung ist hier dies: zu wollen; und den, der nicht will, ihn soll man wenigstens so hochschätzen, daß man ihn nicht beklagt.

Ethisch gesprochen, ist die Sünde kein Zustand. Der Zustand ist dagegen ständig die letzte psychologische Approximation an den nächsten Zustand. Die Angst ist nun ständig gegenwärtig als die Möglichkeit des neuen Zustandes. In dem zuerst beschriebenen Zustand a) ist die Angst spürbarer, wogegen sie in b) mehr und mehr verschwindet. Aber die Angst wartet doch außerhalb eines solchen Individuums, und, vom Standpunkt des Geistes gesehen, ist diese Angst größer als jede andere. In a) gibt es die Angst vor der Wirklichkeit der Sünde, aus der sie sophistisch die Möglichkeit hervorbringt, während sie, ethisch gesehen, sündigt. Die Bewegung der Angst ist hier die entgegengesetzte von der in der Unschuld, wo sie aus der Möglichkeit der Sünde heraus, psychologisch gesprochen, die Wirklichkeit hervorbringt, während diese doch, ethisch betrachtet, durch den qualitativen Sprung entsteht. In b) richtet sich die Angst auf die weitere Möglichkeit der Sünde. Vermindert sich hier die Angst, so erklären wir das an diesem Punkt daraus, daß die Konsequenz der Sünde siegt.

---

[1] «in seinem System des transzendenten Idealismus» [Kierkegaards ausdrückliche Zufügung zu dieser Stelle, Werke I, Abt. 3, S. 549].

c) Die gesetzte Sünde ist eine unberechtigte Wirklichkeit, sie ist Wirklichkeit und vom Individuum als Wirklichkeit gesetzt in der Reue, aber die Reue wird nicht zur Freiheit des Individuums. Die Reue wird herabgesetzt zu einer Möglichkeit im Verhältnis zur Sünde, mit andern Worten, die Reue kann die Sünde nicht beheben, sie kann nur über sie trauern. Die Sünde schreitet voran in ihrer Konsequenz, die Reue folgt ihr Schritt für Schritt, aber immer einen Augenblick zu spät. Sie zwingt sich selbst, das Entsetzliche zu sehen, aber sie ist wie jener wahnsinnige Lear (‹O du zertrümmert Meisterstück der Schöpfung!› [4. Akt, 6. Szene]), sie hat die Zügel der Regierung verloren und nur die Kraft behalten, sich zu grämen. Hier ist die Angst auf ihrem Höhepunkt. Die Reue hat den Verstand verloren, und die Angst ist zur Reue potenziert. Die Konsequenz der Sünde geht voran, sie schleppt das Individuum mit sich wie eine Frau, die ein Büttel an ihrem Haar hinter sich her schleppt, während sie in Verzweiflung schreit. Die Angst ist voraus, sie entdeckt die Konsequenz, ehe sie kommt, wie man an sich selber merken kann, daß ein Unwetter kommen will; sie kommt näher, das Individuum zittert wie ein Pferd, das stöhnend haltmacht an dem Punkt, wo es einmal scheute. Die Sünde siegt. Die Angst wirft sich verzweifelt in die Arme der Reue. Die Reue wagt das Letzte. Sie faßt die Konsequenz der Sünde auf als Strafleiden, die Verlorenheit als Konsequenz der Sünde. Sie ist verloren, ihr Urteil ist gesprochen, ihre Verdammung gewiß, die Verschärfung des Urteils besteht darin, daß das Individuum durch das Leben hindurch geschleift wird zur Gerichtsstätte. Mit andern Worten, die Reue ist wahnsinnig geworden.

Das Leben kann Gelegenheit bieten zu beobachten, was hier angedeutet ist. Ein solcher Zustand findet sich selten bei den gänzlich verdorbenen Naturen, sondern im allgemeinen nur bei den tieferen; denn es gehört eine bedeutende Ursprünglichkeit und eine Ausdauer in wahnsinniger Willenskraft dazu, nicht in dem Zustande a) oder b) zu vergehen. Keine Dialektik ist imstande, den Trugschluß zu besiegen, den die wahnsinnige Reue jeden Augenblick hervorzubringen vermag. Eine solche Reue hat eine Zerknirschung, die im Ausdruck und in der Dialektik der Leidenschaft weit mächtiger ist als die wahre Reue (in einem anderen Sinne natürlich ohnmächtiger, aber es ist doch merkwürdig, was der, der so etwas beobachtet hat, gewiß bemerkt haben wird, welche Überredungsgabe und welche Beredsamkeit eine solche Reue hat, um alle Einwände zu entwaffnen, um alle zu überzeugen, die ihr nahekommen, um dann wiederum über sich selbst zu verzweifeln, wenn diese ihre Zerstreuung vorbei ist). Einem solchen Grauen mit Worten und Redensarten Einhalt gebieten zu wollen, ist verschwendete Mühe, und derjenige, der auf so etwas verfällt, kann allezeit sicher sein, daß sein Predigen zum Kinderlallen wird im Vergleich zu der elementarischen Wohlberedsamkeit, die einem solchen zu Gebote steht. Das Phänomen kann sich ebensogut zeigen im Verhältnis zum Sinnlichen (Verfallensein an Trunk, an Opium, an Ausschweifungen usw.) wie im Verhältnis zu dem Höheren im Menschen (Stolz, Eitelkeit, Zorn, Haß, Trotz, Hinterlistigkeit, Neid usw.). Das Individuum kann seinen Zorn bereuen, und je tiefer es ist, desto tiefer ist die Reue. Aber die Reue kann es nicht frei machen, darin greift es fehl. Die Anfechtung kommt; die Angst hat sie bereits entdeckt, jeder einzelne Gedanke zittert, die Angst saugt der Kraft der Reue das Blut aus und schüttelt ihr Haupt; es ist, als hätte der Zorn bereits gesiegt, das Individuum ahnt bereits die Zerbrechung der Freiheit, die dem nächsten Augenblick vorbehalten ist, der Augenblick kommt, der Zorn siegt.

Welcher Art auch die Konsequenz der Sünde ist: daß das Phänomen sich in spürbarem Maße zeigt, ist immer ein Zeichen für eine tiefere Natur. Daß man es seltener im Leben sieht, will sagen, daß man Beobachter sein muß, um es häufiger zu sehen, das kommt daher, daß es sich verbergen läßt und daß es oft verdrängt wird, indem die Menschen die eine oder andere Klugheitsregel benutzen, um dieses werdende Wesen des höchsten Lebens abzutreiben. Man braucht sich bloß mit Krethi und Plethi zu beratschlagen, so wird man bald, wie die Leute meistens sind, und wird sich immer das Urteil von ein paar ehrenhaften Männern sichern können, daß man so ist. Das bewährteste Mittel, um von den Anfechtungen des Geistes frei zu bleiben, ist, je eher, desto lieber, geistlos zu werden. Wenn man bloß beizeiten darauf achtet, dann geht alles von selbst, und was die Anfechtung angeht, da kann man erklären, daß sie überhaupt nicht da sei, oder sie höchstens wie eine pikante dichterische Fiktion betrachten. Der Weg zur Vollkommenheit war in alten Tagen schwer und einsam, die Wanderung ständig beunruhigt von Irrwegen, dem räuberischen Überfall der Sünde ausgesetzt, heimgesucht vom Pfeil des Vergangenen, der gefährlich ist wie der skythischer Horden; jetzt reist man auf das vollkommenste auf der Eisenbahn in guter Gesellschaft, und ehe man nur ein Wort davon weiß, ist man schon da.

Das einzige, das in Wahrheit die Sophismen der Reue zu entwaffnen vermag, ist Glaube, der Mut zu glauben, daß der Zustand selbst eine neue Sünde ist, der Mut, auf die Angst ohne Angst zu verzichten, was nur der Glaube vermag, ohne daß er doch darum die Angst vernichtet, sondern, selbst ewig jung, entfaltet er sich beständig an dem Todesaugenblick der Angst. Dies vermag nur der Glaube; denn nur im Glauben ist die Synthese ewig und jeden Augenblick möglich.

Es ist nicht schwierig einzusehen, daß all das hier Entwickelte der Psychologie angehört. Ethisch dreht alles sich darum, das Individuum richtig ins Verhältnis zur Sünde gestellt zu bekommen. Sobald es da steht, steht es bereuend in der Sünde. Im selben Augenblick ist es, im Blickwinkel der Idee gesehen, unter die Rubriken der Dogmatik gefallen. Die Reue ist der höchste ethische Widerspruch, teils weil die Ethik gerade, indem sie die Idealität fordert, sich begnügen muß, die Reue zu empfangen, teils weil die Reue dialektisch zweideutig wird im Hinblick auf das, was sie beheben soll, welche Zweideutigkeit erst die Dogmatik in der Lehre von der Versöhnung aufhebt, in der die Bestimmung von der Erbsünde deutlich wird. Außerdem läßt die Reue die Tat verspätet eintreten, und letztere fordert ja eigentlich die Ethik. Zuletzt muß also die Reue sich selbst zum Gegenstand bekommen, da der Augenblick der Reue ein Nichtvollbringen der Tat wird. Es war deshalb ein echter ethischer Ausbruch, voll von Energie und Mut, als der alte Fichte [‹Bestimmung des Menschen›, Werke III 311; vgl. auch V 565, VII 14 und ‹Nachgelassene Schriften› III (1834), S. 394] sagte, daß es keine Zeit gebe, zu bereuen. Damit brachte er die Reue jedoch nicht auf ihre dialektische Spitze, wo sie nach ihrer Setzung sich selbst durch neue Reue aufheben will und wo sie dann zusammensinkt.

Was hier in diesem Paragraphen entwickelt wurde, ist, wie überall in dieser Schrift, dasjenige, was man, psychologisch gesprochen, nennen könnte: die psychologischen Stellungen der Freiheit zur Sünde oder psychologische, annähernde (approximierende) Zustände. Diese Ausführungen geben nicht vor, die Sünde ethisch zu erklären.

§ 2

Angst vor dem Guten (Das Dämonische)

Man hört in unseren Zeiten seltener vom Dämonischen reden. Die einzelnen Berichte darüber, die sich im Neuen Testament finden, läßt man gewöhnlich auf sich beruhen. Soweit die Theologen das zu erklären suchen, vertiefen sie sich gerne in Beobachtungen über die eine oder andere unnatürliche Sünde, wo man dann auch Beispiele dafür findet, daß das Tierische eine solche Macht über einen Menschen bekommen hat, daß sie sich fast durch einen tierisch unartikulïerten Laut oder durch eine tierische Mimik oder durch einen tierischen Blick äußert, mag nun das Tierische eine ausgeprägte Gestalt im Menschen gewonnen haben (der physiognomische Ausdruck, Lavater [‹Physiognomische Fragmente›, Leipzig 1775 – 1778]) oder aufblitzend wie ein verschwindender Eilbote ahnen lassen, was in ihm wohnt, so wie der Blick oder die Geste des Wahnsinns in einem Augenblick, der kürzer ist als der kürzeste Augenblick, den vernünftigen, besinnlichen, geistreichen Mann, mit dem man steht und redet, parodiert, verspottet, verzerrt.

Was die Theologen in dieser Hinsicht bemerken, kann ganz wahr sein, aber es geht allein um die Pointe. Im allgemeinen wird das Phänomen nun so beschrieben, daß man deutlich sieht, dasjenige, wovon gesprochen wird, sei die Knechtschaft der Sünde, ein Zustand, den ich nicht besser zu beschreiben weiß als durch die Erinnerung an ein bekanntes Spiel, wo zwei sich unter einem Mantel verbergen, als wäre es nur ein Mensch, und der eine redet, während der andere gänzlich zufällig im Verhältnis zur Rede gestikuliert; denn dergestalt ist das Tier in die Gestalt des Menschen hineingeschlüpft, den es nun beständig durch seine Gestikulation und sein Zwischenspiel zum Zerrbild macht. Aber die Knechtschaft der Sünde ist noch nicht das Dämonische. Sobald die Sünde gesetzt ist und das Individuum in der Sünde verbleibt, gibt es zwei Ausprägungen, von denen wir in dem vorhergehenden Paragraphen die eine beschrieben haben. Wenn man hierauf nicht achtet, kann man das Dämonische nicht bestimmen. Das Individuum ist in der Sünde, und seine Angst richtet sich auf das Böse. Diese Ausprägung steht, von einem höheren Standpunkt gesehen, im Guten; denn deshalb ängstigt sie sich vor dem Bösen. Die andere Ausprägung ist das Dämonische. Das Individuum steht im Bösen und ängstigt sich vor dem Guten. Die Sklaverei der Sünde ist ein unfreies Verhältnis zum Bösen, aber das Dämonische ist ein unfreies Verhältnis zum Guten.

Deshalb wird das Dämonische erst recht deutlich, indem es vom Guten berührt wird, welches dann von außen her an seine Grenze kommt. Aus diesem Grunde ist es merkwürdig, daß das Dämonische im Neuen Testament sich gerade erst zeigt, wenn Christus ihm gegenübertritt, und mag auch die Zahl der Dämonen Legion sein (vgl. Matth. 8, 28–34, Mark. 5, 1–20, Luk. 8, 26–39), oder mag der Dämon stumm sein (vgl. Luk. 11, 14), das Phänomen ist dasselbe, ist Angst vor dem Guten; denn die Angst kann sich ebensogut ausdrücken im Verstummen wie im Schrei. Das Gute bedeutet natürlich die Wiederherstellung der Freiheit, Erlösung, Errettung, oder wie man es benennen will.

In älteren Zeiten war oft die Rede vom Dämonischen. Es hat hier keinen Sinn, Studien zu machen oder gemacht zu haben, die einen in den Stand setzen, gelehrte und kuriose Bücher aufzuzählen und zu zitieren. Man kann leicht die verschiedenen Betrachtungen skizzieren, die möglich sind und die zu verschiedener Zeit auch wirklich waren. Dies kann seine Bedeutung haben, da die Verschiedenheit der Betrachtungen auf die Bestimmung des Begriffs hinführen kann.

Man kann das Dämonische ästhetisch-metaphysisch betrachten. Das Phänomen fällt da unter die Bestimmung: Unglück, Schicksal usw. und läßt sich betrachten in Analogie dazu, geistesschwach usw. geboren zu sein. Dann verhält man sich mitleidend zum Phänomen. Aber wie das Wünschen die erbärmlichste aller Solokünste ist, so ist das

Mitleid in dem Sinne, in dem es gewöhnlich verstanden wird, die erbärmlichste aller gesellschaftlichen Virtuositäten und Begabungen. Das Mitleid ist so weit entfernt, dem Leidenden zugute zu kommen, daß man in ihm eher bloß eine Freistatt für seinen Egoismus hat. Man wagt nicht, über derartiges im tieferen Sinne nachzudenken, und nun rettet man sich durch Mitleid. Erst wenn der Mitleidende in seinem Mitleid sich so zu dem Leidenden verhält, daß er im strengsten Sinne begreift, daß es seine Sache ist, um die es hier geht, erst wenn er sich so mit dem Leidenden zu identifizieren weiß, daß er, indem er um eine Erklärung kämpft, für sich selber kämpft, aller Gedankenlosigkeit, Weichheit und Feigheit entsagend, erst dann bekommt das Mitleid Bedeutung, und erst dann findet es vielleicht Sinn, da der Mitleidende von dem Leidenden darin verschieden ist, daß er in einer höheren Form leidet. Wenn das Mitleid sich so zu dem Dämonischen verhält, dann ist nicht die Rede von einigen tröstenden Worten oder einem Almosen oder einem Achselzucken, denn wenn man vor Schmerzen stöhnt, dann hat man etwas bekommen, um Schmerz zu empfinden. Wenn das Dämonische ein Schicksal ist, dann kann es jedem passieren. Dies ist nicht zu leugnen, wenn man auch in unserer feigen Zeit alles mögliche tut, um durch Zerstreuungen und die Janitscharenmusik lautstimmiger Unternehmungen einsame Gedanken fernzuhalten, so wie man durch Scheiterhaufen, durch Heulen und durch Lärm der Becken die wilden Tiere in Amerikas Wäldern fernhält. Daher kommt es, daß man in unserer Zeit so wenig zu wissen bekommt von den höchsten geistigen Anfechtungen, aber desto mehr von all den liebäugelnden Konflikten zwischen Mann und Mann und Frau, die ein verfeinertes Gesellschafts- und Soiréenleben mit sich bringt. Übernimmt das wahre humane Mitleid als Bürge und Selbstschuldner das Leiden, dann muß es erst ins reine darüber kommen, wieweit dies Schicksal und wieweit dies Schuld ist. Und diese Unterscheidung muß durchgeführt werden mit der bekümmerten, aber auch energischen Leidenschaft der Freiheit, so daß man sie festzuhalten wagt, wenn auch die ganze Welt zusammenstürzte, selbst wenn es schiene, daß man durch seine Unerschütterlichkeit nicht wiedergutzumachenden Schaden verursachte.

Man hat das Dämonische ethisch urteilend betrachtet. Es ist bekannt genug, mit welcher entsetzlichen Strenge man es verfolgt, entdeckt, bestraft hat. Man schaudert in unserer Zeit bei der Erzählung darüber, man wird sentimental und gefühlvoll bei dem Gedanken daran, daß man in unserer aufgeklärten Zeit nicht mehr so handelt. Das mag gut und gern so sein, ist aber das sentimentale Mitleid so viel lobenswerter? Ich habe es nicht damit zu tun, jenes Verhalten zu beurteilen und zu verurteilen, sondern nur damit, es zu betrachten. Daß die Zeit so ethisch streng war, beweist gerade, daß ihr Mitleid von einer besseren Art war. Indem sie sich selbst in Gedanken mit dem Phänomen identifiziert, hatte sie keine weitere Erklärung, als daß es Schuld sei. Sie war davon überzeugt, daß der Dämonische doch zu guter Letzt seiner besseren Möglichkeit nach selbst wünschen müßte, daß alle Grausamkeit und Strenge gegen ihn angewendet würde [1]. War es nicht, um ein Beispiel aus einer ähnlichen Sphäre zu nehmen, war es nicht Augustinus, der Strafe, ja Todesstrafe gegen Ketzer anempfahl [2]? Ob ihm wohl Mitleid fehlte oder ob der Unterschied zu unserer Zeit in seinem Verhalten nicht eher darin lag, daß sein Mitleid ihn nicht feige gemacht hatte, so daß er in bezug auf sich selbst gesagt haben würde: Wenn es je so weit mit mir kommen sollte, dann gebe Gott, daß da eine Kirche existiere, die mich nicht aufgeben, sondern alle Macht gebrauchen wird. Aber in unserer Zeit fürchtet man sich davor, sich vom Arzte schneiden und brennen zu lassen, um geheilt zu werden, wie Sokrates an einer Stelle [in Platos ‹Gorgias› 479a] sagt.

Man hat das Dämonische unter dem Gesichtspunkt medizinischer Behandlung betrachtet. Und darunter ist zu verstehen: ‹mit Pulver und mit Pillen› — und auch mit Klistieren! Nun taten der Apotheker und der Doktor sich zusammen. Der Patient wurde entfernt, damit den andern nicht bange werden sollte. In unserer mutigen Zeit wagt man nicht, einem Patienten zu sagen, daß er sterben werde, man wagt nicht, den Pfarrer zu rufen, aus Furcht, er könne vor Schreck sterben, man wagt nicht, einem Patienten zu sagen, daß da in diesen Tagen einer an derselben Krankheit gestorben ist. Der Patient wurde entfernt, das Mitleid erkundigte sich nach ihm, der Arzt versprach, sobald wie möglich eine tabellarische und statistische Übersicht herauszugeben, um eine Durchschnittszahl zu errechnen. Und hat man eine Durchschnittszahl, dann ist alles erklärt. Die medizinisch-behandelnde Anschauungsweise sieht das Phänomen als rein physisch und somatisch an und macht es, wie Ärzte es öfter machen, besonders ein Arzt in einer von [E. T. A.] Hoffmanns Novellen, er nimmt sich eine Prise und sagt: Das ist eine bedenkliche Sache.

---

1 Derjenige, welcher ethisch nicht so entwickelt ist, um Trost und Linderung zu fühlen, wenn jemand, der selbst am allermeisten litte, doch den Mut hätte, ihm zu sagen: Das ist nicht Schicksal, das ist Schuld, — um Trost und Linderung zu fühlen, wenn ihm dies aufrichtig und ernstlich gesagt würde, der ist nicht im eigentlichen Sinne ethisch entwickelt; denn die ethische Individualität fürchtet nichts so sehr wie Schicksal und ästhetisches Lirumlarum, das unter dem Deckmantel des Mitleids ihm das Kleinod, d. h. die Freiheit ablisten will.

2 AUGUSTIN scheint nicht die Todesstrafe gegen die Ketzer anempfohlen zu haben, sondern er protestiert an verschiedenen Stellen ausdrücklich dagegen. Unter Beziehung auf Luk. 14, 23 empfahl er bei dem Religionsgespräch in Karthago 411 als Liebespflicht nur, die Ketzer mit Gewalt zum Glauben zu zwingen. (Anm. d. Übers.)

Daß drei so verschiedene Betrachtungsweisen möglich sind, zeigt die Zweideutigkeit des Phänomens, daß es in gewisser Weise in alle Sphären hineingehört, in das Somatische, Psychische, Pneumatische. Dies deutet darauf hin, daß das Dämonische einen weit größeren Umfang hat, als gewöhnlich angenommen wird, was sich daraus erklären läßt, daß der Mensch eine Synthese von Seele und Körper ist, die vom Geist getragen wird, weshalb eine Desorganisation der einen Sphäre sich in den übrigen zeigt. Wenn man aber erst darauf aufmerksam wird, welchen Umfang es hat, dann wird es sich vielleicht zeigen, daß verschiedene sogar von denen, die dieses Phänomen behandeln wollen, selbst darunter fallen und daß sich Spuren davon bei jedem Menschen finden, so gewiß wie jeder Mensch ein Sünder ist.

Aber da das Dämonische im Laufe der Zeit vielerlei Dinge bedeutet hat und zuletzt dahin avanciert ist, jede Bedeutung anzunehmen, so wird es das beste sein, den Begriff ein wenig zu bestimmen. In dieser Hinsicht muß bereits darauf geachtet werden, daß wir ihm schon einen besonderen Platz geschaffen haben. In der Unschuld kann nicht die Rede von dem Dämonischen sein. Auf der andern Seite muß man jede phantastische Vorstellung von einer Verschreibung an das Böse usw. aufgeben, wodurch der Mensch ganz und gar böse wurde. Aus dieser Annahme entstand der Widerspruch in dem strengen Verhalten jener älteren Zeiten. Dieses meinte man, und trotzdem wollte man strafen. Aber die Strafe selbst war doch nicht bloß eine Notwehr, sondern wollte zugleich retten (entweder durch eine mildere Strafe den Betreffenden selbst oder durch die Todesstrafe andere [dem Dämonischen Verfallene]), aber wenn da die Rede sein konnte von Rettung, dann war das Individuum doch nicht ganz in der Macht des Bösen; und war es ganz in der Macht des Bösen, dann ist es ein Widerspruch zu strafen. Wenn hier die Frage entstehen sollte, wieweit das Dämonische ein psychologisches Problem ist, dann muß ich antworten: Das Dämonische ist ein Zustand. Aus diesem Zustand heraus kann beständig die einzelne sündige Tat hervorbrechen. Aber der Zustand ist eine Möglichkeit, obgleich er natürlich im Verhältnis zur Unschuld wieder eine Wirklichkeit ist, gesetzt durch den qualitativen Sprung.

Das Dämonische ist Angst vor dem Guten. In der Unschuld war die Freiheit nicht als Freiheit gesetzt, ihre Möglichkeit war in der Individualität Angst. In dem Dämonischen ist das Verhältnis umgekehrt. Die Freiheit ist als Unfreiheit gesetzt; denn die Freiheit ist verloren. Die Möglichkeit der Freiheit ist hier wiederum Angst. Der Unterschied ist absolut; denn die Möglichkeit der Freiheit zeigt sich hier im Verhältnis zur Unfreiheit, welches genau das Entgegengesetzte von Unschuld ist, die eine Bestimmung auf die Freiheit hin ist.

Das Dämonische ist die Unfreiheit, die sich abschließen will. Dies ist und bleibt indessen eine Unmöglichkeit, sie behält immer ein Verhältnis, und selbst wenn dieses offenbar ganz verschwunden ist, so ist es doch da, und die Angst zeigt sich sofort im Augenblick der Berührung. (Vgl. das Vorhergehende im Zusammenhang mit den Erzählungen des Neuen Testamentes.)

Das Dämonische ist *das Verschlossene und das unfreiwillig Offenbare*. Diese zwei Bestimmungen bezeichnen, was sie auch sollen, dasselbe; denn das Verschlossene ist gerade das Stumme, und wenn dies sich äußern soll, muß es gegen seinen Willen geschehen, da die der Unfreiheit zugrunde liegende Freiheit revoltiert dadurch, daß sie in Wechselbeziehung kommt mit der Freiheit von außen und nun die Unfreiheit verrät, dergestalt, daß es das Individuum ist, das sich selbst gegen seinen Willen in der Angst verrät. Das Verschlossene muß deshalb hier in einer ganz bestimmten Bedeutung genommen werden; denn so, wie es gewöhnlich gebraucht wird, kann es die höchste Freiheit bedeuten. Brutus, Heinrich V. von England als Prinz [Dramengestalten Shakespeares] waren in dieser Weise verschlossen, bis die Zeit kam, da es sich zeigte, daß ihre Verschlossenheit ein Pakt mit dem Guten war. Eine solche Verschlossenheit war deshalb identisch mit einer Erweiterung, und niemals ist eine Individualität in schönerem und edlerem Sinne erweitert als diejenige, die in dem Mutterleib einer großen Idee verschlossen ist. Die Freiheit ist gerade das Erweiternde. Im Gegensatz dazu, meine ich, kann man den Ausdruck ‹verschlossen› κατ' ἐξοχήν für die Unfreiheit gebrauchen. Man gebraucht im allgemeinen einen mehr metaphysischen Ausdruck für das Böse, nämlich daß es das Verneinende ist; der ethische Ausdruck dafür ist, wenn man seine Wirkung im Individuum betrachtet, gerade das Verschlossene. Das Dämonische schließt sich nicht mit etwas ein, sondern schließt sich selbst ein, und darin liegt das Tiefsinnige im Dasein, daß die Unfreiheit gerade sich selbst zum Gefangenen macht. Die Freiheit ist beständig kommunizierend (selbst wenn man die religiöse Bedeutung des Wortes berücksichtigt [kommunizieren = Abendmahl nehmen], schadet es nichts), die Unfreiheit wird immer verschlossener und will die Kommunikation nicht. Das kann man in allen Sphären beobachten. Es zeigt sich in der Hypochondrie und Grillenfängerei, es zeigt sich in den höchsten Leidenschaften, wenn diese im tiefen Mißverständnis das Schweigsamkeitsprinzip einführen[1]. Wenn die Freiheit nun

---

1 Es ist bereits gesagt und wird hier wieder gesagt, daß das Dämonische einen ganz anderen Umfang hat, als man gewöhnlich annimmt. In dem vorhergehenden Paragraphen sind die Ausformungen des Dämonischen in der einen Richtung angedeutet worden; hier folgt die andere Serie der Ausformungen, und so wie ich es dargestellt habe, läßt sich die Unterscheidung durchführen. Hat man eine bessere, so wähle man diese; aber es ist nicht schlecht, wenn man ein wenig vorsichtig auf diesen Gebieten ist; denn sonst fließt alles ineinander.

die Verschlossenheit berührt, dann bekommt diese Angst. Man hat in der alltäglichen Redeweise einen Ausdruck, der äußerst bezeichnend ist. Man sagt von jemand: Er will nicht mit der Sprache herausrücken. Das Verschlossene ist eben das Stumme; die Sprache, das Wort ist eben das Erlösende, das von der leeren Abstraktion des Verschlossenen Erlösende. Ein Dämonischer im Neuen Testament sagt deshalb zu Christus, als er sich nähert: τί έμοί καί σοί [Mark. 5, 7 und Luk. 8, 28: Was habe ich mit dir zu schaffen]; er bleibt dabei: daß Christus kommt, um ihn zu verderben (Angst vor dem Guten). Oder ein Dämonischer bittet Christus, einen anderen Weg zu gehen [wahrscheinlich irrtümliche Erinnerung Kierkegaards an Mark. 5, 17]. (Wenn es sich um die Angst vor dem Bösen handelt, vgl. § 1, dann nimmt das Individuum seine Zuflucht bei der Erlösung.)

Das Leben bietet reichlich Beispiele hierfür in allen möglichen Sphären und in allen möglichen Nuancen. Ein verstockter Verbrecher will seine Schuld nicht bekennen (hierin liegt eben das Dämonische, daß er nicht Berührung suchen will mit dem Guten durch das Leiden der Strafe). Es gibt eine Methode gegen einen solchen Verbrecher, die vielleicht recht selten gebraucht wird. Es ist Schweigen und die Macht des Auges. Wenn ein Inquisitor körperliche Kraft und geistige Elastizität genug hat, um auszuhalten, ohne sein Muskelspiel erschlaffen zu lassen, Kraft, auszuhalten, und wenn es sechzehn Stunden dauern sollte, dann wird es ihm zuletzt glücken, daß das Geständnis unwillkürlich herausbricht. Kein Mensch, der ein schlechtes Gewissen hat, kann Schweigen aushalten. Sperrt man ihn in ein einsames Gefängnis, so reibt er sich selber auf. Aber dieses Schweigen, während der Richter zugegen ist und die Sekretäre warten, um Protokoll zu führen, ist die am tiefsten bohrende und scharfsinnigste Frage, ist die entsetzlichste Folterung, aber doch eine zulässige; indes keinesfalls so leicht zuwege zu bringen, wie man glaubt. Das einzige, was die Verschlossenheit zwingen kann zu sprechen, ist entweder ein höherer Dämon (denn jeder Teufel regiert zu seiner Zeit) oder das Gute, das absolut schweigen kann, und wenn irgendeine Listigkeit hier bei der Schweigsamkeitsexamination die Verschlossenheit in Verlegenheit bringen will, dann soll der Inquisitor selbst beschämt werden, und es wird sich zeigen, daß er zuletzt vor sich selber bange wird und das Schweigen brechen muß. Gerade gegenüber dem untergeordneten Dämon und den untergeordneten Menschennaturen, deren Gottesbewußtsein nicht stark entwickelt ist, siegt die Verschlossenheit unbedingt, weil der erstere nicht auszuhalten vermag und die letzteren in aller Unschuld daran gewöhnt sind, von der Hand in den Mund zu leben und das Herz auf der Zunge zu haben. Es ist unglaublich, welche Macht der Verschlossene über solche Menschen erlangen kann, wie sie zuletzt bitten und betteln bloß um ein Wort, das die Stille durchbreche, aber es ist auch empörend, auf diese

Weise die Schwachen zu zertreten. Man glaubt vielleicht, daß derartiges nur unter Fürsten und Jesuiten vorkommt, daß man, um sich eine deutliche Vorstellung davon zu machen, an Domitian, Cromwell, Alba oder einen Jesuitengeneral denken muß, der gleichsam das Beispiel dafür ist, auf das man sich schlechthin beruft. Keineswegs, es kommt viel häufiger vor. Indes muß man vorsichtig sein bei der Beurteilung des Phänomens; denn obgleich das Phänomen dasselbe ist, kann der Grund gerade der entgegengesetzte sein, da die Individualität, welche die Despotie und Folterung der Verschlossenheit anwendet, selbst wünschen könnte zu reden, selbst auf einen höheren Dämon warten könnte, der die Offenbarung hervorzulocken vermöchte. Aber der Büttel der Verschlossenheit kann sich auch selbstisch zu seiner Verschlossenheit verhalten. Doch hierüber allein könnte ich ein ganzes Werk schreiben, obwohl ich nicht nach Sitte und Brauch der Beobachter unserer Zeit in Paris und London gewesen bin, als bekäme man auf diese Weise groß etwas zu wissen, etwas anderes als Geschwätz und die Weisheit von Handelsvertretern. Wenn man bloß auf sich selber aufpaßt, dann soll ein Beobachter genug haben an fünf Männern und fünf Frauen und zehn Kindern, um alle möglichen menschlichen Seelenzustände zu entdecken. Was ich zu sagen haben könnte, würde wohl auch seine Bedeutung für jeden haben, der mit Kindern zu tun oder irgendein Verhältnis zu ihnen hat. Es ist von unendlicher Wichtigkeit, daß das Kind durch die Vorstellung der sittlich hochstehenden Verschlossenheit gehoben und von der mißverstandenen verschont wird. In äußerer Hinsicht ist es leicht zu sehen, wann der Augenblick eintritt, da man ein Kind alleine gehen lassen darf, in geistiger Hinsicht ist das nicht so leicht. In geistiger Hinsicht ist die Aufgabe sehr schwierig, und man kann sich von dieser nicht freikaufen, indem man ein Kindermädchen hält und ein Laufgitter kauft. Es ist die Kunst, stets gegenwärtig zu sein und doch nicht gegenwärtig zu sein, damit das Kind die Möglichkeit bekommt, sich selbst zu entwickeln, während man doch die Übersicht darüber deutlich vor Augen behält. Die Kunst besteht darin, im allerhöchsten Grade und nach dem größtmöglichen Maßstabe das Kind sich selbst zu überlassen und dieses scheinbare Aufgeben der Aufsicht so auszudrücken, daß man zugleich unbemerkt über alles Bescheid weiß. Dazu kann man sich gut Zeit schaffen, selbst wenn man königlicher Beamter ist, wenn man nur will. Wenn man bloß will, kann man alles. Und der Vater oder Erzieher, der alles für den ihm Anvertrauten tat, aber nicht verhinderte, daß das Kind verschlossen wurde, hat doch stets eine große Verantwortung zu tragen.

Das Dämonische ist das Verschlossene, das Dämonische ist Angst vor dem Guten. Wir wollen nun das Verschlossene x sein lassen, und sein Inhalt sei auch x, d. h. das Entsetzlichste und das Unbedeutendste, das Schreckensvolle, von dessen Anwesenheit im Leben vielleicht nicht viele träumen, und die Bagatelle, auf die niemand achtet[1], was bedeutet dann das Gute als x? Es bedeutet die Offenbarung[2]. Offenbarung kann wiederum das Höchste bedeuten (Erlösung im ausgezeichneten Sinne) und das Unbedeutendste (die Aussage über eine Zufälligkeit), dies darf nicht stören, die Kategorie ist die gleiche; die Phänomene haben dies gemeinsam, daß sie dämonisch sind, mag die Unterschiedenheit im übrigen auch schwindelerregend sein. Die Offenbarung ist hier das Gute; denn die Offenbarung ist der erste Ausdruck der Erlösung. Deshalb heißt es nach einem alten Weisheitsspruch, daß, wenn man die Formel auszusprechen wagt, die Zauberkraft des Bannspruches verschwindet; und deshalb erwacht der Schlafwandler, wenn man seinen Namen nennt.

Die Kollisionen der Verschlossenheit in Hinblick auf die Offenbarung können wiederum unendlich verschieden, unzählig nuanciert sein; denn die bunte vegetative Vielfalt des geistigen Lebens steht nicht zurück hinter der der Natur, und die geistigen Zustände sind zahlloser an Verschiedenheit, als die Blumen es sind. Die Verschlossenheit kann die Offenbarung wünschen in der Form, daß sie von außen zuwege gebracht werde, daß sie sich an ihr ereignen möge. (Dies ist ein Mißverständnis, da es ein weibliches Verhältnis zu der in der Offenbarung gesetzten Freiheit und der die Offenbarung setzenden Freiheit ist. Die Unfreiheit kann deshalb gut bestehen bleiben, wenn auch der Zustand des Verschlossenen glücklicher wird.) Sie kann die Offenbarung bis zu einem gewissen Grade wünschen, aber einen kleinen Rest zurückbehalten, um von neuem die Verschlossenheit zu beginnen. (Dies ist der Fall bei den untergeordneten Geistern, die nichts im Großen tun können.) Sie kann die Offenbarung wollen, aber *incognito*. (Dies ist der spitzfindigste Widerspruch der Verschlossenheit. Indessen finden sich Beispiele dafür bei Dichterexistenzen.) Die Offenbarung kann bereits ge-

---

1 Seine Kategorie anwenden zu können, ist eine *conditio sine qua non*, damit Beobachtung im tieferen Sinne Bedeutung habe. Wenn das Phänomen sich in einem gewissen Grade zeigt, dann werden die meisten Menschen aufmerksam darauf, vermögen es aber nicht zu erklären, weil ihnen die Kategorie fehlt, und wenn sie sie hätten, dann hätten sie wiederum einen Schlüssel, der überall aufschließt, wo sich irgendeine Spur des Phänomens findet; denn die Phänomene unter der Kategorie gehorchen dieser, wie die Geister des Ringes dem Ring gehorchen.

2 Bewußt habe ich das Wort Offenbarung gebraucht, ich könnte das Gute hier auch Durchsichtigkeit nennen. Wenn ich befürchten müßte, daß jemand das Wort Offenbarung und die Entwicklung ihres Verhältnisses zum Dämonischen mißverstehen könnte, als wäre da beständig die Rede von etwas Äußerlichem, von einer handgreiflich offenbaren Beichte, welche doch als etwas Äußerliches überhaupt nichts nützte — dann hätte ich allerdings ein anderes Wort gewählt.

siegt haben, aber im selben Augenblick wagt die Verschlossenheit den letzten Versuch und ist listig genug, die Offenbarung selbst in eine Mystifikation zu verwandeln, und die Verschlossenheit hat gesiegt[1].

Doch ich wage nicht, weiter fortzufahren, wie sollte ich fertig werden bloß mit algebraischer Aufzählung, geschweige denn, wenn ich schildern wollte, wenn ich das Schweigen der Verschlossenheit brechen wollte, um ihre Monologe hörbar werden zu lassen; denn der Monolog ist gerade ihre Redeweise, und deshalb sagt man, wenn man einen Verschlossenen kennzeichnen will, er rede mit sich selbst. Aber hier erstrebe ich nur, ‹allem einen Sinn, aber keine Zunge› zu geben, wozu der verschlossene Hamlet seine Freunde ermahnt [1. Akt, 2. Szene].

Indessen will ich einen Konflikt andeuten, dessen Widerspruch so entsetzlich ist, wie die Verschlossenheit selbst es ist. Was der Verschlossene in seiner Verschlossenheit verbirgt, kann so entsetzlich sein, daß er es nicht auszusprechen wagt, nicht einmal vor sich selbst, denn es wäre, als beginge er schon durch dieses Aussprechen eine neue Sünde oder als versuchte ihn diese wiederum. Damit dieses Phänomen eintrete, muß im Individuum eine Mischung von Reinheit und Unreinheit sein, die seltener vorkommt. Am ehesten geschieht es daher, wenn das Individuum, als es das Entsetzliche vollzog, seiner selbst nicht mächtig war. So kann ein Mensch im berauschten Zustand etwas getan haben, dessen er sich dunkel erinnert, wovon er jedoch weiß, daß es so wild war, daß es ihm fast unmöglich ist, es vor sich selbst zu bekennen. Dasselbe kann auch der Fall sein bei einem Menschen, der einmal geistesschwach gewesen ist und eine Erinnerung an seinen früheren Zustand zurückbehalten hat. Das, was entscheidet, ob das Phänomen dämonisch ist, ist die Stellung des Individuums zur Offenbarung, ob es jenes Faktum mit Freiheit durchdringen, es in Freiheit übernehmen will. Sobald es dies nicht will, ist das Phänomen dämonisch. Dies muß man scharf festhalten, denn selbst der, der das wünscht, ist doch wesentlich dämonisch. Er hat nämlich zwei Willensrichtungen, eine untergeordnete, ohnmächtige, die die Offenbarung will, und eine stärkere, die die Verschlossenheit will; daß aber diese die stärkere ist, beweist, daß das Individuum wesentlich dämonisch ist.

Das Verschlossene ist die unfreiwillige Offenbarung. Je schwächer

---

1 Man sieht leicht, daß Verschlossenheit *eo ipso* Lüge oder, wenn man so will, die Unwahrheit bedeutet. Aber die Unwahrheit ist gerade die Unfreiheit, die Angst hat vor der Offenbarung. Deshalb wird der Teufel auch Vater der Lüge genannt [Ev. Joh. 8, 44]. Daß nun ein großer Unterschied zwischen Lüge und Unwahrheit, zwischen Lüge und Lüge und zwischen Unwahrheit und Unwahrheit besteht, das habe ich ja allezeit zugegeben, aber die Kategorie ist dieselbe.

die Individualität ursprünglich ist oder je nach dem Grade, in welchem die Elastizität der Freiheit im Dienste der Verschlossenheit aufgezehrt ist, desto stärker bricht zuletzt das Geheimnis aus einem Menschen heraus. Die unbedeutendste Berührung, ein Blick im Vorübergehen usw. ist hinreichend, daß jenes Entsetzliche oder jene im Verhältnis zum Inhalt der Verschlossenheit komische Bauchrednerei ihren Anfang nimmt. Die Bauchrednerei selbst kann geradeheraus verkündend oder indirekt sein, so, wie wenn ein Geistesschwacher seine Schwachsinnigkeit verrät, indem er auf einen anderen Menschen hinzeigt und sagt: Er ist mir höchst unbehaglich, er ist gewiß geistesschwach. Die Offenbarung kann sich in Worten verkünden, wobei der Unglückliche damit endet, jedem sein verborgenes Geheimnis aufzunötigen. Es kann sich im Mienenspiel, im Blick verraten; denn es gibt einen Augenausdruck, mit dem ein Mensch unfreiwillig das Verborgene offenbart. Es gibt einen anklagenden Blick, der offenbart, was zu verstehen man beinahe Scheu hat, einen zerbrochen bettelnden Blick, der nicht gerade die Neugier reizt, in dieses unfreiwillige Telegraphieren einzudringen. Im Verhältnis zum Inhalt der Verschlossenheit kann all dieses nahezu komisch sein; so wenn es Lächerlichkeiten, Kleinlichkeiten, Eitelkeiten, Kindereien, Äußerungen einer kleinlichen Mißgunst, neurotische Ticks usw. sind, die sich auf diese Weise in der Angst der Unfreiwilligkeit offenbaren.

Das Dämonische ist das Plötzliche. Das Plötzliche ist von einer andern Seite her ein neuer Ausdruck für das Verschlossene. Das Dämonische wird als das Verschlossene bestimmt, wenn man an den Gehalt denkt, es wird als das Plötzliche bestimmt, wenn man an die Zeit denkt. Das Verschlossene war die Wirkung des verneinenden Sichverschließens in der Individualität. Die Verschlossenheit schloß sich immer mehr ab gegen die Kommunikation. Aber die Kommunikation ist wiederum der Ausdruck für die Kontinuität, und die Negation der Kontinuität ist das Plötzliche. Man sollte glauben, die Verschlossenheit hätte eine außerordentliche Kontinuität, doch gerade das Gegenteil ist der Fall, wenn sie auch im Vergleich zu dem faden, weichlichen Aus-sich-selber-Herausfallen, das beständig im Eindruck aufgeht, einen Schein von Kontinuität hat. Die Kontinuität, welche die Verschlossenheit hat, läßt sich am besten vergleichen mit dem Schwindelgefühl, welches ein Kreisel, der sich beständig auf seiner Spitze dreht, haben muß. Wenn die Verschlossenheit es nicht zur vollkommenen Geistesschwachheit kommen läßt, welche das traurige *perpetuum mobile* eines Einerlei ist, dann will die Individualität doch eine gewisse Kontinuität mit dem übrigen Menschenleben bewahren. Im Verhältnis zu dieser Kontinuität wird nun gerade die Scheinkontinuität jener Verschlossenheit sich als das Plötzliche zeigen. In einem Augenblick ist es da, im nächsten ist es fort, und ebenso wie es fort ist, ist es auch wiederum ganz und vollständig da. Es läßt sich nicht einarbeiten in eine Kontinuität oder durcharbeiten zu einer Kontinuität, aber das, was sich so äußert, ist gerade das Plötzliche.

Wenn nun das Dämonische etwas Somatisches wäre, dann würde es niemals das Plötzliche sein. Wenn das Fieber oder die Geistesschwachheit usw. wiederkommen, dann entdeckt man doch zuletzt ein Gesetz dafür, und dieses Gesetz hebt doch das Plötzliche bis zu einem gewissen Grade auf. Aber das Plötzliche kennt kein Gesetz. Es gehört nicht zu den Phänomenen der Natur, sondern ist ein psychisches, ist die Äußerung der Unfreiheit.

Das Plötzliche ist als das Dämonische Angst vor dem Guten. Das Gute bedeutet hier die Kontinuität; denn die erste Äußerung der Errettung ist die Kontinuität. Während das Leben der Individualität bis zu einem gewissen Grade in Kontinuität mit dem Leben dahingeht, erhält sich die Verschlossenheit im Individuum wie ein Kontinuitätsabrakadabra, das nur mit sich selbst kommuniziert und deshalb beständig als das Plötzliche da ist.

Im Verhältnis zum Inhalt der Verschlossenheit kann das Plötzliche das Entsetzliche bedeuten, aber die Wirkung des Plötzlichen kann sich auch für den Beobachter als komisch erweisen. In dieser Hinsicht hat jede Individualität ein bißchen von diesem Plötzlichen, ebenso wie jede Individualität ein bißchen von einer fixen Idee hat.

Weiter will ich dies nicht ausführen, nur möchte ich, um meine Kategorie festzuhalten, daran erinnern, daß das Plötzliche immer seinen Grund in der Angst vor dem Guten hat, weil es da etwas gibt, das die Freiheit nicht durchdringen will. In den Erscheinungsformen, die in der Angst vor dem Guten liegen, wird dem Plötzlichen Schwachheit entsprechen.

Will man auf der andern Seite sich deutlich machen, wie das Dämonische das Plötzliche ist, so kann man sich rein ästhetisch die Frage überlegen, wie das Dämonische sich am besten darstellen läßt. Will man einen Mephistopheles darstellen, dann kann man ihn im Dialog auftreten lassen, falls man ihn mehr als Wirkungskraft in der dramatischen Handlung zu gebrauchen als ihn eigentlich zu verstehen wünscht. Mephistopheles wird da nicht eigentlich selbst dargestellt, sondern verflüchtigt zu einem boshaften, witzigen, intriganten Kopf. Dies ist doch eine Verflüchtigung, wogegen eine Volkssage bereits das Richtige gesehen hat. Diese erzählt, daß der Teufel dreitausend Jahre saß und darüber nachdachte, wie der Mensch zu stürzen sei — dann fand er es endlich. Der Nachdruck liegt hier auf den dreitausend Jahren, und die Vorstellung, die diese Zahl hervorruft, ist gerade die Vorstellung von der brütenden Verschlossenheit des Dämonischen. Will man nun nicht auf die angedeutete Weise Mephistopheles verflüchtigen, dann muß man eine andere Darstellungsart wählen. Hier wird sich dann

erweisen, daß Mephistopheles wesentlich mimisch [1] ist. Nicht die ent-
setzlichsten Worte, die aus dem Abgrund der Bosheit heraufschallen,
vermögen eine Wirkung hervorzubringen wie die Plötzlichkeit des
Sprunges, die im Bereich des Mimischen liegt. Wenn das Wort auch
entsetzlich ist, wenn es auch ein Shakespeare, ein Byron, ein Shelley
ist, der das Schweigen bricht, das Wort bewahrt allezeit seine erlösende Macht; denn selbst alle Verzweiflung und aller Schrecken des Bösen
in einem Wort ist doch nicht so schrecklich wie das Schweigen. Das
Mimische kann nun das Plötzliche ausdrücken, ohne daß doch deshalb
das Mimische als solches das Plötzliche ist. In dieser Hinsicht hat Bal-
lettmeister Bournonville ein großes Verdienst um die Darstellung, die
er selbst von Mephistopheles gibt [10. 6. 1842; s. Kierkegaard Pap.
IV A 94]. Der Schrecken, der einen ergreift, wenn man sieht, wie Mephistopheles zum Fenster hereinspringt und in der Stellung des Sprunges stehen bleibt! Dieser Satz im Sprunge, der an den Stoß des Raub-
vogels, den Sprung des Raubtieres erinnert, der doppelt erschreckt, da
er gewöhnlich aus einem vollkommenen Stillestehen hervorbricht, ist
von unendlicher Wirkung. Mephistopheles muß deshalb so wenig wie
möglich gehen; denn der Gang selbst ist eine Art Übergang zum
Sprunge, enthält eine geahnte Möglichkeit des Sprunges. Mephistopheles' erstes Auftreten im Ballett ‹Faust› ist deshalb nicht ein Theater-
coup, sondern ein sehr tiefsinniger Gedanke. Das Wort und die Rede,
wie kurz sie auch sein mögen, haben doch eine gewisse Kontinuität,
ganz *in abstracto* gesehen deshalb, weil sie in der Zeit ertönen. Das
Plötzliche aber ist die vollkommene Abstraktion von der Kontinuität,
von dem Vorhergehenden und dem Nachfolgenden. So bei Mephistopheles. Man hat ihn noch nicht gesehen, da steht er da, springleben-
dig, ganz und gar, und die Schnelligkeit kann nicht stärker ausgedrückt werden als dadurch, daß er in einem Sprunge dasteht. Geht der
Sprung in Gang über, dann wird die Wirkung geschwächt. Wird nun
Mephistopheles so dargestellt, dann bringt sein Auftreten die Wirkung des Dämonischen hervor, das plötzlicher kommt als ein Dieb in
der Nacht, denn ihn denkt man sich doch schleichend ankommen. Aber
zugleich offenbart Mephistopheles selbst sein Wesen, das gerade als
das Dämonische das Plötzliche ist. So ist das Dämonische das Plötzliche
in der Bewegung nach vorwärts, so kommt es in einem Menschen auf,

---

[1] Der Verfasser von ‹Entweder — Oder› [Kierkegaard] hat darauf aufmerk-
sam gemacht, daß Don Juan wesentlich musikalisch ist. Ganz in demselben
Sinne gilt von Mephistopheles, daß er wesentlich mimisch ist. Es ist dem
Mimischen ergangen wie dem Musikalischen, man hat geglaubt, daß alles
mimisch und alles musikalisch werden könne. Man hat ein Ballett, das
‹Faust› heißt. Wenn dessen Komponist wirklich verstanden hätte, was darin
liegt, Mephistopheles mimisch aufzufassen, wäre es ihm niemals eingefallen,
Faust zu einem Ballett zu machen.

so ist er selbst, insoweit er dämonisch ist, mag das Dämonische ihn nun mit Haut und Haar besitzen oder mag es nur in einem unendlich kleinen Teil in ihm gegenwärtig sein. Das Dämonische ist allezeit derart, und derart bekommt die Unfreiheit Angst, und dergestalt bewegt deren Angst sich. Daher die Tendenz des Dämonischen hin zum Mimischen, nicht in der Bedeutung des Schönen, sondern in der Bedeutung des Plötzlichen, des Abrupten, etwas, was man im Leben oft beobachten kann.

Das Dämonische ist das Inhaltslose, das Langweilige. Da ich aus Anlaß des Plötzlichen die Aufmerksamkeit auf das ästhetische Problem gelenkt habe, wie das Dämonische sich darstellen läßt, will ich, um das hier Ausgesagte zu beleuchten, die gleiche Frage abermals behandeln. Sobald man einem Dämon das Wort gibt und ihn nun dargestellt haben will, wird der Künstler, der eine solche Aufgabe lösen soll, sich über die Kategorien klar sein. Er weiß, daß das Dämonische wesentlich mimisch ist; das Plötzliche kann er indes nicht erreichen, denn das verhindert der Dialog. Er wird da nicht pfuschen, als ob er durch das Hervorstoßen der Worte usw. imstande wäre, irgendeine wahre Wirkung hervorzubringen. Er wählt also richtiger gerade das Entgegengesetzte, das Langweilige. Die Kontinuität, die dem Plötzlichen entspricht, ist dasjenige, was man Ausgestorbenheit nennen könnte. Die Langeweile, die Ausgestorbenheit ist nämlich eine Kontinuität im Nichts. Nun kann man jene Zahlenangabe der Volkssage etwas anders auffassen. Die dreitausend Jahre werden nicht akzentuiert in Richtung auf das Plötzliche, sondern dieser ungeheure Zeitraum ruft die Vorstellung von der schrecklichen Leerheit und Inhaltslosigkeit des Bösen hervor. Die Freiheit ist ruhig in der Kontinuität, der Gegensatz hierzu ist das Plötzliche, aber auch jene Ruhe, die sich der Vorstellung aufnötigt, wenn man einen Menschen sieht, der aussieht, als wäre er längst tot und begraben. Ein Künstler, der dies versteht, wird zugleich sehen, daß er zur selben Zeit, als er fand, wie das Dämonische sich darstellen läßt, zugleich einen Ausdruck für das Komische fand. Die komische Wirkung kann ganz und gar auf dieselbe Weise erreicht werden. Wenn man nämlich alle ethischen Bestimmungen des Bösen heraushält und nur die metaphysischen Bestimmungen der Leere gebraucht, dann hat man das Triviale, welchem sich leicht eine komische Seite[1] abgewinnen läßt.

1 Deshalb war des kleinen Winslöv Darstellung von Kleister in den ‹Unzertrennlichen› so tiefsinnig, weil er richtig das Langweilige als das Komische erfaßt hatte. Daß eine Verliebtheit, die ja, wenn sie in Wahrheit besteht, den Gehalt der Kontinuität hat, gerade das Entgegengesetzte ist, eine unendliche Leerheit, nicht weil Kleister ein böser Mensch, treulos usw. ist, da er ja im Gegenteil innerlichst verliebt ist, sondern weil er hier wieder ein überzähliger Volontär ist wie in der Zollkammer, ist von großer komischer Wirkung,

Das Inhaltslose, das Langweilige bezeichnet wiederum das Verschlossene. Im Verhältnis zum Plötzlichen reflektierte die Bestimmung «das Verschlossene» auf den Gehalt. Wenn ich nun die Bestimmung «das Inhaltslose, das Langweilige» hinzunehme, dann reflektiert diese auf den Gehalt und das Verschlossene auf die Form, die dem Gehalt entspricht. So rundet sich die ganze Begriffsbestimmung ab; denn die Form der Inhaltslosigkeit ist gerade die Verschlossenheit. Man erinnere sich stets daran, daß nach meinem Sprachgebrauch man nicht in Gott oder im Guten verschlossen sein kann, da diese Verschlossenheit gerade die höchste Ausgeweitetheit bedeutet. Je bestimmter somit das Gewissen in einem Menschen entwickelt ist, desto mehr ist er ausgeweitet, mag er auch im übrigen sich von der ganzen Welt abschließen.

Wenn ich nun an neuere philosophische Terminologien erinnern wollte, so könnte ich sagen, das Dämonische sei das Negative und sei Nichts, wie das Elfenmädchen, das von rückwärts hohl ist. Indessen tue ich dies nicht gerne, weil diese Terminologie so liebenswürdig und so geschmeidig im Umgang und durch den Umgang geworden ist, daß sie alles bedeuten kann, was man nur will. Das Negative würde, wenn ich dieses Wort gebrauchen sollte, die Form des Nichts bedeuten, so wie das Inhaltslose dem Verschlossenen entspricht. Doch hat das Negative den Fehler, daß es mehr nach außen hin bestimmt wird, das Verhältnis zum anderen, das negiert wird, bestimmt, während das Verschlossene gerade den Zustand bestimmt.

Will man das Negative dergestalt nehmen, dann habe ich nichts dagegen, wenn es gebraucht wird, um das Dämonische zu bezeichnen, falls das Negative im übrigen imstande sein wird, sich alle die Grillen aus dem Kopf zu schlagen, die die neueste Philosophie ihm eingeredet hat. Das Negative ist nach und nach eine Singspielfigur geworden, und dieses Wort bringt mich immer zum Lächeln, ebenso wie man lächelt, wenn man im Leben oder bei dem Dichter Bellmann [schwedischer Anakreontiker] zum Beispiel eine dieser putzigen Gestalten trifft, die erst Trompeter war, sodann Unterzollbeamter wurde, danach Gastwirt und dann wieder Postbote usw. Die Ironie hat man so als das Negative erklärt. Der erste Erfinder dieser Erklärung war Hegel, der, sonderbar genug, sich nicht groß auf Ironie verstand [Hegel, Werke XVI, 487]. Daß es Sokrates war, der die Ironie in die Welt einführte und dem Kind den Namen gab, daß seine Ironie gerade die Verschlossenheit war, die damit begann, sich gegen die Menschen abzuschließen,

---

wenn man den Akzent gerade auf das Langweilige legt. Der Stellung Kleisters in der Zollkammer läßt sich nur auf eine ungerechtfertigte Weise eine komische Seite abgewinnen; denn Herrgott, was kann Kleister dafür, daß es kein Avancement gibt, aber hinsichtlich seiner Verliebtheit ist er ja sein eigener Herr.

sich mit sich selbst einzuschließen, um ausgeweitet zu werden in das Göttliche, die damit begann, ihre Tür zu verschließen und den zum Narren zu machen, der draußen stand, um im Verborgenen zu sprechen, darum bekümmert man sich nicht. Aus Anlaß des einen oder anderen zufälligen Phänomens wird dieses Wort aufgebracht, und dann ist es Ironie. Darauf folgen die Nachbeter, die trotz ihrer welthistorischen Übersicht, der unglücklicherweise alle Kontemplation fehlt, mit den Begriffen ebensogut Bescheid wissen, wie jener edle Jüngling über Rosinen Bescheid wußte, als er beim Grünkramhändler-Examen auf die Frage, woher die Rosinen kämen, antwortete: Wir holen unsere bei dem Professor [für: Provisor] in der Querstraße.

Wir kommen nun wieder zurück auf die Bestimmung, daß das Dämonische die Angst vor dem Guten ist. Wenn auf der einen Seite die Unfreiheit vermöchte, sich ganz abzuschließen und zu hypostasieren, wenn sie dies auf der andern Seite beständig nicht wollte [1] (worin der Widerspruch liegt, daß die Unfreiheit etwas will, da sie gerade den Willen verloren hat), dann wäre das Dämonische nicht Angst vor dem Guten. Die Angst zeigt sich deshalb auch am deutlichsten im Berührungsaugenblick. Mag das Dämonische in der einzelnen Individualität das Schreckliche bedeuten, oder mag es nur gegenwärtig sein wie ein Fleck in der Sonne oder wie der kleine weiße Punkt in einem Hühnerauge, das totale Dämonische und das partielle Dämonische haben dieselbe Qualifikation, und der winzig kleine Teil hat im selben Sinne Angst vor dem Guten wie der, der total davon umspannt ist. Die Knechtschaft der Sünde ist nun wohl auch Unfreiheit, aber deren Richtung ist, wie oben entwickelt, eine andere, es ist die Angst vor dem Guten. Hält man dies nicht fest, dann kann man überhaupt nichts erklären.

Die Unfreiheit, das Dämonische, ist also ein Zustand, so betrachtet die Psychologie sie. Die Ethik sieht dagegen, wie da heraus ständig die neue Sünde bricht; denn nur das Gute ist Einheit von Zustand und Bewegung.

Die Freiheit kann indessen auf verschiedene Weise verloren werden,

---

1 Dies muß beständig festgehalten werden, trotz der Illusion des Dämonischen und des Sprachgebrauchs, der solche Ausdrücke für diesen Zustand gebraucht, daß man nahezu versucht ist zu vergessen, daß die Unfreiheit ein Phänomen der Freiheit und durch Naturkategorien nicht zu erklären ist. Selbst wenn die Unfreiheit in den allerstärksten Ausdrücken sagt, daß sie sich nicht selbst will, ist dies Unwahrheit, und es ist beständig ein Wille in ihr, der stärker ist als der Wunsch. Der Zustand kann äußerst täuschend sein, man kann einen Menschen zur Verzweiflung bringen, indem man durchhält und die Kategorie rein hält gegen seine Sophistik. Davor soll man nicht bange sein, aber doch lieber nicht sich jugendlich experimentierend in diesen Sphären versuchen.

und so kann auch das Dämonische verschieden sein. Diese Verschiedenheit will ich nun betrachten unter folgenden Rubriken: die Freiheit, somatisch-psychisch verloren; die Freiheit, pneumatisch verloren. Der Leser muß bereits aus dem Vorhergehenden damit vertraut sein, daß ich den Begriff ‹das Dämonische› in einer weiten Ausdehnung nehme, doch wohlgemerkt nicht weiter, als der Begriff reicht. Es hilft nur wenig, das Dämonische zu einem Uhu zu machen, den man perhorresziert und darauf ignoriert, da es viele Jahrhunderte her ist, daß es in der Welt entdeckt wurde. Diese Annahme ist eine große Torheit; denn es war vielleicht niemals so ausgebreitet wie in unseren Zeiten, nur daß es heutzutage sich besonders in den geistigen Sphären zeigt.

I. Die Freiheit, somatisch-psychisch verloren

Es ist nicht meine Absicht, eine hochtrabende philosophische Erwägung über das Verhältnis zwischen Seele und Körper darzubieten, in welchem Sinne die Seele ihren Körper selbst hervorbringt (dies auf griechisch oder deutsch verstanden), in welchem Sinne die Freiheit durch einen Akt der Verkörperung, um an einen Schellingschen Ausdruck zu erinnern, selbst ihren Körper setzt [Schelling, ‹Über das Wesen der menschlichen Freiheit›, Werke 1, VII, 387]. All dies wird hier nicht gebraucht, ich kann für meinen Bedarf mich ganz nüchtern ausdrücken, daß der Körper das Organ der Seele und so wiederum des Geistes ist. Sobald dieses dienende Verhältnis aufhört, sobald der Körper revoltiert, sobald die Freiheit sich mit diesem gegen sich selbst verschwört, da ist die Unfreiheit gegenwärtig als das Dämonische. Sollte da jemand sein, der noch nicht scharf den Unterschied erfaßt hat zwischen dem, was in diesem Paragraphen entwickelt wird, und dem, was in dem vorhergehenden entwickelt wurde, so möchte ich es ihm hier noch einmal zeigen. Solange die Freiheit nicht selbst zur Partei der Aufrührer übergeht, solange wird wohl die Angst der Revolution gegenwärtig sein, jedoch als Angst vor dem Bösen, nicht als Angst vor dem Guten.

Man wird nun leicht sehen, welche Mannigfaltigkeit von unzähligen Nuancen das Dämonische in diese Sphäre hineinbringen kann, von welchen einige so verschwindend sind, daß sie nur einer mikroskopischen Beobachtung sich zeigen, und einige so dialektisch, daß man große Biegsamkeit im Gebrauch seiner Kategorie haben muß, um zu sehen, daß die Nuancen unter diese gehören. Eine überspannte Sensibilität, eine überspannte Irritabilität, Nervenreizbarkeit, Hysterie, Hypochondrie usw. sind alles Nuancen davon oder können es sein. Dies macht es so schwierig, *in abstracto* davon zu reden, da die Rede gänzlich algebraisch würde. Mehr kann ich indessen hier nicht tun.

Das äußerste Extrem in dieser Sphäre ist das, was man gewöhnlich auch die tierische Verlorenheit nennt. Das Dämonische an diesem Zustand zeigt sich darin, daß es gleichsam wie jener Dämonische im Neuen Testament in bezug auf die Erlösung sagt: τί ἐμοὶ καὶ σοί [was habe ich mit dir zu schaffen? Mk. 5, 7]. Es flieht daher jede Berührung, mag diese nun wirklich damit drohen, ihm zur Freiheit zu verhelfen, oder mag sie es gar nur ganz zufällig berühren. Auch dies ist genug; denn die Angst ist außerordentlich schnell. Man hört deshalb ganz allgemein von einem solchen Dämonischen eine Antwort, die das ganze Entsetzen dieses Zustandes enthält: ‹Laß mich das Elende sein, das ich bin›, oder, wenn man einen solchen sagen hört, indem er von einem bestimmten Zeitpunkt seines vergangenen Lebens redet: ‹Damals konnte ich vielleicht gerettet werden›, die entsetzlichste Antwort, die sich denken läßt. Nicht Strafe, nicht Donnerreden ängstigen ihn, sondern vielmehr jedes Wort, das sich zu der in der Unfreiheit in den Grund gebohrten Freiheit in ein Verhältnis setzen will. Auch auf eine andere Weise äußert die Angst sich in diesem Phänomen. Man findet unter derartigen Dämonischen ein Zusammenhalten, in welchem sie sich so ängstlich und unauflöslich aneinanderklammern, daß keine Freundschaft ihresgleichen an Innerlichkeit hat. Der französische Arzt Duchatelet führt in seinem Werk Beispiele dafür an [Parent D., ‹De la prostitution de la ville de Paris›. Kierkegaard hat den Titel aus Rosenkranz' Psychologie, 1. Aufl., S. 334. Siehe Pap. V B 60]. Und dieser Vergesellschaftungsdrang der Angst wird sich auch überall in dieser Sphäre zeigen. Allein die Sozialität bietet schon Gewißheit dafür, daß das Dämonische gegenwärtig ist; denn soweit man den analogen Zustand als eine Äußerung der Sündenknechtschaft zeigt, wird dieser Vergesellschaftungsdrang nicht sichtbar, weil es sich um die Angst vor dem Bösen handelt.

Weiter wünsche ich dies nicht zu verfolgen. Die Hauptsache für mich ist hier nur, mein Schema in Ordnung zu haben.

II. Die Freiheit, pneumatisch verloren

a) *Allgemeine Bemerkungen.* Diese Erscheinungsweise des Dämonischen ist sehr verbreitet, und hier treffen sich die verschiedensten Phänomene. Das Dämonische beruht natürlich nicht auf dem verschiedenen intellektuellen Gehalt, sondern auf dem Verhältnis der Freiheit zu dem gegebenen Gehalt [1] und zu dem im Verhältnis zur Intellektuali-

---

1 Im Neuen Testament kommt die Bezeichnung vor σοφία δαιμονιώδης, Jak. 3, 15 [dämonenhafte Weisheit]. So wie sie an dieser Stelle beschrieben ist, wird die Kategorie nicht deutlich. Wenn man dagegen die Stelle 2, 19

tät möglichen Gehalt, indem das Dämonische sich äußern kann als Bequemlichkeit, die denkt: ‹ein andermal›; als Neugierde, die nicht mehr wird als Neugierde; als unredlicher Selbstbetrug; als weibische Schwächlichkeit, die sich mit Anderen vertröstet; als vornehmes Ignorieren; als dumme Geschäftigkeit usw.

Der Inhalt der Freiheit ist intellektuell gesehen Wahrheit, und die Wahrheit macht den Menschen frei. Aber gerade deshalb ist die Wahrheit die Tat der Freiheit in der Weise, daß diese beständig die Wahrheit hervorbringt. Es versteht sich von selbst, daß ich hier nicht an die Geistreichelei der neuesten Philosophie denke, die weiß, daß die Notwendigkeit des Gedankens auch seine Freiheit ist, und die deshalb, wenn sie von der Freiheit des Gedankens redet, nur von der immanenten Bewegung des ewigen Gedankens redet. Eine solche Geistreichelei dient nur dazu, die Kommunikation zwischen den Menschen zu verwirren und zu erschweren. Wovon ich dagegen rede, ist etwas ganz Simples und Einfältiges, daß die Wahrheit nur für den Einzelnen ist, indem er selbst sie in der Handlung hervorbringt. Ist die Wahrheit auf irgendeine andere Weise für das Individuum da und wird sie von ihm verhindert, auf diese Weise für es dazusein, dann haben wir ein Phänomen des Dämonischen. Die Wahrheit hat allezeit viele lautstimmige Verkünder gehabt, aber die Frage ist, ob ein Mensch im tiefsten Sinne die Wahrheit erkennen will, sein ganzes Wesen von ihr durchdringen lassen, alle ihre Konsequenzen annehmen will und nicht im Notfall einen Unterschlupf für sich selbst und einen Judaskuß für die Konsequenz haben will.

Es ist nun in der neueren Zeit genug über die Wahrheit geredet worden; jetzt aber ist es an der Zeit, daß die Gewißheit, die Innerlichkeit betont wird, nicht in dem abstrakten Sinne, in dem Fichte dieses Wort nahm, sondern ganz und gar konkret [s. Fichte, ‹Wissenschaftslehre›, Werke I, 40 ff, und ‹Bestimmung des Menschen›, II, 255].

Die Gewißheit, die Innerlichkeit, welche nur durch Handlung erreicht wird und Handlung ist, entscheidet, ob das Individuum dämonisch ist oder nicht. Man halte nur die Kategorie fest, und alles wird sich ergeben, und es wird deutlich, daß zum Beispiel Willkürlichkeit, Unglaube, Religionsspötterei usw. nicht, wie man im allgemeinen glaubt, des Inhalts ermangeln, sondern daß es ihnen an Weisheit fehlt, ganz und gar im selben Sinne wie dem Aberglauben, der Unterwürfigkeit, der Bigotterie. Den negativen Phänomenen fehlt eben darum die Weisheit, weil sie in der Angst vor dem Inhalt bestehen.

---

nimmt: καὶ τὰ δαιμόνια πιστεύουσι, καὶ φρίσσουσι [du glaubst, daß ein einiger Gott ist, und du tust wohl daran, die Teufel glauben's auch und zittern], dann sieht man gerade in dem dämonischen Wissen das Verhältnis der Unfreiheit zu dem gegebenen Wissen

Ich habe nicht gerade Lust, große Worte über die ganze Zeitgeschichte zu machen, aber der, welcher das heute lebende Geschlecht beobachtet hat, sollte er leugnen wollen, daß das Mißverhältnis in ihm und der Grund zu seiner Angst und Unruhe darin bestehen, daß in einer Richtung die Wahrheit an Umfang, Masse, z. T. auch an abstrakter Klarheit wächst, während die Gewißheit beständig abnimmt. Welche außerordentlichen metaphysischen und logischen Anstrengungen sind in unserer Zeit nicht gemacht worden, um einen neuen, einen erschöpfenden und absolut richtigen, aus allen früheren kombinierten Beweis für die Unsterblichkeit der Seele zu führen, und, seltsam genug, während dies geschieht, nimmt die Gewißheit ab [Poul Möllers Zusammenfassung der Literatur der 30er Jahre zu diesem Thema: Monatsschrift für Literatur, Kopenhagen 1837. Vgl. Kierkegaard Pap. II A 17, 4. 2. 1837]. Der Unsterblichkeitsgedanke hat eine Macht in sich, einen Nachdruck in seinen Konsequenzen, eine Verantwortlichkeit in seiner Annahme, die vielleicht das ganze Leben umschaffen werden auf eine Weise, die man fürchtet. Man rettet und beruhigt seine Seele dadurch, daß man seine Gedanken anstrengt, um einen neuen Beweis zu führen. Was ist ein solcher Beweis anderes als ein gutes Werk im rein katholischen Sinne! Jede solche Individualität, die, um im Beispiel zu bleiben, den Beweis für die Unsterblichkeit der Seele zu führen weiß, aber selbst nicht überzeugt ist, wird sich nun immer vor jedem Phänomen ängstigen, daß sie so berührt, daß es ihr ein weiteres Verständnis dessen, was es heißen will, daß ein Mensch unsterblich ist, aufnötigt. Das wird sie stören, sie wird sich peinlich berührt fühlen, wenn ein ganz einfacher Mensch ganz einfach über die Unsterblichkeit redet. — In entgegengesetzter Richtung kann die Innerlichkeit fehlen. Ein Anhänger der steifsten Orthodoxie kann dämonisch sein. Er weiß die ganze Summe des Wißbaren, er neigt sich vor dem Heiligen, die Wahrheit ist ihm ein Inbegriff von Zeremonien, er redet davon, vor Gottes Thron zu erscheinen, und weiß, wieviele Male man sich da verneigen muß, er weiß alles wie der, der einen mathematischen Satz beweisen kann, wenn man die Buchstaben A B C gebraucht, aber nicht, wenn man dafür D E F setzt. Deshalb wird ihm angst, sobald er etwas hört, das nicht wortwörtlich dasselbe ist. Und doch, wie sehr gleicht er nicht einem modernen spekulativen Kopf, der einen neuen Beweis für die Unsterblichkeit der Seele herausgefunden hat und nun in Lebensgefahr den Beweis nicht führen kann, weil er seine Hefte nicht bei sich hat. Und was ist es, das beiden fehlt? Es ist die Gewißheit. — Aberglaube und Unglaube sind beide Formen der Unfreiheit. Im Aberglauben wird der Objektivität eine Macht eingeräumt, gleichsam wie Medusas Haupt die Subjektivität zu versteinern, und die Unfreiheit will nicht, daß der Zauberbann gebrochen wird. Der höchste, scheinbar freieste Ausdruck des Unglaubens ist der Spott. Aber dem Spott fehlt gerade die Gewißheit, deshalb spottet er. Und wie vieler Spötter Existenz würde nicht, wenn man recht in sie hineinschauen könnte, an die Angst erinnern, mit der ein Dämonischer ruft: τί ἐμοὶ καὶ σοί [was habe ich mit dir zu schaffen]. Es ist deshalb ein merkwürdiges Phänomen, daß vielleicht wenige so eitel und so empfindlich für den Beifall des Augenblicks sind wie ein Spötter.

Mit welchem industriellen Eifer, mit welcher Aufopferung an Fleiß, Zeit, Schreibmaterialien haben nicht die Spekulanten in unserer Zeit daran gearbeitet, einen vollständigen Beweis für Gottes Dasein zu führen[1]. Aber im selben Grad, wie die Vortrefflichkeit des Beweises zunimmt, in demselben Grad scheint die Gewißheit abzunehmen. Der Gedanke an ein Dasein Gottes hat, sobald er als solcher für die Freiheit des Individuums gesetzt wird, eine Allgegenwart, die, selbst wenn man nicht böse zu handeln wünscht, für die stolze Individualität etwas Peinliches hat. Und es gehört in Wahrheit Innerlichkeit dazu, um ein schönes und inniges Zusammenleben mit dieser Vorstellung zu führen, was ein noch größeres Kunststück ist, als das Muster eines Ehemannes zu sein. Wie peinlich kann deshalb eine solche Individualität sich berührt fühlen, wenn sie die ganz einfache und einfältige Rede hört, daß es einen Gott gibt. Die Beweisführung für das Dasein Gottes ist etwas, womit man sich nur gelegentlich, gelehrt und metaphysisch beschäftigt[2], aber der Gedanke an Gott will sich bei jeder Gelegenheit aufdrängen. Was fehlt einer solchen Individualität? Die Innerlichkeit. — In entgegengesetzter Richtung kann die Innerlichkeit auch fehlen. Die sogenannten Heiligen pflegen oft Gegenstand des Spottes der Welt zu sein. Sie selbst erklären dies daraus, daß die Welt böse ist. Das ist indessen nicht ganz richtig. Wenn der ‹Heilige› unfrei ist im Verhältnis zu seiner Frömmigkeit, d. h. ihm die Innerlichkeit fehlt, dann ist er, rein ästhetisch gesehen, komisch. Insoweit hat die Welt recht, über ihn zu lachen. Wenn ein krummbeiniger Mann als Tanzmeister auftreten will, ohne eine einzige Stellung richtig ausführen zu können, dann ist er komisch. So auch mit dem Religiösen. Man hört einen solchen Heiligen gleichsam für sich selber zählen, ganz so, wie wenn einer, der nicht tanzen kann, doch soviel weiß, daß er den Takt zählen kann, wenn es ihm auch selber niemals glückt, in Takt zu kommen. So weiß der ‹Heilige›, daß das Religiöse absolut kommensurabel ist, daß das Religiöse nicht etwas ist,

---

1 Z. B.: K. L. MICHELET, Vorlesungen über die Persönlichkeit Gottes und Unsterblichkeit der Seele oder die ewige Persönlichkeit des Geistes, Berlin 1841. (Anm. d. Übers.)

2 So etwa: HEGEL / PH. MARHEINEKE, Vorlesungen über die Philosophie der Religion. Nebst einer Schrift über die Beweise vom Dasein Gottes. Werke, 2. Aufl., Bd. 11, Berlin 1840. (Anm. d. Übers.)

das nur gewissen Gelegenheiten und Augenblicken zugehört, sondern daß man es allzeit bei sich haben kann. Indem er es aber kommensurabel machen soll, ist er nicht frei, und man merkt, wie er ganz leise bei sich selber zählt, und man sieht, wie er es trotzdem falsch macht und sich seltsam gebärdet mit seinem himmlischen Augenaufschlag, seinen gefalteten Händen usw. Deshalb hat eine solche Individualität auch soviel Angst vor jedem, der diese Dressur nicht hat, und sie muß, um sich selbst zu stärken, zu solchen großartigen Betrachtungen greifen, daß die Welt den Frommen hasse.

Die Gewißheit und Innerlichkeit ist also wohl die Subjektivität, aber nicht im gänzlich abstrakten Sinne. Das ist überhaupt das Unglück mit dem neuesten Wissen, daß alles so schrecklich großartig geworden ist. Die abstrakte Subjektivität ist gerade ebenso unweise, und ihr fehlt in demselben Grade die Innerlichkeit wie der abstrakten Objektivität. Wenn man *in abstracto* darüber redet, kann man dies nicht sehen, und es wird richtig, zu sagen, daß der abstrakten Subjektivität der Inhalt fehlt. Wenn man *in concreto* darüber redet, dann zeigt es sich deutlich, denn die Individualität, die sich zu einer Abstraktion machen will, hat gerade keine Innerlichkeit, genau wie die Individualität, die sich zum bloßen Zeremonienmeister macht.

b) *Schema für die Ausschließung oder das Ausbleiben der Innerlichkeit.* Das Ausbleiben der Innerlichkeit ist stets eine Reflexionsbestimmung, deshalb wird jede Form eine Doppelform sein. Da man gewöhnt ist, gänzlich abstrakt über die Bestimmungen des Geistes zu sprechen, so ist man vielleicht weniger geneigt, dies einzusehen. Man pflegt die Unmittelbarkeit genau der Reflexion (der Innerlichkeit) gegenüberzustellen und darauf die Synthese (oder Substanzialität, Subjektivität, Identität oder wie man diese Identität sonst noch nennt: Vernunft, Idee, Geist) zu setzen. Aber in der Sphäre der Wirklichkeit ist das nicht so. Da ist die Unmittelbarkeit auch die Unmittelbarkeit der Innerlichkeit. Das Ausbleiben der Innerlichkeit liegt daher erst in der Reflexion.

Jede Form des Ausbleibens der Innerlichkeit ist also entweder Aktivität-Passivität oder Passivität-Aktivität und, mag sie das eine oder andere sein, sie liegt in der Selbstreflexion. Die Form selbst durchläuft eine bedeutsame Reihe von Nuancen, je nachdem wie die Bestimmung der Innerlichkeit konkreter und konkreter wird. Verstehen und Verstehen ist zweierlei, sagt ein altes Sprichwort, und so ist es auch. Die Innerlichkeit ist ein Verstehen, aber *in concreto* geht es darum, wie dieses Verstehen zu verstehen ist. Eine Rede zu verstehen ist eines, das Persönlich-Beispielhafte darin zu verstehen, ein anderes; zu verstehen, was man selbst sagt, ist eines, sich selbst in dem Gesagten zu verstehen, ist ein anderes. Je konkreter der Bewußtseinsinhalt ist, desto konkreter wird das Verstehen, und sobald dieses im Verhältnis zum Bewußtsein ausbleibt, haben wir das Phänomen der Unfreiheit, die sich gegen die Freiheit abschließen will. Nimmt man so ein konkreteres religiöses Bewußtsein, das also zugleich ein historisches Moment enthält, so muß das Verstehen im Verhältnis hierzu stehen. Man kann also hier ein Beispiel bekommen für die zwei analogen Formen des Dämonischen in dieser Hinsicht. Wenn so ein strenger Orthodoxer all seinen Fleiß und seine Gelehrsamkeit anwendet, um zu beweisen, daß jedes Wort im Neuen Testament von dem betreffenden Apostel stammt, dann verschwindet nach und nach die Innerlichkeit und er versteht zuletzt etwas ganz anderes, als er verstehen will. Wenn ein Freidenker all seinen Scharfsinn anwendet, um zu beweisen, daß das Neue Testament erst im zweiten Jahrhundert geschrieben wurde, dann ist es gerade die Innerlichkeit, die er fürchtet, und deshalb muß er das Neue Testament in eine Klasse mit allen anderen Büchern [1] setzen. Der konkreteste Inhalt, den das Bewußtsein haben kann, ist das Bewußtsein von sich selbst, vom Individuum selbst, nicht das reine Selbstbewußtsein, sondern das Selbstbewußtsein, das so konkret ist, daß kein Schriftsteller, nicht der wortreichste, nicht der darstellungsmächtigste, es je vermochte, ein einziges solches zu beschreiben, wäh-

---

[1] Im übrigen kann das Dämonische in den religiösen Sphären sogar eine täuschende Ähnlichkeit mit der Anfechtung haben. Was man niemals *in abstracto* entscheiden kann. So kann ein frommer gläubiger Christ Angst bekommen, bange zu werden, zum Altare zu gehen. Dies ist eine Anfechtung, d. h., ob es eine Anfechtung ist, wird sich an seinem Verhältnis zur Angst zeigen. Eine dämonische Natur dagegen kann so weit gekommen sein, ihr religiöses Bewußtsein kann so konkret geworden sein, daß die Innerlichkeit, die sie fürchtet und in ihrer Angst zu fliehen sucht, das rein persönliche Verstehen des sakramentalen Verstehens ist. Nur bis zu einem gewissen Punkt will sie mitgehen, dann bricht sie aus und will sich bloß wissend verhalten, will auf die eine oder andere Weise mehr werden als die empirische, historisch bestimmte, endliche Individualität. Wer in der religiösen Anfechtung steckt, will deshalb zu dem hin, wovon ihn die Anfechtung fernhalten will, wohingegen der Dämonische selbst fort will nach seinem stärkeren Willen (dem Willen der Unfreiheit), während ein schwächerer Wille in ihm dorthin will. Dies muß man festhalten; denn sonst geht man hin und denkt das Dämonische so abstrakt, wie dies niemals vorgekommen ist, so als wäre der Wille der Unfreiheit als solcher konstituiert und nicht der Wille der Freiheit beständig, wenn auch noch so schwach, zugegen im Selbstwiderspruch. — Wünscht jemand Material über religiöse Anfechtungen, wird er es reichlich in Görres' Mystik [4 Bde., 1836] finden. Ich gestehe jedoch aufrichtig, daß ich niemals den Mut hatte, dieses Buch ordnungsgemäß durchzulesen, eine derartige Angst liegt in ihm vor. Soviel kann ich jedoch sehen, daß er [Görres] nicht immer zwischen dem Dämonischen und der Anfechtung zu unterscheiden wußte, und deshalb ist er mit Vorsicht zu benutzen.

rend jeder einzelne Mensch ein solches ist. Dieses Selbstbewußtsein ist nicht Kontemplation, denn wer das glaubt, hat sich selbst nicht verstanden, da er [nicht] sieht, daß er zur gleichen Zeit im Werden ist und also nicht etwas Abgeschlossenes sein kann für eine Kontemplation. Dieses Selbstbewußtsein ist deshalb Tun, und dieses Tun ist wiederum die Innerlichkeit, und jedesmal wenn die Innerlichkeit diesem Bewußtsein nicht entspricht, ist eine Form des Dämonischen da, sobald das Ausbleiben der Innerlichkeit sich als Angst um ihre Gewinnung äußert.

Wenn das Ausbleiben der Innerlichkeit durch einen Mechanismus geschähe, dann wäre alles Davon-Reden verlorene Mühe. Es ist auch gar nicht der Fall, und deshalb ist in jedem seiner Phänomene eine Aktivität, selbst wenn diese durch seine Passivität anfängt. Die Phänomene, die mit der Aktivität beginnen, fallen mehr in die Augen, deshalb erfaßt man sie am leichtesten, vergißt jedoch, daß wieder in dieser Aktivität eine Passivität zum Vorschein kommt, und nimmt so niemals das entgegengesetzte Phänomen mit, wenn man vom Dämonischen spricht.

Ich will nun ein paar Beispiele durchgehen, um zu zeigen, daß das Schema richtig ist.

Unglaube — Aberglaube. Sie entsprechen gänzlich einander, beiden fehlt die Innerlichkeit, nur ist der Unglaube passiv durch eine Aktivität und der Aberglaube aktiv durch eine Passivität; der eine ist, wenn man so will, die männlichere, der andere die weiblichere Erscheinungform, und ihrer beider Inhalt ist die Selbstreflexion. Wesentlich gesehen, sind sie ganz und gar identisch. Unglaube und Aberglaube sind beide die Angst vor dem Glauben; doch beginnt der Unglaube in der Aktivität der Unfreiheit, der Aberglaube in der Passivität der Unfreiheit. Gewöhnlich betrachtet man nur die Passivität des Aberglaubens, und insoweit erscheint er weniger vornehm oder entschuldbarer, je nachdem man ästhetisch-ethische oder ethische Kategorien gebraucht. Es ist eine Schwachheit im Aberglauben, die besticht, indessen muß ja doch soviel Aktivität in ihm sein, daß er seine Passivität bewahren kann. Der Aberglaube ist ungläubig gegen sich selbst, der Unglaube abergläubisch gegen sich selbst. Beider Inhalt ist die Selbstreflexion. Die Bequemlichkeit, Feigheit, Kleinmütigkeit des Aberglaubens findet es besser, darin zu bleiben, als sie aufzugeben; des Unglaubens Trotz, Stolz, Hochmut finden es kühner, darin zu bleiben, als sie aufzugeben. Die raffinierteste Form einer solchen Selbstreflexion ist allezeit diejenige, die sich selbst interessant wird, indem sie sich aus diesem Zustand herauswünscht, während sie doch voll Selbstbehagen darin bleibt.

Heuchelei — Ärgernis. Diese entsprechen einander. Die Heuchelei beginnt mit einer Aktivität, das Ärgernis mit einer Passivität. Gewöhnlich urteilt man über das Ärgernis milder, aber wenn das Individuum darin bleibt, muß ja gerade soviel Aktivität dasein, daß es das Leiden des Ärgernisses festhält und es nicht loslassen will. Es liegt im Ärgernis eine Rezeptivität (denn ein Baum und ein Stein haben kein Ärgernis), die mit in Anschlag gebracht wird bei der Aufhebung des Ärgernisses. Die Passivität des Ärgernisses findet es dagegen sanfter, dazusitzen und die Konsequenz der Verärgerung gleichsam anwachsen zu lassen mit Zins und Zinseszins. Heuchelei ist deshalb Ärgernis an sich selbst, und Ärgernis Heuchelei vor sich selbst. Beide ermangeln der Innerlichkeit und wagen nicht, zu sich selbst zu kommen. Deshalb endet alle Heuchelei damit, vor sich selbst zu heucheln, denn der Heuchler ist dann verärgert über sich selbst oder sich selbst zum Ärgernis. Deshalb endet alles Ärgernis, wenn es nicht behoben wird, mit Heuchelei vor anderen, weil der Verärgerte durch die tiefe Aktivität, mit der er im Ärgernis bleibt, jene Rezeptivität zu etwas anderem gemacht hat und nun vor anderen heucheln muß. Auch der Fall kam im Leben vor, daß eine verärgerte Individualität zuletzt dieses Ärgernis als ein Feigenblatt gebrauchte für das, was wohl eine heuchlerische Bemäntelung nötig hatte.

Stolz — Feigheit. Stolz beginnt mit einer Aktivität, Feigheit mit einer Passivität, im übrigen sind sie identisch; denn es ist in der Feigheit gerade so viel Aktivität, daß die Angst vor dem Guten aufrechterhalten werden kann. Der Stolz ist eine tiefe Feigheit; denn er ist feige genug, nicht verstehen zu wollen, was in Wahrheit das Stolze ist; sobald dieses Verstehen ihm aufgezwungen wird, ist er feige, löst sich auf wie ein Knall und platzt wie eine Blase. Die Feigheit ist ein profunder Stolz, denn sie ist feige genug, nicht einmal die Forderungen des mißverstandenen Stolzes verstehen zu wollen, aber indem sie sich so zusammenkrampft, zeigt sie gerade ihren Stolz und weiß es auch in Anschlag zu bringen, daß sie keinerlei Niederlage erlitt und deshalb stolz ist auf den negativen Ausdruck des Stolzes, daß er niemals irgendeinen Verlust erlitten hat. Der Fall ist auch im Leben vorgekommen, daß eine sehr stolze Individualität feige genug war, niemals etwas zu wagen, feige genug, so klein wie möglich zu sein, gerade um ihren Stolz zu retten. Wenn man eine aktiv-stolze und eine passiv-stolze Individualität zusammenstellen würde, dann würde man gerade in dem Augenblick, da die erste stürzte, Gelegenheit bekommen, sich zu überzeugen, wie stolz im Grunde der Feige war [1].

---

1 Cartesius hat in seiner Schrift *De affectionibus* [*De passionibus*, Pars I, Artic. LIII] darauf aufmerksam gemacht, daß jeder Leidenschaft stets eine andere entspricht, nur mit der Bewunderung ist das nicht der Fall. Die detaillierte Ausführung ist ziemlich schwach, aber es hat mich interessiert, daß

c) Was ist Gewißheit und Innerlichkeit? Es ist gewiß schwierig, eine Definition hiervon zu geben. Indessen will ich hier sagen, sie sind Ernst. Dies Wort versteht nun wohl jeder, aber auf der andern Seite ist es merkwürdig genug, daß es gewiß nicht viele Worte gibt, die seltener Gegenstand von Überlegungen wurden als gerade dieses. Als Macbeth den König ermordet hat, bricht er aus:

> Von jetzt gibt es nichts Ernstes mehr im Leben:
> Alles ist Tand, gestorben Ruhm und Gnade!
> Der Lebenswein ist ausgeschenkt. [II. Akt, 3. Szene]

Macbeth war nun gewiß ein Mörder, und deshalb haben die Worte in seinem Munde eine schrecklich erschütternde Wahrheit, aber jede Individualität, die die Innerlichkeit verloren hat, kann doch auch sagen: ‹Der Lebenswein ist ausgeschenkt›, und insofern auch sagen: ‹jetzt gibt es nichts Ernstes mehr im Leben, alles ist Tand›, denn die Innerlichkeit ist gerade die Quelle, die zum ewigen Leben entspringt, und was aus dieser Quelle kommt, ist eben Ernst. Wenn der Prediger sagt, daß alles eitel ist, dann hat er gerade den Ernst *in mente* [Pred. 1, 2]. Wenn es dagegen, nachdem der Ernst verloren ist, heißt, daß alles eitel ist, dann ist das wiederum nur ein aktiv-passiver Ausdruck dafür (der Trotz der Schwermut) oder ein passiv-aktiver (der des Leichtsinns und Witzes), dann ist Gelegenheit entweder zum Weinen oder zum Lachen, aber der Ernst ging verloren.

Soweit mein Wissen sich erstreckt, ist mir nicht bekannt, daß eine Definition dafür existiert, was Ernst ist. Wenn dies wirklich so ist, sollte es mich freuen, nicht weil ich das moderne, fließende und zusammenlaufende Denken schätze, das die Definition abgeschafft hat, sondern weil es im Verhältnis zu Existenzbegriffen immer einen sicheren Takt verrät, sich der Definitionen zu enthalten, denn man kann unmöglich geneigt sein, dasjenige, was wesentlich anders verstanden werden muß, was man selbst anders verstanden hat, was man auf eine ganz andere Art geliebt hat, in Form der Definition verstehen zu

---

er bei der Bewunderung eine Ausnahme macht, gerade weil diese, wie bekannt, nach Platos und Aristoteles' Meinung die Leidenschaft der Philosophie ausmacht und die Leidenschaft, mit der alles Philosophieren begann. Der Bewunderung entspricht im übrigen der Neid, und die neuere Philosophie würde auch vom Zweifel sprechen. Aber darin liegt ja gerade der Grundfehler der neueren Philosophie, daß sie mit dem Negativen statt mit dem Positiven beginnen will, welches immer das Erste ist, ganz in dem Sinne, wie wenn man sagt: *omnis affirmatio est negatio* [jede Bestätigung ist eine Verneinung], wo man die *affirmatio* zuerst setzt. Die Frage ist von außerordentlicher Wichtigkeit, ob das Erste das Positive oder das Negative ist, und der einzige neuere Philosoph, der sich für das Positive erklärt hat, ist wohl eigentlich Herbart [Metaphysik II, § 201—204].

wollen, wodurch es einem so leicht fremd und etwas anderes wird. Wer wirklich liebt, kann kaum Freude, Befriedigung, geschweige denn inneres Wachstum finden durch die Beschäftigung mit einer Definition dessen, was Liebe eigentlich ist. Wer in täglichem und doch festlichem Umgang mit der Vorstellung lebt, daß es einen Gott gibt, könnte kaum wünschen, sich diese selbst zu verderben oder sie sich verdorben zu sehen dadurch, daß er selbst eine Definition dessen zusammenflickte, was Gott ist. So auch mit dem Ernst, das ist eine so ernste Sache, daß selbst eine Definition davon eine Leichtsinnigkeit ist. Dies sage ich jedoch nicht, weil mein Denken unklar wäre, oder als fürchtete ich, daß der eine oder andere superkluge Spekulant — der auf die Begriffsentwicklung versessen ist wie der Mathematiker auf den Beweis und deshalb in bezug auf alles andere spräche, wie ein Mathematiker gesagt hat: ‹Und was beweist das also?› — mißtrauisch gegen mich werden könnte, so als wüßte ich doch nicht recht, wovon ich spreche; denn in meinen Gedanken beweist gerade was ich hier sage besser als jede Begriffsentwicklung, daß ich im Ernst weiß, wovon die Rede ist.

Wenn ich nun auch nicht geneigt bin, eine Definition zu geben oder im Scherzton der Abstraktion vom Ernst zu sprechen, so will ich doch einige orientierende Bemerkungen äußern. In Rosenkrantz' Psychologie[1] [1. Aufl. Königsberg 1837] findet sich eine Definition des Gemüts. Er sagt S. 322, daß Gemüt eine Einheit von Gefühl und Selbstbewußtsein ist. In der vorhergehenden Gedankenentwicklung erklärt er vortrefflich, «daß das Gefühl zum Selbstbewußtsein sich aufschließe, und umgekehrt, daß der Inhalt des Selbstbewußtseins von dem Subjekt als der *seinige* gefühlt wird. Erst diese Einheit kann man Gemüt nennen. Denn fehlt die Klarheit der Erkenntnis, das Wissen vom Gefühl, so existiert nur der Drang des Naturgeistes, der Turgor [Binnendruck] der Unmittelbarkeit. Fehlt aber das Gefühl, so existiert nur ein abstrakter Begriff, der nicht die letzte Innigkeit des geistigen

---

1 Es ist mir eine Freude vorauszusetzen, daß mein Leser stets ebensoviel gelesen hat wie ich. Diese Voraussetzung ist sehr zeitsparend sowohl für den Lesenden wie für den Schreibenden. Ich nehme also an, mein Leser kennt jene Schrift, sollte dies nicht der Fall sein, möchte ich ihm raten, ihre Bekanntschaft zu machen; denn sie ist wirklich gut, und wenn der Verfasser, der sich sonst durch seinen gesunden Sinn und sein humanes Interesse für das menschliche Leben auszeichnet, auf den schwärmerischen Aberglauben an ein leeres Schema hätte verzichten können, würde er vermieden haben, zuweilen lächerlich zu werden. Das, was er in den Paragraphen sagt, die Entwicklung, ist meistens sehr gut, das einzige, was man ab und an nicht verstehen kann, ist das hochtrabende Schema und wie die ganz und gar konkrete Entwicklung diesem entsprechen kann. (Als Beispiel will ich anführen S. 209–211. «Das Selbst — und das Selbst. 1. Der Tod. 2. Der Gegensatz von Herrschaft und Knechtschaft.»)

Daseins erreicht hat, der nicht mit dem Selbst des Geistes Eines geworden ist» (vgl. S. 320/21). Wenn man nun, wieder rückwärts schreitend, seine Bestimmung des Gefühls verfolgt als des Geistes «unmittelbare Einheit seiner Seelenhaftigkeit und seines Bewußtseins» (S. 242) und sich dann erinnert, daß in der Bestimmung der Seelenhaftigkeit die Einheit mit der unmittelbaren Naturbestimmung beachtet wurde, dann hat man, wenn man dies alles zusammennimmt, eine Vorstellung von einer konkreten Persönlichkeit.

Ernst und Gemüt entsprechen nun einander dergestalt, daß Ernst ein höherer und der tiefste Ausdruck für das Gemüt ist. Gemüt ist eine Bestimmung der Unmittelbarkeit, wogegen Ernst die erworbene Ursprünglichkeit des Gemütes ist, dessen bewahrte Ursprünglichkeit in der Verantwortung der Freiheit, dessen behauptete Ursprünglichkeit im Genuß der Seligkeit. Dessen Ursprünglichkeit in ihrer historischen Entwicklung zeigt gerade das Ewige im Ernst, weshalb der Ernst niemals Gewohnheit werden kann. Die Gewohnheit behandelt Rosenkrantz nur in der Phänomenologie, nicht in der Pneumatologie, aber die Gewohnheit gehört auch hierher, und Gewohnheit entsteht, sobald das Ewige aus der Wiederholung entschwindet. Wenn die Ursprünglichkeit im Ernst erworben und bewahrt wird, besteht eine Sukzession und Wiederholung, sobald aber die Ursprünglichkeit in der Wiederholung ausbleibt, ist die Gewohnheit da. Der ernste Mann ist ernst eben durch die Ursprünglichkeit, mit der er in der Wiederholung zurückkehrt. Man spricht wohl davon, daß ein lebendiges und inniges Gefühl die Ursprünglichkeit bewahrt, aber die Innerlichkeit des Gefühls ist ein Feuer, das abkühlen kann, sobald der Ernst sich seiner nicht annimmt, und auf der anderen Seite ist die Innerlichkeit des Gefühls unsicher in der Stimmung, d. h. sie ist das eine Mal innerlicher als das andere Mal. Ich will ein Beispiel geben, um alles so konkret wie möglich zu machen. Ein Geistlicher soll jeden Sonntag das befohlene Kirchengebet sprechen, oder er soll jeden Sonntag verschiedene Kinder taufen. Laß ihn nun begeistert usw. sein, das Feuer geht aus, er wird erschüttern, bewegen usw., aber das eine Mal mehr, das andere weniger. Nur der Ernst vermag regelmäßig jeden Sonntag mit der gleichen Ursprünglichkeit auf das Gleiche zurückzukommen [1].

Aber dieses Gleiche, worauf der Ernst mit dem gleichen Ernst zurückkommen soll, kann nur der Ernst selber sein; denn sonst wird es Pedanterie. Der Ernst in diesem Sinne bedeutet die Persönlichkeit

---

[1] In diesem Sinne sagte Constantin Constantius [Kierkegaard] (in der ‹Wiederholung›): «Die Wiederholung ist der Ernst des Daseins» (S. 6), und daß es dagegen nicht der Ernst des Daseins sei, königlicher Zureiter zu sein, selbst wenn ein solcher, jedesmal wenn er sein Pferd bestiege, dies mit allem möglichen Ernste täte.

selbst, und nur eine ernste Persönlichkeit ist eine wirkliche Persönlichkeit, und nur eine ernste Persönlichkeit kann etwas mit Ernst tun; denn um etwas mit Ernst zu tun, muß man zuallererst wissen, was der Gegenstand des Ernstes ist.

Im Leben ist nicht selten die Rede vom Ernst; einer wird ernst über die Staatsschulden, ein anderer über die Kategorien, ein dritter über eine Theaterleistung usw. Daß dies so geschieht, deckt die Ironie auf, und hier hat sie genug zu tun; denn jeder, der an unrechter Stelle ernst wird, ist eben dadurch komisch, mag auch eine ebenso komisch travestierte Mitwelt und Mitweltmeinung höchst ernst dabei sein. Es gibt deshalb keinen sicheren Maßstab dafür, was eine Individualität in ihrem tiefsten Grunde wert ist, als wenn man durch ihre eigene Beredsamkeit erfährt oder ihr das Geheimnis abliest, was sie ernst gemacht hat im Leben. Denn man kann wohl mit Gemüt geboren werden, aber nicht mit Ernst. Der Ausdruck: ‹Was sie ernst gemacht hat im Leben› muß natürlich im ausgezeichneten Sinne genommen werden für das, woher die Individualität im tiefsten Sinn ihren Ernst datiert; denn man kann sehr gut, nachdem man in Wahrheit ernst geworden ist über das, was der Gegenstand des Ernstes ist, verschiedene Dinge, wenn man so will, ernst behandeln, aber die Frage ist, ob man erst ernst wurde über dem Gegenstand des Ernstes. Diesen Gegenstand hat jeder Mensch, denn es ist *er selbst*, und der, der darüber nicht ernst wurde, sondern über etwas anderes, etwas Großes und Lärmendes, ist trotz seines Ernstes ein Spaßvogel, und mag er auch eine Zeitlang die Ironie täuschen, er soll, will's Gott, noch komisch werden, denn die Ironie ist erpicht auf den Ernst. Der, welcher dagegen ernst wurde an der richtigen Stelle, soll seines Geistes Gesundheit gerade dadurch beweisen, daß er alles andere ebensogut sentimental wie scherzend behandeln kann, mag es dem Narren des Ernstes auch kalt den Rücken herunterlaufen, ihn scherzen zu sehen mit dem, was ihn so schrecklich ernst macht. Aber im Verhältnis zum Ernst soll er verstehen, keinen Spaß zuzulassen, vergißt er dies, dann kann es ihm passieren, was Albertus Magnus [1] geschah, als er übermütig in seiner Spekulation gegen die Gottheit auftrumpfte, nämlich daß er plötzlich

---

1 Vgl. Marbach, Gesch. d. Ph. 2. Teil, S. 302 Anm.: «*Albertus repente ex asino factus philosophus et ex philosopho asinus*» [Albert wurde plötzlich aus einem Esel in einen Philosophen und aus einem Philosophen in einen Esel verwandelt]. Vgl. Tennemann [Gesch. d. Ph.] 8. Bd., 2. Teil, S. 485 Anm. Eine noch bestimmtere Erzählung hat man von einem anderen Scholastiker, Simon Toracensis, der meinte, daß Gott ihm dankbar sein müßte, weil er die Dreieinigkeit bewiesen habe, denn wenn er wollte, dann ... «*profecto si malignando et adversando vellem, fortioribus argumentis scirem illam infirmare et deprimendo improbare*» [wahrlich, wenn ich aus Bosheit und Streitsucht wollte, könnte ich den Beweis durch stärkere Gründe

dumm wurde, dann soll es ihm passieren, was Bellerophon geschah, der im Dienste der Idee ruhig auf seinem Pegasus saß, aber niederfiel, als er den Pegasus mißbrauchen wollte, um zu einem Rendezvous mit einer irdischen Frau zu reiten.

Die Innerlichkeit, die Gewißheit ist Ernst. Das sieht etwas dürftig aus; hätte ich aber gesagt, sie ist die Subjektivität, die reine Subjektivität, die ‹übergreifende› Subjektivität — dann hätte ich etwas gesagt — was gewiß mehrere ernst gemacht hätte. Indessen kann ich den Ernst auch auf eine andere Weise ausdrücken. Sobald die Innerlichkeit fehlt, ist der Geist verendlicht. Die Innerlichkeit ist deshalb die Ewigkeit oder die Bestimmung des Ewigen in einem Menschen.

Wenn man nun das Dämonische recht studieren will, braucht man nur darauf zu sehen, wie das Ewige in der Individualität verstanden wird, und gleich weiß man Bescheid. In dieser Hinsicht bietet die neuere Zeit für die Beobachtung ein weites Feld. Das Ewige wird in unserer Zeit oft genug besprochen, es wird verworfen und angenommen, und sowohl das erstere wie das letztere beweist (in Anbetracht der Art, wie es geschieht) den Mangel an Innerlichkeit. Aber derjenige, der das Ewige[1] nicht recht verstanden hat, das Ewige niemals konkret verstanden hat, dem fehlt Innerlichkeit und Ernst.

Ich will hier nicht sehr ausführlich werden, doch will ich einzelne Punkte andeuten.

a) Man leugnet das Ewige im Menschen. Im selben Augenblick ist ‹der Lebenswein ausgeschenkt›, und jede solche Individualität ist dämonisch. Setzt man das Ewige, so ist das Gegenwärtige ein anderes, als man haben will. Dies fürchtet man, und so ist man in Angst vor dem Guten. Ein Mensch kann nun dabei bleiben zu leugnen, so lange er will, dadurch kann er dem Ewigen das Leben doch nicht ganz nehmen. Und selbst wenn man bis zu einem gewissen Grade in einem anderen Sinne das Ewige zulassen will, so fürchtet man es in dem anderen

---

entkräften und ihn herabsetzend widerlegen]. Zum Dank dafür wurde der gute Mann ein Narr, der zwei Jahre brauchte, um die Buchstaben zu erlernen. Vgl. Tennemann, Gesch. d. Ph., 8. Bd., S. 314 Anm. Mag dem nun sein, wie ihm wolle, mag er dies wirklich gesagt haben, oder auch das andere, die im Mittelalter berühmte Blasphemie von den drei großen Betrügern [Moses, Jesus, Mohammed], was ihm fehlte, war gewiß nicht angestrengter Ernst im Dialektisieren oder Spekulieren, sondern Ernst darin, sich selbst recht zu verstehen. Analogien zu dieser Geschichte finden sich wohl genug, und in unserer Zeit hat die Spekulation sich solche Autorität angemaßt, daß sie beinahe versucht hat, Gott an sich selbst irre zu machen, wie einen Monarchen, der sitzt und angstvoll darauf wartet, ob eine Ständeversammlung ihn zum absoluten oder eingeschränkten König machen wird.

1 Es war zweifellos in diesem Sinne, daß Constantin Constantius sagte, die Ewigkeit sei die wahre Wiederholung.

Sinne und in dem höheren Grad; und wie sehr man es auch leugnen mag, man wird seiner doch nie ganz quitt. Das Ewige fürchtet man in unsrer Zeit nur allzu sehr, selbst wenn man es in abstrakten und für das Ewige schmeichelhaften Redensarten anerkennt. Während die einzelnen Regierungen heutzutage in Furcht vor den unruhigen Köpfen leben, leben doch nur allzu viele Individualitäten in Furcht vor einem unruhigen Kopf, der doch die wahre Ruhe ist — vor der Ewigkeit. Da verkündet man den Augenblick, und wie der Weg ins Verderben mit guten Vorsätzen gepflastert ist, so wird die Ewigkeit am besten durch lauter Augenblicke zunichte gemacht. Aber weshalb hat man es so schrecklich eilig? Wenn es keine Ewigkeit gibt, dann ist ja der Augenblick ebenso lang, als wäre sie da. Aber die Angst vor der Ewigkeit macht den Augenblick zu einer Abstraktion. — Dieses Leugnen der Ewigkeit kann sich im übrigen direkt oder indirekt auf sehr viele Arten äußern, als Spott, als prosaische Berauschung an Verständigkeit, als Betrieb, als Begeisterung der Zeitlichkeit usw.

b) Man faßt das Ewige ganz abstrakt auf. Das Ewige ist, gleichsam wie die blauen Berge, die Grenze für die Zeitlichkeit, aber der, welcher kräftig in der Zeitlichkeit lebt, kommt nicht zur Grenze. Der Einzelne, der danach ausspäht, ist ein Grenzsoldat, der außerhalb der Zeit steht.

c) Man beugt für die Phantasie die Ewigkeit in die Zeit hinein. So verstanden, bringt sie eine verzaubernde Wirkung hervor, man weiß nicht, ob sie Traum oder Wirklichkeit ist, die Ewigkeit schaut wehmütig, träumerisch, schelmisch in den Augenblick herein, wie der Strahl des Mondes in einen erleuchteten Wald oder Saal hereinzittert. Der Gedanke an das Ewige wird zu einer phantastischen Beschäftigung, und die Stimmung ist stets die: träume ich, oder ist es die Ewigkeit, die von mir träumt?

Oder man versteht sie rein und ungemischt als etwas für die Phantasie, ohne diesen koketten Doppelsinn. Diese Auffassung hat einen bestimmten Ausdruck gefunden in dem Satz: ‹Die Kunst ist eine Vorwegnahme des ewigen Lebens›; denn die Poesie und die Kunst sind nur die Versöhnung der Phantasie und können wohl die ‹Sinnigkeit› der Intuition haben, aber keineswegs die ‹Innigkeit› des Ernstes. — Man malt die Ewigkeit aus mit dem Flittergold der Phantasie — und man sehnt sich nach ihr. — Man schaut die Ewigkeit apokalyptisch, man spielt Dante, während dieser doch, wie sehr er der Phantasieanschauung einen Platz einräumte, keineswegs die ethische Wirkung des Gerichtsaktes aufhob.

d) Man versteht die Ewigkeit metaphysisch. Man sagt ‹Ich—Ich [1]›

---

1 Anspielung auf FICHTE, dessen spekulative Abstraktheit genauso abgelehnt wird wie die SCHELLINGS und HEGELS (s. Glossar). (Anm. d. Übers.)

so lange, bis man selbst das Lächerlichste von allem wird: das reine Ich, das ewige Selbstbewußtsein. Man redet so lange von der Unsterblichkeit, bis man selbst, zwar nicht unsterblich — aber die Unsterblichkeit wird. Trotzdem entdeckt man plötzlich, daß man die Unsterblichkeit nicht mit ins System hineinbekommen hat, und nun ist man darauf bedacht, ihr Platz in einer Beilage anzuweisen. Im Hinblick auf diese Lächerlichkeit war es ein wahres Wort von Poul Möller, daß die Unsterblichkeit überall zugegen sein muß [Abhandlung über die Unsterblichkeit, 4. Stück (Werke, 2. Aufl. V, S. 65–76). In Hegels System war kein Platz für die persönliche Unsterblichkeit]. Ist sie dies aber, dann wird die Zeitlichkeit etwas ganz anderes, als man selbst wünscht. — Oder man faßt die Ewigkeit in der Weise metaphysisch auf, daß die Zeitlichkeit in ihr komisch aufbewahrt wird. Rein ästhetisch-metaphysisch gesehen, ist die Zeitlichkeit komisch, denn sie ist der Widerspruch, und das Komische liegt immer in dieser Kategorie. Versteht man nun die Ewigkeit rein metaphysisch und will trotzdem aus irgendeinem Grunde die Zeitlichkeit mit darinhaben, so wird es gewiß komisch, daß der ewige Geist die Erinnerung daran bewahrt, daß er verschiedene Male in Geldverlegenheit usw. war. Aber die ganze Mühe, die man sich hier gemacht hat, um die Ewigkeit aufrechtzuerhalten, ist umsonst und ist blinder Alarm; denn rein metaphysisch wird kein Mensch unsterblich und wird kein Mensch seiner Unsterblichkeit gewiß. Man wird dies auf eine ganz andere Weise, und da will das Komische sich auch nicht aufdrängen. Wenn auch das Christentum lehrt, daß ein Mensch Rechenschaft ablegen muß über jedes ungehörige Wort, das er gesprochen hat, und wir dies einfach als die Totalerinnerung verstehen, von der bereits hier im Leben sich unverkennbare Symptome zeigen können, wenn auch die Lehre des Christentums durch keinen Gegensatz schärfer beleuchtet werden kann als durch den zu der Vorstellung der Gräzität, daß die Unsterblichen zuerst Lethe trinken, um zu vergessen, so folgt daraus doch keineswegs, daß die Erinnerung auf direkte oder indirekte Art komisch werden wird, direkt dadurch, daß man Lächerlichkeiten erinnert, indirekt dadurch, daß Lächerlichkeiten in wesentliche Entscheidungen verwandelt werden sollen. Gerade weil Rechenschaft und Gericht das Wesentliche sind, wird dieses Wesentliche wie Lethe im Verhältnis zum Unwesentlichen wirken, während es sich zeigen wird, daß vieles sich als wesentlich erweisen kann, von dem man es nicht gerade glaubte. In den Possierlichkeiten, Zufällen und Umwegen des Lebens war die Seele nicht wesentlich zugegen, und deshalb wird dies alles verschwinden, nur nicht für die Seele, die wesentlich darin war, aber für sie wird dies kaum komische Bedeutung erlangen. Wenn man mit Nutzen über das Komische nachgedacht, es ausführlich studiert hat, beständig klar über seine Kategorie, dann versteht man leicht, daß das Komische gerade der

Zeitlichkeit angehört, denn hier liegt der Widerspruch. Metaphysisch und ästhetisch kann man es nicht hindern und aufhalten, zuletzt die ganze Zeitlichkeit zu schlucken, was dem passieren wird, der entwickelt genug war, es zu gebrauchen, aber nicht reif genug, Unterschiede zu machen. In der Ewigkeit hingegen ist aller Widerspruch aufgehoben, ist die Zeitlichkeit durchdrungen und bewahrt in der Ewigkeit; aber darin ist dann keine Spur des Komischen.

Doch die Ewigkeit will man nicht im Ernst bedenken, sondern hat Angst davor, und die Angst findet hundert Ausflüchte. Dies ist aber gerade das Dämonische.

KAPITEL V

Die Angst, die durch den Glauben erlöst

In Grimms Märchen gibt es eine Erzählung von einem jungen Burschen, der auf Abenteuer ausging, um das Gruseln zu lernen. Wir wollen jenen Abenteurer seinen Weg gehen lassen, ohne uns darum zu bekümmern, ob er auf seinem Weg das Entsetzliche traf. Dagegen will ich sagen, daß dies ein Abenteuer ist, das jeder Mensch zu bestehen hat: Sich ängstigen lernen, damit man nicht verloren ist, entweder weil man sich niemals geängstigt hat, oder weil man in der Angst versunken ist; wer aber sich recht ängstigen lernte, der hat das Höchste gelernt.

Wäre der Mensch ein Tier oder ein Engel, würde er sich nicht ängstigen können. Da er eine Synthese ist, kann er sich ängstigen, und je tiefer er sich ängstigt, um so größer der Mensch, doch nicht in dem Sinne, in dem die Menschen die Angst gewöhnlich verstehen, nämlich als Angst vor etwas Äußerlichem, vor dem, was außerhalb des Menschen liegt, sondern so, daß er selbst die Angst hervorbringt. Nur in diesem Sinne ist es zu verstehen, wenn von Christus gesagt wird, daß er sich ängstigte bis in den Tod, und ebenso, wenn er zu Judas sagt: «Was du tust, das tue bald» [Mt. 36, 37. 38; Mk. 14, 33. 34; Joh. 12, 27]. Nicht einmal das entsetzliche Wort, worüber selbst Luther Angst hatte zu predigen: «Mein Gott, mein Gott, warum hast Du mich verlassen», nicht einmal dieses Wort drückt das Leiden so stark aus; denn durch das letzte Wort wird ein Zustand bezeichnet, in dem Christus sich befindet, das erste bezeichnet das Verhältnis zu einem Zustand, der nicht ist.

Die Angst ist die Möglichkeit der Freiheit, nur diese Angst ist durch den Glauben absolut bildend, indem sie alle Endlichkeiten verzehrt, alle ihre Täuschungen aufdeckt. Und kein Großinquisitor hat so entsetzliche Folterungen in Bereitschaft wie die Angst, und kein Spion weiß so listig den Verdächtigten gerade in dem Augenblick anzugreifen, da er am schwächsten ist, oder weiß die Schlinge, in der er gefangen werden soll, so betörend zu machen, wie die Angst dies weiß; und kein scharfsinniger Richter versteht so zu examinieren, ja den Angeklagten so zu prüfen wie die Angst, die ihn niemals losläßt, nicht in der Zerstreuung, nicht im Lärm, nicht bei der Arbeit, nicht am Tage, nicht in der Nacht.

Wer durch die Angst gebildet wurde, der wurde durch die Möglichkeit gebildet, und erst der, der durch die Möglichkeit gebildet wurde, wurde gebildet nach seiner Unendlichkeit. Die Möglichkeit ist deshalb die schwerste aller Kategorien. Wohl hört man oft das Entgegengesetzte, daß die Möglichkeit so leicht, aber die Wirklichkeit so schwer sei. Aber von wem hört man solche Reden? Von einigen elenden Menschen, die niemals gewußt haben, was Möglichkeit ist, und als die Wirklichkeit ihnen zeigte, daß sie nichts wert waren und zu nichts taugen würden, da frischten sie lügnerisch eine Möglichkeit auf, die so schön, so bezaubernd war, und dieser Möglichkeit lag da als Höchstes etwas jugendliche Eitelkeit zugrunde, deren man sich lieber schämen sollte. Gewöhnlich wird deshalb die Möglichkeit, von welcher es heißt, sie sei so leicht, verstanden als Möglichkeit des Glückes, des Erfolges usw. Aber dies ist überhaupt nicht die Möglichkeit, es ist eine lügnerische Erfindung, die die menschliche Verdorbenheit aufschminkt, um doch einen Grund zur Klage über das Leben und die Lenkung zu haben und Gelegenheit, sich selber wichtig zu werden. Nein, in der Möglichkeit ist alles gleich möglich, und wer in Wahrheit durch die Möglichkeit erzogen wurde, hat das Entsetzliche ebensogut wie das Lächelnde erfaßt. Wenn also ein solcher aus der Schule der Möglichkeit entlassen wird und besser Bescheid weiß als ein Kind über sein ABC, daß er absolut nichts vom Leben fordern kann und daß das Entsetzliche, die Verlorenheit, die Vernichtung Tür an Tür mit jedem Menschen wohnt, und wenn er von Grund auf gelernt hat, daß jede Angst, vor welcher er sich abängstigte, im nächsten Augenblick über ihn kam, dann kann er eine andere Erklärung der Wirklichkeit geben; er wird die Wirklichkeit preisen, und selbst wenn sie schwer auf ihm lastet, wird er sich erinnern, daß sie doch weit, weit leichter ist, als die Möglichkeit es war. Nur so kann die Möglichkeit bilden; denn die Endlichkeit und die endlichen Verhältnisse, worin einem Individuum Platz angewiesen ist, seien sie nun klein und alltäglich oder welthistorisch, bilden nur endlich, und man kann sie immer beschwatzen, immer etwas anderes aus ihnen herausbekommen, immer sich etwas außerhalb halten, immer verhindern, daß man in absoluter Weise etwas daraus lernt; und soll das letztere der Fall sein, dann muß das Individuum wieder die Möglichkeit in sich haben und selbst das bilden, wovon es lernen soll, mag es auch im nächsten Augenblick keineswegs anerkennen, daß es von ihm gebildet wurde, sondern ihm die Macht absolut fortnehmen.

Damit aber ein Individuum dergestalt absolut und unendlich durch die Möglichkeit gebildet werde, muß es redlich gegen die Möglichkeit sein und Glauben haben. Unter Glauben verstehe ich hier, was Hegel an einer Stelle auf seine Weise besonders richtig formuliert hat, die innere Gewißheit, die die Unendlichkeit vorwegnimmt. Wenn die Entdeckungen der Möglichkeit ehrlich verwaltet werden, dann wird die Möglichkeit alle Endlichkeiten aufdecken, sie aber in Gestalt der Unendlichkeit idealisieren, sie wird in der Angst das Individuum überwältigen, bis dies sie wieder besiegt in der Vorwegnahme des Glaubens.

Was ich hier sage, kommt vielleicht vielen wie eine dunkle und schlechte Rede vor, da sie sich doch rühmen, niemals Angst zu haben.

Dazu will ich antworten, daß man gewiß nicht Angst haben soll vor Menschen, vor Endlichkeiten, aber erst der, welcher die Angst der Möglichkeit durchgemacht hat, erst der ist dazu gebildet, sich nicht zu ängstigen, nicht weil er den Schrecknissen des Lebens entginge, sondern weil diese immer schwach bleiben im Vergleich zu den Schrecken der Möglichkeit. Sollte dagegen der Redende meinen, daß es das Große an ihm ist, sich niemals geängstigt zu haben, dann will ich ihn mit Freuden in meine Erklärung einweihen, dies komme daher, daß er äußerst geistlos ist.

Wenn das Individuum die Möglichkeit betrügt, durch die es gebildet werden soll, dann kommt es niemals zum Glauben, dann wird sein Glaube eine Klugheit der Endlichkeit, so wie seine Schule die der Endlichkeit war. Aber die Möglichkeit betrügt man auf jede Weise; denn sonst müßte jeder Mensch, der bloß den Kopf zum Fenster heraussteckt, zur Genüge gesehen haben, daß die Möglichkeit schon damit ihre Exerzitien beginnen könnte. Es gibt ein Bild von Chodowiecki, das die Übergabe von Calais, betrachtet von den vier Temperamenten, darstellt, und des Künstlers Aufgabe war, die verschiedenen Eindrücke sich spiegeln zu lassen im Ausdruck der verschiedenen Temperamente[1]. So bietet das alltäglichste Leben gewiß Begebenheiten genug, es geht aber um die Möglichkeit im Individuum, welches redlich gegen sich selbst ist. Man erzählt von einem indischen Einsiedler, der zwei Jahre lang von Tau gelebt hatte, daß er einmal in die Stadt kam, Wein kostete und dem Trunk verfiel. Man kann diese Geschichte, wie jede ähnliche, auf viele Weisen verstehen, man kann sie komisch, man kann sie tragisch gestalten; aber die Individualität, die durch die Möglichkeit gebildet wird, hat genug an einer einzigen derartigen Geschichte. Im gleichen Augenblick ist sie absolut identisch mit jenem Unglücklichen, sie kennt keine Ausflüchte der Endlichkeit, durch die sie entkäme. Jetzt hat die Angst der Möglichkeit an ihr ihre Beute, bis sie sie erlöst im Glauben aufgeben muß; woanders findet dieser Mensch keine Ruhe, denn jeder andere Ruhepunkt ist nur Geschwätz, wenn er auch in den Augen der Menschen Klugheit ist. Siehe, deshalb ist die Möglichkeit so absolut bildend. In Wirklichkeit ist niemals ein Mensch so unglücklich geworden, daß er nicht einen kleinen Rest Trost zurückbehalten hätte, und so sagt die Verständigkeit ganz richtig: wenn man geschickt ist, weiß man sich zu helfen. Aber wer den Kursus der Möglichkeit im Unglück durchlief, der verlor alles, alles, wie kei-

---

1 Verwechslung Kierkegaards: ‹Les Adieux de Calas› heißt der Stich Ch.s auf dem Titelblatt von LAVATERS ‹Physiognomischen Fragmenten›, die Kgd. besaß (Jean Calas wurde 1762 ein Opfer des Glaubensfanatismus). Außerdem gibt es eine dänische Kopie des Stiches von LIPS, die vier Temperamente beim Bombardement Kopenhagens darstellend, die Kgd.s Verwechslung erklärlich macht. (Anm. d. Übers.)

ner es in Wirklichkeit verlor. Wenn er nun die Möglichkeit nicht betrog, die ihn lehren wollte, die Angst nicht beschwatzte, die ihn retten wollte, dann bekam er auch alles wieder wie keiner in Wirklichkeit, selbst wenn er alles zehnfach bekam; denn der Schüler der Möglichkeit bekam die Unendlichkeit, und die Seele des anderen hatte in der Endlichkeit ausgeatmet. In der Wirklichkeit sank niemand so tief, daß er nicht noch tiefer hätte sinken können und daß nicht noch einer oder viele wären, die noch tiefer sanken. Aber wer in der Möglichkeit versank, dessen Blick schwindelte, dessen Auge wurde verwirrt, so daß er den Maßstab nicht faßte, den Krethi und Plethi dem Versinkenden als einen rettenden Strohhalm reichen, seine Ohren wurden verschlossen, so daß er nicht hörte, was der Marktpreis für Menschen in seiner Zeit war, nicht hörte, daß er ebenso gut wie die meisten sei. Er sank absolut, aber dann tauchte er wieder auf aus der Tiefe des Abgrundes, leichter als all das Beschwerende und Entsetzliche im Leben. Nur leugne ich nicht, daß der, welcher durch die Möglichkeit gebildet ist, nicht, wie die durch die Endlichkeit Gebildeten, dem ausgesetzt ist, in schlechte Gesellschaft zu kommen, auf verschiedene Weise abzuschweifen, daß er vielmehr einem Fall ausgesetzt ist, und das ist der Selbstmord. Falls er, wenn er die Ausbildung begonnen hat, die Angst mißversteht, so daß sie nicht zum Glauben führt, sondern vom Glauben weg, dann ist er verloren. Wer dagegen gebildet wird, der bleibt bei der Angst, er läßt sich nicht betrügen von ihren unzähligen Fälschereien, er erinnert sich genau an das Vergangene; dann wird zuletzt der Anfall der Angst, wenn auch entsetzlich, so doch nicht derart, daß er ihn flieht. Die Angst bleibt sein dienstbarer Geist, der wider Willen ihn dahin führt, wohin *er* will. Wenn sie sich dann meldet, wenn sie hinterlistig so tut, als hätte sie ein ganz neues Schreckmittel gefunden, das noch viel entsetzlicher ist denn je, dann zieht er sich nicht zurück, noch weniger sucht er sie fernzuhalten durch Lärm und Verwirrung, sondern er heißt sie willkommen, er grüßt sie festlich, wie Sokrates festlich den Giftbecher schwang, er schließt sich mit ihr ein, er sagt wie der Patient zum Operateur, wenn die schmerzhafte Operation beginnen soll, nun bin ich bereit. Dann geht die Angst in seine Seele hinein und durchwühlt alles und ängstigt das Endliche und Kleinliche aus ihm heraus, und dann führt sie ihn dahin, wohin er will.

Wenn das eine oder andere außerordentliche Ereignis im Leben eintritt, wenn ein welthistorischer Held Helden um sich sammelt und Heldentaten vollbringt, wenn eine Krisis eintritt und alles Bedeutung erhält, dann wünschen die Menschen dabeizusein; denn dies bildet. Wohl möglich. Aber es gibt eine viel bequemere Art, viel gründlicher gebildet zu werden. Nimm den Schüler der Möglichkeit und setze ihn mitten in die Heide Jütlands, wo es kein Ereignis gibt und wo die größte Begebenheit ist, daß eine Auerhenne lärmend auffliegt, er erlebt alles genauer, vollkommener, gründlicher als der, dem auf dem Theater der Weltgeschichte applaudiert wird und der nicht durch die Möglichkeit gebildet war.

Wenn das Individuum durch die Angst zum Glauben gebildet wird, dann will die Angst gerade ausrotten, was sie selbst hervorbringt. Die Angst entdeckt das Schicksal, und wenn das Individuum sich mit dem Schicksal vertrösten will, dann schlägt die Angst um und nimmt das Schicksal fort; denn das Schicksal ist wie die Angst, und die Angst ist wie die Möglichkeit ein Hexenbrief. Wenn das Individuum nicht so umgebildet wird durch sich selbst im Verhältnis zum Schicksal, dann wird es immer einen dialektischen Rest behalten, welchen keine Endlichkeit ausrotten kann, ebensowenig wie den Glauben an die Lotterie derjenige verlieren wird, der ihn nicht durch sich selbst verliert, sondern ihn dadurch verlieren soll, daß er im Spiel stets verliert. Sogar im Verhältnis zum Allerunbedeutendsten ist die Angst gleich bei der Hand, sobald die Individualität sich um etwas herumdrücken, etwas durch Glücksfall bekommen will. An sich ist es etwas Unbedeutendes, und von außen, von der Endlichkeit her kann das Individuum darüber nichts lernen, aber die Angst macht kurzen Prozeß, sie setzt augenblicklich den Trumpf der Unendlichkeit, der Kategorie ein, und den kann die Individualität nicht stechen. Eine solche Individualität kann das Schicksal im äußeren Sinne, dessen Wechselfälle und Niederlagen nicht fürchten; denn die Angst in ihm hat bereits selbst das Schicksal gebildet und ihm absolut alles weggenommen, was irgendein Schicksal wegnehmen kann. Sokrates sagt im Kratylos [428 d; vgl. Pap. IV A 124], daß es entsetzlich sei, von sich selbst betrogen zu werden, weil man den Betrüger immer bei sich hat; ebenso kann man sagen, daß es ein Glück ist, einen solchen Betrüger bei sich zu haben, der fromm betrügt und immer das Kind entwöhnt, ehe die Endlichkeit beginnt, da hineinzupfuschen. Insofern eine Individualität in unserer Zeit nicht in der Möglichkeit gebildet ist, hat doch diese Zeit eine vorzügliche Eigenschaft für jeden, in welchem ein tieferer Grund da ist und der das Gute zu lernen begehrt. Je friedlicher und stiller eine Zeit ist, desto genauer geht alles seinen regelmäßigen Gang, so daß das Gute seinen Lohn hat, desto leichter kann eine Individualität sich über sich selbst täuschen, ob sie nicht in ihrem Streben ein wohl schönes, aber doch endliches Ziel habe. In diesen Zeiten dagegen braucht man nicht einmal älter als sechzehn Jahre zu sein, um zu sehen, daß der, welcher jetzt auf dem Theater des Lebens auftreten soll, dem Manne gleicht, der nach Jericho zog und unter die Räuber fiel. Der, welcher nicht im Elend der Endlichkeit zu versinken wünscht, wird genötigt, im tiefsten Sinne auf die Unendlichkeit loszugehen. Eine solche vorläufige Orientierung ist eine Analogie zur Bildung durch die Möglichkeit, und eine solche Orientierung kann auch nicht stattfinden außer durch die Möglichkeit. Wenn dann die Klugheit all ihre unzähligen Berechnungen zustande gebracht hat, wenn das Spiel gewonnen ist — dann kommt die Angst, noch ehe das Spiel verloren oder gewonnen wurde, und die Angst schlägt ein Kreuz gegen den Teufel, dann hat die Klugheit überhaupt nichts mehr zu melden, und die listigste Kombination der Klugheit verschwindet wie ein Spaß gegenüber dem Fall, den die Angst durch die Allmacht der Möglichkeit bildet. Sogar in dem Unbedeutendsten, sobald die Individualität eine schlaue Wendung machen will, die nur schlau ist, sich von etwas wegschleichen will und auch alle Wahrscheinlichkeit dafür spricht, daß es glücken wird, denn die Wirklichkeit ist kein so scharfer Examinator wie die Angst — ist die Angst da. Wird sie abgewiesen, weil es eine Geringfügigkeit ist, wovon die Rede ist, dann macht die Angst diese Geringfügigkeit merkwürdig, wie der Flecken Marengo es in der Geschichte Europas wurde, weil hier die große Schlacht bei Marengo stattfand. Wenn eine Individualität nicht dergestalt von selbst der Klugheit entwöhnt wird, so wird das niemals gründlich geschehen; denn die Endlichkeit erklärt immer nur stückweis, niemals total, und der, dessen Klugheit niemals fehlging (und selbst dies ist in Wirklichkeit undenkbar), er kann ja den Grund in der Klugheit suchen und streben, noch klüger zu werden. Mit Hilfe des Glaubens erzieht die Angst die Individualität dazu, in der Vorsehung zu ruhen. So auch im Verhältnis zur Schuld, welche das zweite ist, was die Angst aufdeckt. Der, der bloß durch die Endlichkeit seine Schuldigkeit kennenlernt, ist in der Endlichkeit verloren, und im Endlichen läßt die Frage sich nicht entscheiden, ob ein Mensch schuldig ist, es sei denn auf eine äußerliche, juristische, höchst unvollkommene Weise. Wer deshalb seine Schuld nur kennenlernen soll aus Analogien zu Polizei- und höchstrichterlichen Urteilen, begreift eigentlich niemals, daß er schuldig ist; denn ist ein Mensch schuldig, dann ist er unendlich schuldig. Bekommt also eine solche Individualität, die nur durch die Endlichkeit gebildet wird, nicht ein Polizei- oder Meinungsurteil darüber, daß sie schuldig ist, dann wird sie etwas vom Lächerlichsten und Erbärmlichsten von allem, ein Tugendmuster, das ein bißchen besser ist, als die Leute gewöhnlich sind, aber doch nicht so gut wie der Pastor. Welche Hilfe sollte ein solcher Mensch im Leben brauchen, er kann ja fast vor seinem Tod abtreten in eine Beispielsammlung. Von der Endlichkeit kann man viel lernen, aber nicht, sich zu ängstigen, außer in einem sehr mäßigen und verderblichen Sinne. Der hingegen, der in Wahrheit lernte, sich zu ängstigen, soll gehen wie zum Tanz, wenn die Ängste aufzuspielen beginnen und wenn die Lehrlinge der Endlichkeit Verstand und Mut verlieren. So täuscht dies oft im Leben. Der Hypochonder ängstigt sich vor jeder Kleinigkeit, wenn aber das Bedeutende kommt, dann beginnt er aufzuatmen, und warum? Weil die bedeutende Wirk-

lichkeit doch nicht so schrecklich ist wie die Möglichkeit, die er selbst gebildet hatte und die zu bilden er seine ganze Kraft brauchte, während
er nun alle seine Kraft gegen die Wirklichkeit gebraucht. Indessen ist
doch der Hypochonder nur ein unvollkommener Autodidakt im Vergleich mit dem, der durch die Möglichkeit gebildet wird, weil die Hypochondrie zum Teil vom Körperlichen abhängt und deshalb zufällig [1]
ist. Der wahre Autodidakt ist im selben Grade Theodidakt [durch Gott
Gebildeter], wie ein anderer Verfasser gesagt hat (vgl. ‹Entweder –
Oder›), oder um nicht einen Ausdruck zu gebrauchen, der so sehr an
das Intellektuelle erinnert, er ist αὐτοῦργός τις τῆς φιλοσοφίας [2] [Selbst-
gemachter in Sachen der Philosophie] und im selben Grad θεοῦργος
[hier dem Sinne nach: durch Gott Gemachter]. Wer im Verhältnis zur
Schuld durch die Angst erzogen wird, der wird deshalb erst ruhen
können in der Versöhnung.

Hier endet diese Betrachtung, da, wo sie begann. Sobald die Psychologie mit der Angst fertig ist, muß diese an die Dogmatik abge-
liefert werden.

---

1 Deshalb nimmt Hamann das Wort Hypochondrie in einer höheren Bedeutung, wenn er sagt: «Diese Angst in der Welt ist aber der einzige Beweis
unserer Heterogeneität. Denn fehlte uns nichts, so würden wir es nicht besser machen als die Heiden und Transzendental-Philosophen, die von Gott
nichts wissen und in die liebe Natur sich wie die Narren vergaffen; kein
Heimweh würde uns anwandeln. Diese impertinente Unruhe, diese heilige
Hypochondrie ist vielleicht das Feuer, womit wir Opfertiere gesalzen und
vor der Fäulnis des laufenden *seculi* bewahrt werden müssen (6. Bd., S. 194).»
[Vgl. Pap. III A 235]

2 Vgl. Xenophons *Convivium* [Gastmahl], wo Sokrates dieses Wort von
sich selbst gebraucht.

DIE ANGST ALS URPHÄNOMEN IM LEBEN
KIERKEGAARDS UND IN UNSERER ZEIT

In Kierkegaards 31. Lebensjahr, am 17. Juni 1844, kam seine Arbeit ‹Der Begriff Angst› heraus. Wir können es uns heute, da die moderne Tiefenpsychologie, Existenzphilosophie und Theologie die zentrale Bedeutung dieser Schrift so glänzend erwiesen haben, nicht mehr vorstellen, daß dieses Werk bei den Zeitgenossen keinerlei Aufsehen erregte. HARALD HÖFFDING, der gegen Ende des Jahrhunderts eine Kierkegaard-Monographie schrieb, hat den ‹Begriff Angst› sogar im Sinne des Positivismus kritisiert. So weit entfernt war das 19. Jahrhundert noch, diese Selbstentlarvung des Zeitalters zu verstehen. Wir werden sehen, daß dieser Begriff Angst nicht nur für Kierkegaard persönlich zentral war, sondern auch das Daseinsgefühl sowohl des 19. wie des 20. Jahrhunderts vorwegnehmend charakterisiert.

Angst in Kierkegaards Tagebüchern
und ‹Entweder — Oder›

Schon in den Werken vor dieser Schrift (‹Entweder — Oder›, ‹Die Wiederholung›, ‹Furcht und Zittern›) und in den Tagebüchern hat Kierkegaard mit dieser Angst als einem Urphänomen gerungen. So schreibt er von ihr bereits 1837 in den Tagebüchern (Pap. II A 18). Hier faßt er den Begriff Angst als ‹Ahnungen› des Künftigen auf, eine Art Prädestinations-Angst, was uns und dem Zeitalter bestimmt sein mag: «Es geht oft ein gewisses Ahnen voraus für alles, was geschehen mag; aber ebenso, wie dies abschreckend wirken kann, kann es auch verlockend sein, wenn beim Menschen der Gedanke erwacht, daß er gleichsam prädestiniert ist... Deshalb muß man so vorsichtig mit Kindern sein, niemals das Schlimmste glauben, niemals durch einen unangebrachten Verdacht, durch eine hingeworfene Bemerkung (einen Höllenbrand, der das Pulver entzündet, das in jeder Seele ist) ein ängstigendes Bewußtsein hervorrufen, durch das leicht unschuldige, aber nicht starke Seelen verführt werden können, sich schuldig zu glauben, verzweifeln und dadurch den ersten Schritt tun zu dem Ziele, welches das ängstigende Ahnen verkündigte — eine Äußerung, wodurch dem Reich des Bösen Gelegenheit gegeben wird, mit seinem schlangenartig lähmenden Auge die Menschen in eine Art geistige Ohnmacht zu versetzen.» Hier kommt er dem saugenden Schwindel der Angst, der Ohnmacht der Freiheit im Schrecken der Verführung schon sehr nahe und redet offenbar aus Erfahrung. Auch an anderen Tagebuchstellen

(Pap. II A 32) spricht er von der Angst als von den bösen Ahnungen, dem Vorauswissen der Angst, das zum Bösen hinüberzieht und verlockt. In einer Randbemerkung dazu sagt er: «Alle Sünde beginnt mit Furcht (so wie die Furcht vor einer Krankheit die Disposition dazu ist); doch der erste Mensch begann nicht damit, ihn verlockte nicht die Erbsünde» (Pap. II A 19). Wir sehen hier schon die Verbindung von Angst und Sündenfall und die deutliche Unterscheidung Adams von den anderen Menschen: Adam und Eva sündigten nicht in der Angst der Erbsünde, aber alle späteren Menschen taten dies.

Wie sehr persönlich Kierkegaard hier die Verbindung von Angst und Sündenfall erlebte und wie er lebenslang darunter litt, zeigt eine Tagebuchnotiz aus der Zeit seiner geistigen Auseinandersetzung um die aufgelöste Verlobung mit REGINE OLSEN. Am 17. Mai 1843 redet er von «meiner Verirrung, meinen Lüsten und Ausschweifungen, die doch vielleicht in Gottes Augen nicht so himmelschreiend sind; denn es war doch Angst, die mich dazu brachte, in die Irre zu gehen» (Pap. IV A 107). Mit diesen qualvollen Erfahrungen von Sexualität und Angst hängt die Einsicht in die Verführerrolle von MOZARTS ‹Don Juan› in ‹Entweder — Oder› zusammen. Dort zeigt uns Kierkegaard die enge Verknüpfung zwischen Musik, Angst und Wollust. Da schreibt er von den «vielen grauenvollen Beweisen für die dämonische Macht, womit die Musik ein Individuum ergreifen kann und dieses wiederum die Masse, besonders der Frauenzimmer, fängt in den verführerischen Schlingen der Angst, mit der ganzen aufreizenden Macht der Wollust». Die besitzergreifende Angst als Kraft in Don Juan ist ein besonders sinnfälliges Symbol für die enge Verknüpfung von Erotik und Angst. Aber auch außerhalb der Sphäre des Sinnlichen wird in ‹Entweder — Oder› die tragische Angst der Antigone geschildert und die psychopathische Angst Neros des Tyrannen in der Machtakkumulation des Zeitalters der glücklosen Massen. Dies alles sind Vorstadien zum Kulminationspunkt der ‹Angst vor dem Nichts›, der reinen Angst, der metaphysischen Angst, der elementaren Triebkraft der menschlichen Seele — eine klassische Entdeckung, die fortgewirkt hat bis in unsere Tage, bis in HEIDEGGERS Existenzanalyse der Angst, bis zu JASPERS, SARTRE und CAMUS.

Der Stufenweg in Kierkegaards ‹Begriff Angst›

Die enge Verknüpfung von Angst und Erbsünde, die Kierkegaard im Untertitel seiner Arbeit andeutet, macht eine Einführung in den besonderen theologischen Gedankengang um diesen Problemkomplex notwendig, denn heute ist, von wenigen Theologen abgesehen, niemand mehr vertraut mit den dogmatischen Voraussetzungen, von denen der ‹Kopenhagener Wächter›, VIGILIUS HAUFNIENSIS, wie Kierkegaards Pseudonym für diese Schrift lautet, ausgeht. Worüber wollte er wachen? Vor welcher Gefahr in sein Feuerhorn stoßen? Vor dem Bewußtseinsverlust um diese Zusammenhänge von persönlicher Schuld und Angst, den unser neues Zeitalter gebracht hat, eingeleitet durch die Beschwichtigungsversuche und Harmonisierungsbestrebungen der Hegelschen Spekulation und ihrer deutschen und dänischen Epigonen, *den nyere Videnskab*, der ‹neuen Wissenschaft›, wie Kierkegaard sie ironisch nennt. Denn sie leitet den großen existentiellen Substanzverlust des gegenwärtigen technischen Zeitalters, die innere Aushöhlung und seelische Verödung ein. Deshalb vergleicht sich Kierkegaard mit einem Polizeispion oder mit dem Clown, der auf der Bühne ruft: «Das Theater brennt!», aber alles lacht, und niemand nimmt ihn ernst – bis alle verbrannt sind! Es ist deshalb nicht überflüssig, diese uns heute scheinbar fernliegenden theologischen Gedankengänge, an denen Kierkegaard das Phänomen der Angst entwickelt, durchzudenken. In jedem seiner entscheidenden Bücher seit ‹Entweder — Oder› behandelt Kierkegaard eine große Gestalt oder ein zentrales Ereignis der Bibel in seiner Bedeutung für uns. In der ‹Wiederholung› das Schicksal des Hiob, in ‹Furcht und Zittern› die Geschichte Abrahams und im ‹Begriff Angst› die Geschichte von Adams und Evas Sündenfall. Ergänzt wird der ‹Begriff Angst› später durch die ‹Krankheit zum Tode›, die den Begriff der Sündenerkenntnis weiterführt.

Auf der einen Seite hält sich Kierkegaard streng an die orthodoxe Lehre von der Erbsünde, die ihren entscheidenden Ausdruck bei Augustin fand in seinem Streit mit Pelagius, welcher die Realität der Erbsünde leugnete und die Freiheit des Willens überbetonte. Andererseits aber sah Kierkegaard die Notwendigkeit, zu verhindern, daß die Erbsünde die Verantwortung des einzelnen Menschen für seine Sünde aufhebt. Man kann die Schuld nicht auf Adam zurückverweisen, sondern jeder einzelne im Menschengeschlecht ist neu schuldig, begeht durch seine Sünde aufs neue Aufruhr gegen Gott.

Im Eingangskapitel der Einleitung zeigt Kierkegaard, wie durch die dialektische Methode Hegels (s. Glossar: ‹Dialektische Methode›) der Schuldcharakter des Sündenbegriffs aufgehoben wird als das sogenannte ‹notwendige Negative›, das als ein Zwischenglied zur Mediation, zur Versöhnung, hinführt. Die Verbindung von ‹negativ› im logischen und ‹böse› im ethischen Sinne hat zu einer völligen Verwirrung von Spekulation und Ethik, zu einer Begriffsverflüchtigung, wie Kierkegaard das nennt, geführt. Seine ‹Operation› besteht darin, diesen Begriff Sünde in seiner existentiellen Bedeutung für den Menschen wiederzuerobern. Das kann man nur, wenn man die Sündenfall-Erzählung der Bibel, 1. Mose, Kap. 3, wieder ernst nimmt und auf sein eigenes Dasein bezieht und auf die Auslegungen zurückgeht, die die Dogmatik diesen Vorgängen gegeben hat. «Von jedem Begriff muß von *der* Wissenschaft aus gesprochen werden, der er zugehört.» Der Begriff Sünde aber gehört in die Bibel und in die Dogmatik, ebenso wie der damit verbundene Begriff Angst. Die einzige (damals noch philosophische) Wissenschaft, die sich außer der Dogmatik noch mit Sünde und Angst zu befassen hat, ist die Psychologie. Mit ihrer Hilfe kann festgestellt werden, daß die fundamentale Angst im Menschen die Voraussetzung für den Sündenfall ist, und zwar nicht nur für den ersten Sündenfall im Paradies, sondern auch bei allen einzelnen Nachfolgern von Adam und Eva in der Generationenkette des Menschengeschlechts. Aber die Psychologie kann das Phänomen gleichsam nur experimentell umkreisen, seine Auslegung kann allein die Dogmatik geben, wozu Kierkegaard hier besonders die altlutherische Dogmatik des ‹*Hutterus redivivus*› von KARL HASE (4. Aufl. 1839) herangezogen hat[1].

(Kap. I/II:) Psychologisch gesehen ist diese Angst nicht Furcht, die sich auf ein bestimmtes Objekt richtet, sondern die ‹Angst vor dem Nichts›. Sie ist ein Zeugnis dafür, daß das ewige, geistige Ich im Begriff ist, in einem Menschen durchzubrechen. Im Sündenfall wird der Mensch seiner selbst inne als einer ‹Synthese von Seele und Leib›; der Mensch ist zwar ein Sünder vor Gott, aber erst im Erlebnis dieser Synthese von Leib und Seele kann er sich selbst als Geist verstehen (der das Dritte ist, in dem Leib und Seele vereint sind). Kierkegaard denkt und redet hier noch z. T. in der Hegelschen Dreitakt-Dialektik, die er aber mit anderem, mit realistisch-existentiellem Sinn erfüllt und dadurch sprengt. Das Erlebnis dieser Sprengung ist gerade sein der Hegelschen Spekulation entgegengesetzter ‹*Begriff Angst*›. Dies, sich selbst in der Sündenangst als Geist erleben, ist zugleich das Pfand der menschlichen Verbindung mit Gott. Vor der christlichen Offenbarung zeigte die Angst sich bei den Griechen als Glaube an das Schicksal und bei den Juden als Schuld gegen das Moralgesetz (Kap. III). Im Kap. IV kommt Kierkegaard auf das Verknüpftsein von Sünde, Angst

---

1 LEONHARD HUTTER (1563-1616), seit 1596 Professor der Theologie in Wittenberg, ist der Dogmatiker der Konkordienformel, der das konfessionelle Luthertum gegen alle anderen Richtungen (Melanchthonianer, Reformierte usw.) durchsetzte. Er sah seine Aufgabe als Dogmatiker in der Reproduktion der in der Bibel objektiv gegebenen, durch das Konkordienbuch bewiesenen reinen Lehre. Er ist noch frei von der aristotelischen Scholastik der Orthodoxie wie vom strengen Biblizismus und rechnet auch alle evangelisch-theologischen Schlußfolgerungen aus biblischen Sätzen zur unleugbaren Substanz des Glaubens. Sein Werk verdrängte die ‹*Loci*› Melanchthons und lebte bis ins 19. Jh. hinein fort, wofür die Ausgabe ‹*Hutterus redivivus*› von KARL HASE ein Beweis ist (bis 1883 12 Auflagen), der damit den Orthodoxen seiner Zeit (1828 ff) zeigen wollte, wie weit sie sich von der echten altlutherischen Orthodoxie entfernt hatten.

und Freiheit zu sprechen. Aus genauer Beobachtung schildert er: In der Angst hat das Individuum die Möglichkeit der Freiheit entdeckt, im Sündenfall «sinkt die Freiheit ohnmächtig um». Durch Reue und Erlösung wird die Freiheit gewonnen im Glauben. Freiheit bedeutet die Fähigkeit, sich für Gott zu entscheiden, eine positive, gottesbestimmte Lebensgrundlage zu wählen. Wenn ein Sünder sich nicht zu seiner Sünde bekennen will, verschließt sie sich in ihm; er wird verschlossen oder ‹dämonisch› aus ‹Angst vor dem Guten›, d. h. der Wahl Gottes in Freiheit. Im V. und letzten Kapitel erreicht Kierkegaard den Höhepunkt seiner Daseinsanalyse der Angst. Die Angst ist ein Mittel der Erlösung. Durch die Angst entdeckt der Sünder das Furchtbarste von allem: die Sünde, die er *möglicherweise* begangen hat oder begehen wird. Das Erzogenwerden durch diese Angst der Möglichkeit ist das Gebildetwerden durch die Unendlichkeit. In dieser Schule auszuhalten, schließt zwar das schwerste Risiko, das des Selbstmordes, in sich, aber es eröffnet auch die höchste Möglichkeit, die des Glaubens. Die unendlichen Möglichkeiten der Sünde befreien das geängstigte Individuum von der Umklammerung durch die äußere Schicksalsangst und bahnen dem Glauben den Weg. Diese Angst der unendlichen Möglichkeit zeigt dem Menschen auch, daß Schuld etwas anderes ist als nur der Verstoß gegen das Strafgesetz und die öffentliche Meinung. Wer die Angst der Möglichkeit durchlebte, wird niemals die Wirklichkeit fürchten und so gegen alle Schrecken der Welt abgehärtet sein. Aber nie wird er aus dieser Schule der Angst entlassen; es ist die konkrete Aufgabe der Existenz, immer wieder den Glaubenssprung gegen die unendliche Möglichkeit zu vollziehen.

Angst als Urphänomen im Leben Kierkegaards

Wer so über die Angst zu reden weiß, ist kein Theoretiker und unbeteiligter Analytiker. Er redet aus einer furchtbaren Erfahrung, die ihn weiterhin umklammert hält, er redet aus innerster Not und bitterer Notwendigkeit, das Höchste, den Glauben, aufzubieten, um sein angstgepeitschtes Dasein fruchtbar zu machen für sich und andere, um nicht unterzugehen in den Höllen inneren Eingesperrtseins mit dieser Angst. In den ‹Erinnerungen an Kierkegaard› schildert sein Vetter HANS BRÖCHNER, wie es Kierkegaard eine wollüstige Qual bereitete, alle nur möglichen Lebenssituationen in der Phantasie bis zu Ende zu denken. Dialektik und Phantasie sind die geistigen Haupttriebkräfte von Kierkegaards Dasein, so daß er sich in zwiefacher Leistung seinem Zeitalter stellen muß: als religionsphilosophischer Gegendialektiker gegen die Spekulation des Deutschen Idealismus und als Dichter der Existenz. Beide Leistungsformen bedingen sich und steigern sich aneinander.

So arm sein Leben an äußeren Ereignissen war, so abgründig und bewegt war es an inneren Konflikten. Schon die frühe Jugendzeit stellte ihn vor seelische Aufgaben, an denen er sich innerlich ‹verheben› mußte. Der Vater war 57 Jahre alt, als Kierkegaard geboren wurde, war also schon im Alter eines Großvaters, als Kierkegaard Kind war. Und dieser großväterliche Gefährte seiner Kindheit stellte ihn frühzeitig vor schwerste Probleme. Er sah die tiefe Gläubigkeit und exemplarische Frömmigkeit dieses Greises, der schon frühzeitig seinen Kaufmannsberuf aufgegeben hatte und als wohlhabender Rentner ganz seinen religiösen Grübeleien lebte. Eine tiefe Schwermut und eine quälende Angst, alle seine Kinder überleben zu müssen, lastete auf seinem Dasein. Heute würde man dies als typische Altershypochondrie bezeichnen. Aber er und der kindliche Sohn suchten nach tieferen Gründen. Der Sohn sah sich frühzeitig in tiefe Ängste gestürzt, als er täglich erleben mußte, daß ernste Gläubigkeit und schwerste Daseinsangst einander nicht ausschließen, daß Gott seine treuen Anhänger nicht mit problemloser Geborgenheit begnadet, sondern sie in immer tiefere Gewissensnot fallen läßt. Beide, Vater und Sohn, suchten nach Gründen für diese Paradoxie. Der Sohn erfuhr, daß der Vater als armer Hütejunge in der jütländischen Heide als verzweifeltes Kind Gott verflucht habe und nun sein Leben lang an der dadurch verursachten Angst tragen müsse. Tiefe Glaubenszweifel, aber auch Zweifel am Idol des Vaterbildes ängstigten also Kierkegaard von Kind an. So konnte das Elternhaus ihm keine Geborgenheit geben, wie Kinder im zarten Alter sie brauchen. Immer wieder hat Kierkegaard dem in seinen Tagebüchern Ausdruck verliehen, so 1844, gerade zur Zeit des Erscheinens von ‹Begriff Angst›:

«Es waren einmal ein Vater und ein Sohn. Beide geistig sehr begabt, beide witzig, insbesondere der Vater. Jeder, der ihr Haus kannte und dort verkehrte, fand sicherlich, daß es sehr kurzweilig war. Im allgemeinen disputierten sie und unterhielten sich miteinander nur wie zwei gute Köpfe, und nicht als Vater und Sohn. Ganz selten einmal, wenn der Vater den Sohn betrachtete und sah, daß er sehr kummervoll war, da stand er still vor ihm und sagte: Armes Kind! Du steckst in einer stillen Verzweiflung. (Aber er befragte ihn niemals näher, ach! das konnte er nicht, denn er steckte selber in einer stillen Verzweiflung.) Sonst wurden niemals zwei Worte über diese Angelegenheit gewechselt. Aber der Vater und der Sohn waren vielleicht zwei der schwermütigsten Menschen, die seit Menschengedenken gelebt haben. Von hier stammt das Wort: die stille Verzweiflung. Es ist sonst niemals angewandt worden; denn man hat im allgemeinen eine andere Vorstellung von Verzweiflung. Sobald der Sohn dies Wort nur bei sich selber erwähnte: ‹die stille Verzweiflung›, brach er immer in Tränen aus, teils, weil es so unerklärlich erschütternd war, teils, weil er sich an die bewegte Stimme des Vaters erinnerte, da er, wie alle Schwermut, lakonisch war, aber auch das Gewichtige der Schwermut besaß. Und der Vater glaubte, er habe die Schwermut des Sohnes verschuldet, und der Sohn glaubte, er habe die Schwermut des Vaters verschuldet, darum sprachen sie nie miteinander. Und jener Ausruf des Vaters war ein Ausruf seiner eigenen Schwermut, so daß er, als er es sagte, mehr zu sich selber sprach als zu dem Sohne.»

Und auch 1850, als sein kurzes Leben sich schon bald dem Ende zuneigte, quält er sich damit ab: «Das Gefährlichste ist nicht, daß der Vater oder der Erzieher ein Freidenker ist; nicht einmal, daß er ein Heuchler ist. Nein, das Gefährlichste ist, daß er ein frommer und gottesfürchtiger Mann ist, daß das Kind innig und tief davon überzeugt ist und daß es dennoch merkt, wie sich tief in seiner Seele eine Unruhe verbirgt, der also doch Gottesfurcht und Frömmigkeit noch keinen Frieden zu schenken vermochten. Das Gefährliche liegt just darin, daß das Kind in diesem Verhältnis dazu veranlaßt wird, einen Schluß zu ziehen im Hinblick auf Gott: daß Gott doch nicht der unendlich Liebevolle ist.»

Düstere Ahnungen, daß «Gott nicht der Gott der Frommen, sonder der Gott der Gottlosen» sei, ließen ihn seither nicht mehr los, und zugleich wollte das Suchen nach einer verborgenen Schuld des Vaters, die alles noch mehr erklärte, nicht aufhören. Die erste Begegnung mit der dämonischen Verschlossenheit des Vaters fällt in seine frühen Jünglingsjahre, wie eine Tagebuchnotiz von 1844 (also wieder aus der Zeit des ‹Begriffs Angst›) zeigt: «Ein Verhältnis zwischen Vater und Sohn, wobei der Sohn im Verborgenen alles entdeckt und es doch nicht zu wissen wagt. Der Vater ist ein angesehener Mann, gottesfürchtig und streng, nur gelegentlich einmal, im betrunkenen Zustand, läßt er ein paar Worte fallen, die das Furchtbare ahnen lassen. Anders erfährt der Sohn es nicht und getraut sich nie, den Vater oder irgendeinen anderen Menschen zu fragen.» Das ängstlich gehütete Geheimnis wird in einer sexuellen Schuld des Vaters gegenüber seiner zweiten Frau, einer Dienstmagd, die er geschwängert hatte, gesehen. Jedenfalls bedeutete diese Ahnung für Kierkegaard das ‹große Erdbeben›. Wie das Vaterbild für jeden Menschen von entscheidendem Einfluß auf sein Gottesbild ist, so geriet Kierkegaard hierdurch in den Malstrom tiefster religiöser Zweifel, entzog sich den niederdrückenden Einflüssen des Elternhauses, in dem der Vater als moralisierender Heuchler und die Mutter als (im übrigen geistig bedeutungslose) Zeugin des väterlichen Fehltritts erschien.

Diese Last des ständigen Eingesperrtseins mit seinem Geheimnis und die Eigenart der väterlichen Erziehung, die ihn alles in der Phantasie durcherleben ließ statt im Leben, die ständigen, allmählich in

Zank ausartenden dialektischen Wortgefechte mit dem Vater waren ihm unerträglich geworden, und er glaubte, der Angst und Schwermut entfliehen zu können, indem er sich im Kaffeehausgetriebe der spätromantischen Literatenjugend verlor. Das dem Wunsche des Vaters entsprechende Theologiestudium wurde vernachlässigt, Schauspiel, Oper und Ballett (wir haben Proben davon im ‹Begriff Angst›; s. S. 120, Bournonville) üben neben ästhetischen Gesprächen ihren Zauber aus, namentlich auch MOZARTS ‹Don Juan›. Aber die Stimme der inneren Unruhe und Angst läßt sich dadurch nicht betäuben: «Ich komme jetzt eben aus einer Gesellschaft, wo ich die Seele war, die Witze strömten aus meinem Munde, alle lachten, alle bewunderten mich — aber ich, ja, der Gedankenstrich müßte genausolang sein wie die Radien der Erde — — — ging fort und wollte mich erschießen.» Und die Vaterbindung kommt doppelt zurück, als der Vater 1838 als Dreiundachtzigjähriger stirbt und Kierkegaard daraufhin den Auftrag des Vaters ausführt, Theologe zu werden. «Mein Vater starb Mittwoch [am 8. August], nachts um zwei Uhr. Ich hatte den innigen Wunsch gehabt, daß er noch ein paar Jahre leben möchte, und ich betrachte seinen Tod als das letzte Opfer, das er seiner Liebe zu mir gebracht hat. Denn er ist nicht von mir gegangen, sondern für mich dahingegangen, damit, wenn möglich, noch etwas aus mir werden könne...» Und noch einmal werden grüblerisch jene beängstigenden Schuldphänomene im Leben des Vaters wieder und wieder durchgedacht, zugleich mit den ängstigenden Erfahrungen des Verschließenmüssens eines ‹Geheimnisses› aus der sexuellen Sphäre im eigenen Leben (s. Zitat Pap. IV A 107, S. 149), das vielleicht jener Trotzzeit gegen den Vater, der Zeit seines ästhetischen Stadiums entstammt. So gehen seine verblüffend lebendigen Beobachtungen der Angst als Sich-Verschließen und -Verbergen vor dem Offenbarwerden, der Situation Adams und Evas, als Gott sie nach dem Sündenfall ruft, auf tiefe traumatische Erlebnisse Kierkegaards in seiner frühen Jugend zurück.

Die traumatische Situation des Regine-Komplexes

Dies kommt am deutlichsten zum Ausdruck in seiner Begegnung mit der sechzehnjährigen REGINE OLSEN, seiner Verlobung und der Aufhebung des Verlöbnisses mit ihr. Wie alle seine Werke, von ‹Entweder — Oder› angefangen, nichts als Fortsetzungen des Dialoges mit Regine Olsen sind, so auch der ‹Begriff Angst›, in dem Kierkegaard sich zugleich von dem Lastenden dieser Erlebnisse zu befreien sucht. Hier wird ja gerade die Verknüpfung von Sexualität und Angst, die Verbindung von Körper und Seele in der Synthese des Geistes zum Thema gemacht. Und auch seine Beobachtungen über die Erscheinungsweisen weiblicher

Angst stehen wohl in engstem Zusammenhang mit Erfahrungen, die er mit Regine gemacht hatte. Schon nach abgelegtem Examen schreibt er 1840 auf seiner Jütlandreise in sein Tagebuch: «Mein Unglück ist es überhaupt, daß ich in der Zeit, als ich mit Ideen schwanger ging, mich am Ideal versah; deshalb bringe ich Mißgeburten zur Welt, und deshalb entspricht die Wirklichkeit nicht meiner glühenden Sehnsucht — und Gott gebe, daß es bloß nicht auch in der Liebe der Fall ist; denn auch dort packt mich eine geheime Angst, daß ich ein Ideal mit einer Wirklichkeit verwechselt habe. Gott möge es verbieten! Noch ist es nicht der Fall. Aber diese Angst, die bewirkt, daß ich so gern das Künftige voraussehen möchte und es dennoch fürchte!»

Schon war ihm Regine begegnet und damit nicht nur höchste Beglückung, sondern die würgende Angst, sowohl sein wie des Vaters ‹Geheimnis›, seine *vita ante acta* dem ahnungslosen jungen Mädchen offenbaren — und zugleich seine Einsamkeit aufgeben zu müssen.

Noch in anderer Gestalt überkam ihn die Angst in Gegenwart der Geliebten: als Erwartungsangst. Im ‹Begriff Angst› sehen wir in den ersten Kapiteln deutlich die Angst, die aus dem Zusammensein zu zweien erwächst, die Angst, «was geschehen könnte, wenn», die Angst vor den verpaßten und den wahrgenommenen Möglichkeiten ihrer Begegnungen. Diese Angst gewinnt bei ihm noch eine besondere Form, die aus seiner unglücklichen Jugend stammt: Er hat gelernt, alles in der Phantasie vorwegzunehmen, und ist darum der Wirklichkeit nicht gewachsen oder die Wirklichkeit nicht ihm: Die Angebetete muß notwendig hinter seinem Ideal zurückbleiben. «Ich kann dieses Verhältnis nicht quitt werden, denn ich kann es nicht dichten», sagt er mehrfach in seinen Tagebüchern. Es besteht eine Diskrepanz zwischen seiner wirklichen Existenz und seiner Existenz als Dichter, die offenbar durch seine Jugenderziehung das Übergewicht hat. Er stellt diesen Konflikt in den Mittelpunkt seiner Schrift ‹Die Wiederholung›: Der schöne verliebte Jüngling, der immer bei seiner Geliebten sein möchte und doch zugleich das Ganze schon als Vergangenheit erlebt und bedichtet. So beängstigt es Kierkegaard auch, daß er sich nicht dem Augenblick hingeben kann, sondern daß seine Phantasie alles in Vergangenheit oder Zukunft verwandelt. Er sieht, daß er seine Schwermut (seine angstvolle Eingeschlossenheit mit all seinen Schuldgefühlen, Komplexen und Konflikten) in der Liebe nicht überwinden, sondern nur noch dialektisch steigern kann. Er entschließt sich zur Trennung, weil sein Leben das eines ‹Pönitierenden› sein muß. Neue unabsehbare Ängste entspringen aus dieser Trennung; die Geliebte darf den wahren Grund nicht wissen, sonst würde sie sich erst recht an ihn klammern; es muß die Komödie libertinhafter Gewissenlosigkeit gespielt werden, um sie abzuschrecken. Als er schließlich etliche Wochen später nach Berlin abreist, sind die Briefe an seinen Freund EMIL

BOESEN voll von tausend Beängstigungen und Kabalen um diesen Fall: ob Regine erkrankt sei, ob sie aber auch nicht merke, daß er noch an sie denke, ewig an sie denken werde; seine eigenen Nervenaffektionen und Krämpfe während des traurigen Winters in Berlin, der doch der Anfang seines produktiven Zwiegesprächs mit ihr wird, usw. Alles ist und bleibt Angst und Krampf an dieser Beziehung bis zu seinem Tode. Die Urangst, sein ‹Geheimnis›, seine zahlreichen Tabus aufgedeckt zu sehen, beherrschte die Gegenwart und die Vergangenheit seiner Verlobung. Noch Jahre nach diesem Ereignis wird jede zufällige Begegnung mit ihr, jedes Kopfnicken in der Kirche nach allen Möglichkeiten der Deutung in den Tagebüchern untersucht mit Ausdrücken der Angst: «Nun ist alles umsonst gewesen», bis zum Erwägen einer neuen Annäherung (vielleicht in einer geistigen Freundschaft). Und so egozentrisch und *self-concerned* und in der Phantasie über die Geliebte verfügend, auch noch nach der Trennung, ist Kierkegaard in diesem ganzen Verhältnis, daß es einen schweren Schock für ihn bedeutet, plötzlich ihre Verlobung mit ihrem Jugendfreund FRITZ SCHLEGEL zu erfahren. Von da an kommen die bitteren Bemerkungen: *«Hun vilde have forqvacklet mig»* (sie würde mich verpfuscht haben) in sein Tagebuch. Noch nach ihrer Verheiratung versetzt er sich wieder in die Erwartungsangst eines versuchten Briefwechsels mit ihr, der Brief wird aber ungeöffnet von Fritz Schlegel zurückgegeben. Erst im Jahr seines Todes, 1855, reist Regine mit Fritz Schlegel als Gouverneur nach Dänisch-Westindien ab, und die stummen Begegnungen bei Spaziergängen hören auf, aber noch in seinem Testament, in dem er sein Weniges an Hab und Gut Regine auszuhändigen bittet[1], zittert der Krampf und die Angst des Festhaltens der Geliebten nach wie in jedem seiner großen Werke.

Angst und Schuld aus den persönlichen Versuchen Kierkegaards, existentiell als Ästhet und Libertin zu leben, herauszuanalysieren, hat sich im einzelnen als unfruchtbar und wenig geschmackvoll erwiesen. Wir möchten uns darauf beschränken festzustellen, daß das Ergebnis nur jene spätromantischen Verzweiflungsstimmungen waren, die den Besten der Generation eigen waren und die sich über BYRONS Spleen, HEINRICH HEINE, die Spleen-Gedichte BAUDELAIRES bis zur *fin-de-siècle*-Stimmung fortsetzten. Auch hier liegt gewiß eine der echten Wurzeln der Erfahrung des ‹Begriffs Angst› für Kierkegaard und bis zu unseren Tagen (s. S. 138). Dazu gehört auch, daß man nicht Platz finden kann im normalen Beruf und in der bürgerlichen Gesellschaft, und die damit verbundene Angst, die doch ausgehalten werden muß als notwendiges Pathos der Distanz zu den Krisenerscheinungen der Zeit, ein

---

1 Vgl. Nr. 283 in: Liselotte Richter, Existenz im Glauben. Aus Dokumenten, Briefen und Tagebüchern Sören Kierkegaards. 2. Auflage Berlin 1956.

Pathos, das das problemlos Selbstverständliche von Beruf, Ehe, Familie als fragwürdig geworden aufdecken muß. Aber eben das kann, wie Kierkegaard zeigt, nur geschehen durch die Unruhe der Angst.

Erlebte Wirklichkeit und Spekulation

Eben diese tiefe bleibende Verwundung beschenkt Kierkegaard mit dem qualvollen Reichtum konkretester Anschauung des Phänomens sündiger Verschlossenheit vor dem Offenbarwerden, der Angst, sich zu nahe kommen zu lassen von dem liebsten Menschen. Dies bewahrt ihn davor, der großen Versuchung seiner Zeit, der spekulativen Begriffsverflüchtigung durch die philosophischen und theologischen Hegel-Epigonen, zu erliegen. Die massive Konkretheit seiner Erfahrungen mit der Angst braucht einen neuen Stil der Darstellung, eine neue Sprache, die Kierkegaard gewinnt gerade aus der polemischen Auseinandersetzung mit den Hegelianern, aus dem Durchdenken, Überprüfen ihrer dialektischen Methode an der erlebten Wirklichkeit des ‹Pfahls im Fleische›, wobei Kierkegaard zahlreiche Termini dieser damals mächtigsten Geistesbewegung übernimmt, sie versuchsweise im spekulativen Sinne gebraucht und sie dann allmählich sprengt durch seinen eigenen existentiellen Sinn. Dieses Wirksamwerden des Gesetzes der *imitation par opposition* verwirrt den mit der Sprache der Spekulation nicht mehr so vertrauten Leser oft und macht ein ausführlicheres Betrachten dieses Phänomens speziell am Begriff der Angst notwendig.

Jugend- und Studieneinflüsse

1830, ein Jahr vor dem Tode HEGELS, machte Kierkegaard sein Abitur und begann sein Theologiestudium, zugleich stark angezogen von der romantischen Theologie, Philosophie und Dichtung. Seine Magisterdissertation ‹*Der Begriff der Ironie mit beständigem Hinblick auf Sokrates*› (1840) zeigt ihn noch ganz im Banne dieser Einflüsse. Hierbei ist es nötig, gleich die Eigenart des dänischen Hegelianismus zu sehen, durch die Kierkegaard an Hegel herangeführt wurde, die seine Hegel-Auffassung geprägt hat. Da war es vor allem der Ästhetiker JOHANN LUDWIG HEIBERG, durch den er auf Hegel hingewiesen wurde. Dieser hatte 1824 Hegel in Berlin besucht und erst damals, teils durch Hegel direkt belehrt, teils in Gesprächen mit seinen Schülern, besonders mit GANS, begonnen, sich näher mit Hegel vertraut zu machen, ohne zunächst einen zentralen Ansatzpunkt zu finden. Auf der Rückreise in Hamburg wurde ihm dieser, «mit Hegel auf meinem Tisch und Hegel in meinen Gedanken», blitzartig klar: «Es war wie ein Blitzstrahl, der mit einem Mal die ganze Region für mich erhellte und den mir bis dahin verborgenen zentralen Gedanken in mir wachrief. Von diesem Augenblick an war mir das System in seinen großen Umrissen klar, und ich war völlig davon überzeugt, daß ich es in seinem innersten Kern erfaßt hatte... Ich kann in Wahrheit sagen, daß jener wundersame Augenblick wohl das wichtigste Ereignis in meinem Leben war, denn er schenkte mir eine Ruhe, eine Sicherheit, ein Selbstbewußtsein, das ich früher nie gekannt habe.»

Es ging damals bereits bei den Hegel-Anhängern der Streit um die Freiheit des Willens, denn nach dem Hegelschen System lief die Weltgeschichte ja nach den Regeln der Denknotwendigkeit ab, und die Gesetze der Denkdialektik bilden zugleich metaphysisch die Seinsdialektik nach, so daß für das unbekannte X einer offenen Zukunft, die allein das Wirken der Willensfreiheit ermöglicht, kein Platz blieb, sondern nach diesem panlogistischen System alles bereits deterministisch vorausbestimmt war, die Menschen also die Marionetten der Idee waren. Auf Heiberg wirkte das so: «Gleich bei meiner Ankunft in Kiel, als ich von den um jene Zeit in Kopenhagen stattfindenden deterministischen Streitigkeiten hörte und einsah, daß der Gegenstand des Streits, vom Hegelschen Standpunkt aus betrachtet, sich in einem unbedingt neuen Lichte zeigen würde, schrieb ich meine Abhandlung über die menschliche Freiheit, die erste dänische Schrift, die einen Einblick in die Hegelsche Philosophie gewährte. Es ist sicher, daß das neue Licht, welches mir aufging, einen bestimmten Einfluß auf alle meine folgenden Unternehmungen gehabt hat, sogar auf solche, bei denen man eine Verbindung nicht hätte vermuten sollen. So würde ich z. B. nie dazu gekommen sein, meine Vaudevilles [Singspiele] zu schreiben, und wäre überhaupt niemals Theaterdichter geworden, wenn ich nicht durch die Hegelsche Philosophie gelernt hätte, das Verhältnis des Endlichen zum Unendlichen einzusehen, und dadurch einen Respekt vor den endlichen Dingen bekommen hätte, den ich vorher nicht gehabt hatte, den aber der dramatische Dichter unmöglich entbehren kann, und wenn ich nicht ferner durch dieselbe Philosophie gelernt hätte, die Wichtigkeit der Begrenzung zu begreifen, denn ohne diese würde ich weder mich selber begrenzt, noch kleine und begrenzte, vorher von mir selber verachtete Rahmen für meine Darstellung gewählt haben.»

Wenn sich auch später Kierkegaard darüber lustig machte, daß die Hegelsche Philosophie durch eine Art Offenbarung nach Dänemark kam, so war doch auch er ergriffen von diesem gewaltigen System, das das Endliche mit dem Unendlichen verband, und Spuren davon sehen wir trotz polemischer Bekämpfung in seinem ganzen Werk. So ist bei ihm die ‹Lenkung›, die göttliche Leitung unseres Lebens, an die Stelle der vordergründigen Hegelschen ‹List der Idee› getreten, und es sind von Anfang an starke christliche Einwände gegen Hegel da. Aber dessen die Zeit beherrschende Methode und Terminologie ist es doch, die Kierkegaards Denken entscheidend geprägt und ihm seine Aufgaben gestellt hat, an denen sich allmählich sein existentielles Denken mit seiner antihegelschen Tendenz entzündete.

Dänische Hegelianer

Das polemische Element kam in Kierkegaards Denken hinein durch den theologischen Hegelianer Hans Lassen Martensen, den Kierkegaard als Manudukteur, eine Art Repetitor, in Philosophie und ‹spekulativer Dogmatik› zum Examen gewählt hatte. Von Anfang an zeigte sich in der schicksalhaften Begegnung zwischen diesen beiden Geistern eine Antipathie, die in der grundsätzlichen Verschiedenheit ihrer Veranlagungen begründet war. Martensens Geistigkeit war von glänzender Vornehmheit und Würde mit einer Neigung zu geistigen Kompromissen, diejenige Kierkegaards grenzte ans Sonderlingshafte, war verschlossen und von ätzender Dialektik und oft skurriler Sophistik. Und als Sophisten empfand auch H. L. Martensen Kierkegaard, wenn er auch seine Begabung anerkannte. War Kierkegaards Denken durch die Alternative eines unversöhnbaren Entweder–Oder gekennzeichnet, so das H. L. Martensens durch sein Sowohl–Als auch, nicht aus Oberflächlichkeit und Ungründlichkeit, wie Kierkegaard es oft auffassen mochte, sondern aus tiefster Überzeugung. Martensen, dessen ‹Dogmatik› und ‹Ethik› zu dem anerkannten Lehrbuchbestande unserer Großväter gehörten und der als Nachfolger von Bischof Mynster Bischof von Seeland wurde, sah seine natürliche Aufgabe darin, die Lebensanschauung der Romantik auf die dänische Philosophie und Theologie zu übertragen. Er war persönlich mit Schleiermacher befreundet. Unter dem Eindruck des Besuchs Schleiermachers in Dänemark im September 1834 wurde auch Kierkegaard von der dadurch entzündeten akademischen Bewegung ergriffen und wählte Martensen 1834 als Studienleiter, um in die Theologie Schleiermachers eingeführt zu werden, ein Studium, von dem die Anfangskapitel des ‹Begriffs Angst› an mehreren Stellen Zeugnis ablegen (s. S. 18 – 23). Schleiermacher stand zu Hegel in einem von diesem wütend betonten Gegensatz, indem er die Unmittelbarkeit des wirklich gelebten und erlebten religiösen Gefühls gegen dessen Abstraktion geltend machte. Dieses Motiv nahm Kierkegaard von seiner existentiellen Konkretheit her auf, nicht ohne auch von den spekulativen Elementen bei Schleiermacher kritisch abzurücken.

Schon bald nach 1834 wandte sich Martensen von Schleiermacher ab und Hegel und Franz von Baader zu. Von letzterem betonte er, daß er «über Hegel hinausgehe», was Kierkegaard immer wieder zum Spott gegen diejenigen Hegelianer veranlaßte, die weitergehen wollten als ihr Lehrer, gegen die immanente Wissenschaft, die «über Hegel hinausgehen» wollte (s. S. 15, 75 f). Im Grunde also war Martensen kein reiner Hegelianer, sondern zutiefst von der Mystik beeinflußt. F. v. Baader geht ja auf JAKOB BÖHME zurück, und nur insofern dessen Denken sich mit dem dialektischen Schema der Trilogie Hegels deckt, übernahm Martensen diese in sein Weltbild: Überall gibt es Gegensätze in der Welt, die es ‹aufzuheben› gilt im dreifachen Sinne des *negare, conservare* und *elevare.* Aber er sah das Religiöse nicht bloß als Durchgangsstufe zum Höheren der Philosophie an wie Hegel, sondern mit Schleiermacher und Baader als einen entscheidenden Ausgangspunkt *sui generis.* Diesen religiösen Ausgangspunkt sah er auch als Höchstes für die Philosophie an, glaubte also an eine Einheit von Religion und Philosophie *unter Priorität der Religion* und nicht der Philosophie wie Hegel. Die Offenbarung ist die erste Autorität, Gott die Voraussetzung für die Erkennbarkeit der Welt und des Daseins durch den Menschen. Faust galt Martensen als Vertreter einer von Gott losgerissenen Philosophie; auch dieser Gedanke hat Kierkegaard sehr bewegt und mag zu seiner Analyse des Dämonischen konkretes Anschauungsmaterial beigesteuert haben (s. S. 120 über Mephistopheles). Kierkegaard mußte sich sowohl vom theologischen Rationalismus, der damals noch in der Kopenhagener Theologie herrschte, wie aber auch von Hegelianismus und romantischer Mystik abgestoßen fühlen, Richtungen, die Martensen vertrat. Er sah, daß überall Abstraktion und Konstruktion an die Stelle des konkreten Daseins getreten waren, gerade bei solchen Vermittlernaturen wie Martensen.

Lebensverbundenheit der dänischen Philosophie

An Philosophen hatte die Universität Kopenhagen zwei Vertreter, die Kierkegaard in ihren Bann zogen: F. C. SIBBERN, dem er von Berlin aus seine Eindrücke des Schelling-Kollegs schrieb, und POUL MARTIN MÖLLER, dem der ‹Begriff Angst› gewidmet ist[1]. Die Widmung bezieht sich

---

1 Durchgehend ist das spezifische Charakteristikum der dänischen Philosophie Wirklichkeitsnähe und Individualismus. So ist LUDWIG HOLBERG (1648 bis 1754), nicht nur als Dramatiker, sondern auch als Metaphysiker und Moralphilosoph, Vertreter des Individualismus und der Erfahrungsphilosophie. Ebenso betonte der Rechtsphilosoph A. S. OERSTEDT (Bruder des berühmten Physikers) die Eigenart der Persönlichkeit und der sittlichen Lebenserfahrung. P. M. MÖLLER (1794-1838) tat die spekulative Begriffskonstruktion des Hegelianismus als Affektation ab. Alle Wahrheit liegt allein in der Selbsttätigkeit persönlichen Wesens und wird nur in dem Augenblick ver-

sowohl auf P. M. Möllers Schrift über Aristoteles' ‹De anima› wie auf seine Vorlesungen über die Geschichte der älteren Philosophie und auf Zeilen seines Gedichtes ‹Freude über Dänemark›. Es ist beiden Denkern wie allen dänischen Philosophen seit dem Frührationalismus die Grundüberzeugung eigen, daß Philosophie und Leben, Theorie und Wirklichkeit nicht getrennt werden dürfen. Sibbern sagt einmal in einem Brief, daß Kierkegaard ihm «in seiner Hegelschen Zeit» auf dem Gammeltorv begegnet sei und ihn nach dem Verhältnis von Philosophie und Leben befragt habe, «... was mich stutzig machte, da meine ganze Philosophie darauf hinauslief, Leben und Wirklichkeit zu studieren; aber später mußte ich allerdings gewahren, daß die Frage für einen von Hegel durchdrungenen Denker natürlich war, da der Hegelianer die Philosophie nicht existentiell studierte».

Hier kommt zum erstenmal der Ausdruck ‹existentiell› vor. Bei

---

wirklicht, da sie von einer schöpferischen Individualität hervorgebracht wird. Gerade in der Persönlichkeitstheorie P. M. Möllers entfaltet die dänische Philosophie ihren eigentümlichen Individualismus. Individualistische und wirklichkeitsnahe Entwicklungsgedanken kennzeichnen auch die Philosophie von Henrik Steffens, dem großen Übermittler romantischer Philosophie von Deutschland nach Dänemark. Ganz besonders charakteristisch tritt dies in der Philosophie von Niels Treschow (1751-1833) hervor. Mit Leibniz und Steffens hebt er die Eigenart und Bedeutung jedes Einzelwesens heraus. In stufenweiser Entwicklung erreicht jedes Individuum sein geistiges Grundgepräge in konkreter Lebendigkeit. So hat eine Abhandlung den charakteristischen Titel: ‹Gibt es einen Begriff des Einzelwesens?› (Kopenhagen 1810) Dieser Standpunkt wurde für das gesamte nordische Philosophieren von grundlegender Bedeutung. Das Individuelle in seiner qualitativen Bedeutung ist das höchste Ziel der Entwicklung. Erst das Individuum gibt die feste Grundform der Gattung und Art. Das Individuum ist das Wirklichste, wenn es sich auch am schwersten in Worten beschreiben läßt. Dieser logisch streng durchgearbeitete Individualismus hat deutlichen Einfluß auf Sibbern, P. M. Möller und Kierkegaard ausgeübt. Man muß einmal Kierkegaard auf diesem Hintergrunde nordischen Philosophierens sehen, um die volle Eigenart seines Widerstandes gegen Hegel zu erfassen. Dieser nordische Individualismus ist ein mindestens ebenso wichtiges historisches Moment seines Denkens wie der Hegelianismus und hat seine qualitative Dialektik ebenso stark geprägt. Dieser Individualismus war es auch, der ihn an Schleiermacher anzog und die Schleiermachersche Entdeckung des Eigencharakters der Religion bejahen ließ, wenn er auch gewisse spekulative Elemente an Schleiermacher ebenso ablehnen mußte wie an Schelling und Fichte, bei denen er auch Individualismus und Ethik bejahte. Aber von diesem nordischen Individualismus her fällt neues Licht auf Kierkegaards Lehre von der Existenz, die dem System widerspricht, und der Bejahung der Bewegung, die immer Neues hinzubringt und das Logisch-Allgemeine transzendiert. Für diese Bewegung hält die Angst den Menschen offen zum Ergreifen Gottes und der Gnade.

Kierkegaard finden wir das Wort Existenz zum erstenmal in seiner berühmten Tagebuchnotiz vom 1. 5. 1835, wo er nach dem Sinn des Studierens für seine «Existenz» fragt, «wodurch ich gleichsam in das Göttliche eingewachsen bin, mag auch Himmel und Erde zusammenfallen». Es ist das große Schlagwort der Jungen, die gegen die Hegelsche Dreitaktsystematik die Frage nach dem konkreten Leben stellen. Als der Anführer des dänischen Frührealismus ist gewiß SIBBERN zu betrachten, der als Hegelianer begonnen hatte, aber dann entdecken mußte, daß in der panlogistischen Methode des reinen Denkens das Leben ausgeklammert war, weshalb er im Jahre 1838 kritische ‹Bemerkungen zu Hegels Philosophie› veröffentlichte. Wie der erste namhafte dänische Philosoph zur Zeit Kants, TRESCHOW, stellte auch er den Entwicklungsgedanken mit der Idee des Individuums und der Persönlichkeit zusammen. Der Entwicklungsgedanke war bei Sibbern verbunden mit einer nicht-kontinuierlichen, sondern sporadischen, sprunghaften, gleichzeitig von verschiedenen Punkten ausgehenden Entwicklung sowohl in der leiblichen wie geistigen Welt, in chemischen Vorgängen wie in der persönlichen und gesellschaftlichen Entfaltung. Dieser Gedanke der nicht-kontinuierlichen Entwicklung ist für Kierkegaards Lehre vom Sprung sehr wesentlich geworden und schürte sein Mißtrauen gegen Hegels ‹Mediation› — die logisch notwendigen, kontinuierlichen Übergänge des reinen Denkens. Zugleich aber hat Sibbern mit Kierkegaard einen wesentlichen Gedanken gemeinsam: die Lehre von der Unabgeschlossenheit alles Lebendigen. So sind Dasein, Geschichte usw. niemals fertig, also auch der sie abbildende Gedanke niemals abgeschlossen, also auch ein geschlossenes, endgültiges System der reinen Philosophie, wie in Hegels Darstellung, nie möglich (s. Glossar: ‹System›). An die Stelle des Systems setzte Sibbern die ‹Lebenspoesie› oder ‹Lebensironie›, auch ein zentral wichtiger Begriff für Kierkegaard. Auch die Methode, ästhetisch-dichterisch diese Lebensironie einfangen zu wollen, als die einzig dem Thema angemessene, hat Kierkegaard übernommen. Dies war der Weg, die Menschen aus der Erstarrung, der philiströsen wie wissenschaftlich-theoretischen Erstarrung ihres Lebens aufzulockern. Sibbern schlägt ironisch vor, daß die Professoren täglich einige Stunden Briefe austragen und die Briefträger währenddessen die Universität besuchen sollten, damit beide Teile geschärfte Sinne für die «Poesie des Lebens» bekämen. In all seinen entscheidenden Werken macht auch Kierkegaard immer wieder das Experiment, seine Erkenntnisse an Szenen aus dem Leben durchzuexerzieren und dadurch zu zeigen, was die theoretisch-spekulative Philosophie nicht ausdrücken kann.

Von P. M. MÖLLER wurde er zur aphoristischen Darstellung philosophischer Gedanken angeregt, als Ausdruck für den wesensnotwendig unabgeschlossenen, fragmentarischen Charakter unseres Daseins und

Denkens. Die Forderung nach persönlicher Redlichkeit des Denkens und die Ironie angesichts jeder Heuchelei oder spekulativen Gedankenlosigkeit dem Leben gegenüber, die Möller vertrat, hat auch Kierkegaard sich zutiefst zu eigen gemacht.

Schelling, die große Enttäuschung

Eines Philosophen muß noch gedacht werden, wenn man den Wurzeln von Kierkegaards Hegel-Kritik nachgeht, und das ist Schelling. War Kierkegaard doch eigens nach Abschluß seiner Studien für den Winter 1841/42 nach Berlin gefahren, um Schellings großes Kolleg, ein europäisches Weltereignis, zu hören, und seine Briefe geben uns lebhafte Kunde davon. Schellings Kolleg war das einzige Ereignis, das imstande war, ihn aus seinen weltschmerzlichen Grübeleien über den soeben vollzogenen Bruch mit Regine zu reißen. Kierkegaard kam, um sein Arsenal im Kampfe gegen HEGEL zu bereichern. Und anfangs war er voll hochgespannter Hoffnungen. Eine Tagebuchnotiz aus dem Kolleg vom 2. November 1841 zeigt dies: «Es ist *das Verhältnis der Philosophie zur Wirklichkeit* hervorzuheben. Zweierlei ist an allem Wirklichen zu erkennen oder von ihm auszusagen: *quid sit* und *quod sit = was* ein Seyendes ist und *daß* ein Seyendes ist. Jenes macht, daß ich einen *Begriff* davon habe, dieses, daß ich *seine Existenz weiß* d. h. daß ich es *erkenne* ... Da das Seyende (τὸ ὄν) aber, nach dem Vorigen, verschiedene Seiten der Betrachtung darbietet, so fragt sich, ob die Philosophie sich auf beide beziehe und beide in Einer Wissenschaft befasse, oder ob sie überall nur auf die *eine* Seite gehe ... aber *daß* sie (die Dinge) existieren, kann ich nur aus der Erfahrung wissen. *Was im rein logischen Begriff durch immanente Begriffsbewegung zu Stande kommt, ist nicht die wirkliche Welt, sondern nur dem quid nach!* Ist denn aber die Philosophie bloß mit dem *Wesen* der Dinge beschäftigt? Und hat sie mit der Existenz derselben nichts zu thun? und wenn, von wem sollte sie zeigen daß es existiere?»

Das ist die Stelle, die Kierkegaard dazu brachte zu schreiben: «Es macht mich so froh, Schellings zweite Stunde gehört zu haben — unbeschreiblich. Denn ich habe lange genug geseufzt, und die Gedanken seufzten in mir; als er das Wort ‹Wirklichkeit› nannte beim Verhältnis der Philosophie zur Wirklichkeit, da hüpfte die gedankliche Leibesfrucht in mir vor Freude wie in Elisabeth. Beinahe weiß ich noch jedes Wort, das er von diesem Augenblick an sagte. Von daher kann vielleicht Klarheit kommen. Dies eine Wort erinnerte mich an all meine philosophischen Leiden und Qualen. — Und damit auch sie [Regine] sich in meine Freude mischen muß: Wie gerne kehrte ich zu ihr zurück, wie gerne beschwatzte ich mich nicht selbst, daß dies das Richtige wäre.

Ach, wenn ich's nur könnte! — Nun habe ich all meine Hoffnungen auf Schelling gesetzt, — aber wenn ich trotzdem wüßte, daß ich sie glücklich machen könnte, ich reiste heute abend noch. Es ist doch schwer, einen Menschen unglücklich gemacht zu haben; und schwer, daß dies: sie unglücklich gemacht zu haben, nahezu meine einzige Hoffnung ist, sie glücklich zu machen» (Pap. III A 179). Gerade diese Stelle in ihrer Konfrontation mit der Regine-Erwähnung ist so überaus charakteristisch: Die hungrige Angst nach Wirklichkeit in der Philosophie verbindet sich mit der Angst vor der Wirklichkeit im Leben — wie wichtig für die Interpretation des ‹Begriffs Angst›!

Bedeutsam ist es, zu sehen, welche Färbung das Wort Existenz als philosophischer Terminus schon durch SCHELLING erhielt. Die auf ARISTOTELES zurückgehende Scheidung der *quidditas* (*essentia*, Wesen) und *quodditas* (*existentia*, Dasein) steckt hinter dem Schelling-Zitat im Tagebuch. Es hat eine Akzentverschiebung stattgefunden seit dem Ende des Mittelalters, besonders durch DESCARTES, die den Schwerpunkt auf das Dasein, auf die Existenz verlegt; noch nicht aber scheint in dem Schellingwort ‹Existenz› als spezifische Seinsweise des Menschen zu stecken. Und eben dies mußte Kierkegaard dann im weiteren Verlauf der Vorlesung schwer enttäuschen und zu *seiner* Auffassung von Existenz bringen. Der Ruf nach Wirklichkeit und Existenz ertönte schon in der Romantik, wurde aber erst von der jüngeren Generation, der Kierkegaards und seiner Nachfolger, als Leben des Menschen verstanden. Schelling blieb innerhalb der Grenzen der Spekulation. «Existenz als das Unbegreifliche» wurde von Kierkegaard wörtlich genommen, bei Schelling aber als das «unvordenkliche Sein alles Seienden» Gegenstand einer «positiven Philosophie», einer gesteigerten philosophischen Spekulation. Deshalb fühlte Kierkegaard sich letztlich leergelassen — aber dieses Leergelassensein wurde der Reizpunkt, der Aufruf zu seiner eigenen Philosophie der Existenz. Der Ruf nach Wirklichkeit und Existenz hatte in Kierkegaard einen so zentralen Nerv getroffen, daß er nun nicht mehr verstummen konnte, sondern aus eigener Kraft beantwortet werden mußte. Und eben indem Kierkegaard der lebendigen Existenz des konkreten Menschen nachging, sah er, wie weit er auch von Schelling entfernt war (und auch von FICHTES spekulativem Ich-Ich, dem er ebenfalls, und damit der gesamten Spekulation, im ‹Begriff Angst› eine Absage erteilte). Deshalb ist ihm Schellings ‹Intellektuelle Anschauung› und ‹Intuition› (s. Glossar) mit ihrem Spekulieren über Gott und die Unendlichkeit ebenso verdächtig wie Hegels dialektisches System, so wie er auch Schellings an JAKOB BÖHME inspirierte Freiheitsabhandlung bei manchem Gleichklang der Themenstellung (Angst = Schwindel der Freiheit) ablehnen muß (s. S. 56).

In größter Spannweite von ästethisch-dichterischer Darstellung der konkreten Sünden- und Angstsituation bis zur Psychologie und Theologie hat KIERKEGAARD seine Analyse der Angst angelegt. Der Hunger nach konkreter Wirklichkeit wird auch von der Wirklichkeit der Positivisten nicht befriedigt, denn ihr Ideal ist im Grunde genauso theoretisch wie das der Spekulation, es ist nach dem Vorbild der Naturwissenschaften gemacht, die auch nur, wie KIERKEGAARD es ausdrückt, eine approximative, quantitative Annäherung an die Wahrheit, aber nie diese selbst durch den qualitativen Sprung erreichen (s. Glossar: ‹Approximation›[1]):

«Für einen Denker kann es keine schrecklichere Qual geben, als in der Spannung dahinleben zu sollen, daß, während man Details aufhäuft, es beständig so aussieht, als ob nun der Gedanke das nächste Mal drankommt: die Schlußfolgerung. Fühlt der Naturforscher nicht diese Qual, so muß er kein Denker sein. Dies ist der furchtbare Tantalismus des Intellektuellen! Ein Denker ist wie in der Hölle, solange er nicht des Geistes Gewißheit gefunden hat: *hic Rhodus, hic salta*, die Sphäre des Glaubens, wo es gilt: Und wenn auch alle Welt zerbirst und die Elemente schmelzen wollen, so sollst Du glauben. Hier soll nicht gewartet werden, weder auf offizielle Postneuigkeiten noch Schiffsnachrichten. Diese Gewißheit des Geistes, die demütigste von allen, die am meisten kränkende für den eitlen Sinn (denn es ist so vornehm, mit dem Mikroskop zu schauen usw.), ist die einzige Gewißheit. Die Haupteinwendung, die totale Einwendung läßt sich formell einfach so ausdrücken: Es läßt sich nicht denken, daß ein Mensch, der sich unendlich auf sich selbst als Geist besonnen hat, nun darauf verfallen könnte, die Naturwissenschaften (mit empirischem Stoff) als Aufgabe für sein Streben zu wählen. Ein beobachtender Naturforscher muß entweder ein Talent- und Instinktmensch sein (denn das Charakteristische bei Talent und Instinkt ist gerade, nicht dialektisch in seinem tiefsten Grunde zu sein; nur erschnüffeln [*snuse op*] zu können, scharfsinnig zu sein — aber nicht sich selbst zu verstehen) (am Rande: und glückselig auf diese Weise dahinleben zu können, ohne irgendeine Mißlichkeit zu fühlen, weil die täuschende Mannigfaltigkeit der Beobachtung und Entdeckung beständig die totale Unklarheit verbirgt), oder er muß ein Mensch sein, der von früher Jugend an halb unbewußt dazu gekommen ist, Naturforscher zu werden, und nun durch Gewohnheit damit vertraut wird, auf diese Weise zu leben: die ganze Welt zu verzaubern und durch seine Entdeckun-

---

1 Siehe auch: Liselotte Richter, Kierkegaard und das Zeitalter der Technokratie, in: Die Zeichen der Zeit, Heft 11/55.

gen und Geistreichigkeit zu erstaunen und dann sich selbst nicht zu verstehen. Daß ein solcher Naturforscher Bewußtsein hat, folgt aus sich selbst, er hat Bewußtsein, soweit der Umfang seines Talentes reicht, eine vielleicht erstaunliche Scharfsinnigkeit, Kombinationsgabe, eine fast bedrückende Ideen-Assoziation usw. ... Aber das Verhältnis wird in seinem Höchsten dies sein: Ein solch eminentes Talent, ganz einzig in seiner Begabung, erklärt die ganze Natur — aber versteht sich selbst nicht. In der Bestimmung des Geistes, in dem ethischen Übernehmen des Talents usw. wird er sich selbst nicht durchsichtig. Aber dieses Verhalten ist gerade Skepsis, wie leicht zu sehen ist (denn Skepsis ist: daß ein Unbekanntes, ein X, alles erklären kann. Wenn nämlich alles erklärt ist durch ein X, das nicht erklärt ist, dann ist, total gesehen, überhaupt nichts erklärt). Ist dies nicht Skepsis, dann ist es Aberglaube» (Pap. VII[1] A 200).

‹Sich auf sich selbst als Geist besinnen› aber bedeutet sich auf seine eigene Angst besinnen, sie ist der Geistesruf der Unendlichkeit an den endlichen Menschen, also etwas Transzendentes. Jenes Sich-Vertrösten auf immer neue Teilerkenntisse der Wissenschaften wirkt genauso lähmend und unwirklich und betrügt den Menschen um die konkrete ethische Entscheidung wie die unendlichen weltgeschichtlichen Konstruktionen der Spekulation. Beide versetzen den Menschen in die Zuschauerloge und verdammen ihn zur Passivität, lassen ihn vergessen, daß er in eine noch unbekannte Zukunft hinein leben muß, was nur der Glaube kann, zu dem der Weg durch Sünde und Angst führt. So will KIERKEGAARD den Menschen aus den Verzauberungen der Spekulation wie der positivistischen Wissenschaften hinführen zu seinem eigenen Existieren, eben durch die Angst. Deshalb können ihm auch die Linkshegelianer mit ihrem Positivismus, in dem sie landen, nicht helfen, alle die Denker, die nun Anstoß nehmen an den ungelösten Fragen, die die Hegel-Spekulation übriggelassen hatte, die Modefragen der Zeit: spekulative Gottesbeweise, historischer Streit um das Neue Testament und den historischen Christus (CHR. F. BAUR, D. F. STRAUSS), die Frage der persönlichen Unsterblichkeit (FEUERBACH). Sie alle machen dieses Erbe der Aufklärung ‹nur gelegentlich› mit der linken Hand ab und kommen darum gar nicht zum wirklichen Anfang: mit Ernst vom Dasein Gottes und einer persönlichen Unsterblichkeit überzeugt zu sein und ihr Leben darauf aufzubauen. Ob man nun wie die Rechtshegelianer weitermacht in den spekulativen Unklarheiten, in symbolischen Auslegungen der Kirchendogmatik oder wie die Linkshegelianer, oder auch die vermittelnde Richtung, eine Zwitterstellung zum pantheistischen Gottesbegriff und zur Unsterblichkeit des individuellen Geistes einnimmt: der Mensch wird um den Ernst seines konkreten Existierens, das immer ein ‹Transzendieren› gegenüber aller theoretischen Wissenschaft ist, betrogen. So fertigt

KIERKEGAARD im ‹Begriff Angst› zugleich auch die ganze zeitgenössische Literatur der Hegelianer und Positivisten, die SCHALLER, ERDMANN, DAUB, VATKE, MARHEINEKE, WERDER usw., ab. Mit der Wissenschaft der Spekulation und des Positivismus wollte er nichts zu tun haben, nannte seine Arbeiten bewußt ‹unwissenschaftlich› und gab ihnen ironisch-selbstverkleinernde Untertitel (s. den Untertitel von ‹Begriff Angst›). Der einzige, den er wissenschaftlich noch gelten ließ, ist ein selbständiger Denker, TRENDELENBURG. So sagt er in seinem Tagebuch bei der Kritik des Hegelschen Negativen als Moment des Absoluten (Pap. V B 49, 6): «Sollte jemand eine eingehende Erörterung des unberechtigten Gebrauchs, der in der Logik von dem Negativen gemacht wird, wünschen, kann ich auf ‹Die logische Frage in Hegels System›, zwei Streitschriften von Adolph Trendelenburg, Berlin 1843, hinweisen. Trendelenburg ist glücklicherweise in der griechischen Philosophie außerordentlich geschult und ist deshalb auch nicht daran gewöhnt, leeres Gerede kritiklos zu akzeptieren.»

Kierkegaard hat geahnt, was allen diesen Denkern aus der ersten Hälfte des 19. Jhs. (und, wie sich noch zeigen sollte, darüber hinaus) gemeinsam ist: Alle ihre Konstruktionen, seien es Spekulationen, sei es der theoretische Wissenschaftsbegriff des Positivismus, sind nur papierene Wände, die sie zwischen sich und die wachsende Daseinsangst eines Endzeitbewußtseins schoben, eine Daseinsangst und -verlegenheit, wie sie den Späthegelianern mit der Sinngebung der ‹weitergehenden Geschichte› nach dem Tode des Meisters erwuchs, ebenso wie später JAKOB BURCKHARDT und anderen, die das Ende eines Kulturäons vorausahnten. Kierkegaard sah, daß trotz aller unendlichen Aufgaben, die die Spekulation und die positivistischen Wissenschaften dem Menschen immer wieder vor seine wachsende Angst setzten, diese Angst doch am Ende immer schärfer hervorbrechen mußte und daß es deshalb nur ein Mittel gab, den Stier bei den Hörnern zu pakken und eine psychologische wie ethische und theologische Überhöhung und dadurch Konkretisierung dieses Phänomens als ewige Aufgabe wieder mitten in das Dasein des Menschen hineinzustellen: die Angst als seinen Adelsbrief, als Legitimation seiner unendlichen Herkunft als Geist, aber im Sinne der christlichen Offenbarung. Er wollte damit den Anschluß an das Ende der Antike und das christliche Mittelalter wiederherstellen und verhindern, daß der Mensch absinkt in den Substanzverlust des Geistes und ausweicht in die unendlich vielen Aufgaben der Einzelwissenschaften und der Technik, zum Massenwesen wird, das sich allerhöchstens noch mit utopischen Ersatzreligionen seine Angst zuzudecken vermag. «Ich will die Menschen aufmerksam machen auf ihren eigenen Ruin», sagt Kierkegaard.

Der Existentialismus nach dem ersten Weltkrieg, gleichzeitig mit der Kierkegaard-Renaissance zwei Generationen nach Kierkegaards Tode (1855) beginnend, zeigt all diese in ihren Anfängen und in ihrer vollen Gefahr schon von Kierkegaard erkannten Strömungen, die sophistische Revolte gegen die Angst, ebenfalls wirksam. Sie sind im Grunde nun ihrerseits ‹Verweltlichungen› Kierkegaards, wie dieser die Säkularisierung des Christentums in Spekulation und positivistischer Einzelwissenschaft feststellen mußte. Die Daseinsangst kam im 19. und 20. Jh. trotz aller philosophischen und einzelwissenschaftlichen Kulissen immer wieder zum Vorschein, stets aufs neue gefärbt und tingiert durch den jeweiligen Stil in Philosophie und Einzelwissenschaft (s. hierzu JASPERS' Darstellung: *‹Die geistige Situation unserer Zeit›*, Göschen, Bd. 1000).

In HEIDEGGERS Analyse der Angst als Grundbefindlichkeit des Daseins kann man überprüfen, welche Wandlungen der Begriff Angst seit den Tagen Kierkegaards durchgemacht hat. Kierkegaard würde seine alarmierenden Prognosen durch Heideggers Philosophie nur bestätigt sehen. Eine Entwicklung ist abgerollt, wie er sie vor hundert Jahren vorausahnte, sowohl im äußeren Geschehen des Massenzeitalters mit seinen gesellschaftlichen und technischen Ersatzreligionen, wie im inneren des geistigen Substanzverlustes und des Dahinschwindens der religiösen Innerlichkeit. Gewiß ist das Phänomen der Angst als Befindlichkeit, Gestimmtheit des Daseins im berühmten Paragraphen 40 von Heideggers *‹Sein und Zeit›* mit einer Intensität dargestellt, die ihren Ursprung in dem bahnbrechenden Werk Kierkegaards hat, dessen Wert man siebzig Jahre nach seinem Tode ganz neu zu würdigen begann, weil die innere und äußere Weltkrise den Menschen die Augen geöffnet hatte. Aber aufs neue hat eine gewaltige theoretische Spekulation, ähnlich der ontologischen Logik Hegels, ihren Schleier über die Konkretheit der Aussage Kierkegaards geworfen. Kierkegaards Termini im *‹Begriff Angst›* fallen heute unter Heideggers Verdikt der nur ontisch-existentiellen Charakteristik, die Heidegger nicht mit der ontologisch-existentialen Interpretation zusammengeworfen sehen will (*‹Sein und Zeit›*, 1. Aufl. 1927, S. 184 ff). Und gerade der im Zusammenhang mit dem Begriff Angst von Kierkegaard entwickelte Zeitbegriff (s. Glossar: ‹Augenblick›) bekommt die Zensur: «S. Kierkegaard hat das *existenzielle* Phänomen des Augenblicks wohl am eindringlichsten gesehen, was nicht schon bedeutet, daß ihm auch die existenziale Interpretation entsprechend gelungen ist. Er bleibt am vulgären Zeitbegriff haften und bestimmt den Augenblick mit Hilfe von Jetzt und Ewigkeit. Wenn K. von ‹Zeitlichkeit› spricht, meint er das ‹In-der-Zeit-sein› des Menschen. Die Zeit als Innerzeitigkeit kennt nur das Jetzt, aber nie einen Augenblick. Wird dieser aber existenziell erfahren, dann ist eine ursprünglichere Zeitlichkeit, obzwar existenzial unausdrücklich, vorausgesetzt. Bezüglich des ‹Augenblicks› vgl. K. Jaspers, Psychologie der Weltanschauungen, 3. unveränderte Auflage 1925, S. 108 ff und hierzu das ‹Referat Kierkegaards› S. 419 bis 432» (‹Sein und Zeit›, S. 338 Anm.). Und in den ‹Holzwegen› erklärt Heidegger: «Die üblich gewordene, aber deshalb nicht weniger fragwürdige Zusammenstellung Nietzsches mit Kierkegaard verkennt, und zwar aus einer Verkennung des Wesens des Denkens, daß Nietzsche als metaphysischer Denker die Nähe zu Aristoteles wahrt. Diesem bleibt Kierkegaard, obwohl er ihn öfter nennt, wesenhaft fern. Denn Kierkegaard ist kein Denker, sondern ein religiöser Schriftsteller, und zwar nicht einer unter anderen, sondern der einzige dem Geschick seines Zeitalters gemäße. Darin beruht seine Größe, falls so zu reden nicht schon ein Mißverständnis ist.»

Das Herzstück der Analyse Kierkegaards, der religiöse Ausgangspunkt, wird aber in der Philosophie abgelehnt. So wird «die Vernachlässigung der existenzialen Analytik des Daseins überhaupt» mit der christlichen Wurzel der bisherigen Analysen der Angst in Verbindung gebracht (‹Sein und Zeit›, S. 190 Anm.) unter Hinweis auf Augustin, Luther und Kierkegaard. Der «theologische Zusammenhang einer psychologischen Exposition des Problems der Erbsünde in der Analyse des Angstphänomens» kann von Heidegger nicht mehr mitgemacht werden, nicht bloß weil er im Bereich des ontisch-existentiellen Seienden im Gegensatz zum ontologisch-existenzialen des Seins als Sein verbleibt, sondern weil Nietzsche zwischen Kierkegaard und Heidegger steht und damit das Grunderlebnis «Gott ist tot», womit wieder auf die Gräzität und ihre zyklisch-immanente Zeitlichkeit[1] zurückgegriffen wird (vgl. ‹Begriff Angst›, S. 79 ff). So ist wieder nur eine neue Theorie, eine bestimmte dialektische Methode der phänomenologischen Ontologie des Daseins an die Stelle der Spekulation getreten, aber der Bezug auf das konkrete Verwirklichen im Glauben ging verloren. Es ist im Grunde richtig, wenn Jean Wahl sagt: «Der existentiellere Denker ist doch Kierkegaard und nicht Heidegger», der daraus nur eine neue Methode und Theorie gemacht hat mit neuer abstrakter Terminologie und Sprache, aber dadurch vom Ernst des existierenden Verwirklichens weggeführt hat, genauso wie Hegel ablenkte durch ein so kompliziertes Verfahren, daß es die ganze Kraft

---

1 Die gesamte Existenzphilosophie ist ja nicht nur aus Kierkegaard zu erklären, sondern hat sich in ihren die Religion ablehnenden Gedanken aus Nietzsche gespeist, der einen Rückfall in die Immanenzhaltung der Gräzität darstellt. Seine Lehre von der ewigen Wiederkehr entspricht genau Kierkegaards Schilderung der griechischen Zeit.

des Menschen in Anspruch nimmt und ihm keine Zeit mehr läßt zur Hinwendung auf die wirkliche ontische Existenz als konkreter Mensch.

Ähnlich ergeht es JASPERS, der vom Daseinsernst Kierkegaards zwar nachdrücklich angerührt ist, wie sein Wort im ‹Philosophischen Glauben›: «Ein Leben ohne Angst ist nur oberflächlich» und alle seine Kierkegaard-Erwähnungen in der ‹Psychologie der Weltanschauungen›, in ‹Vernunft und Existenz› und schließlich sein eindrucksvoller Vortrag vor dem PEN-Klub in Basel 1951 beweisen. In seiner Erkenntnis und Methode von Kierkegaard geprägt, klammert aber auch er im Grunde die christlichen Ansätze Kierkegaards aus, weil sie «absurd, paradox, eine Knechtung der Vernunft» sind. Wie er im ‹Philosophischen Glauben› ausführlich begründet, lehnt er Christus theologisch als Gottmenschen und rein menschlich als Helden des Negativen (ohne Mitwirkung in Ehe, Beruf, Staat und Kultur) ab. So verfährt er im Grunde auch mit KIERKEGAARD, der neben NIETZSCHE gestellt wird, beide sind die großen Liquidatoren der Vergangenheit, deren einzige Funktion im Aufheben und Negieren des 19. Jhs. liegt, deren Auftrag man aber ins Gegenteil verkehren würde, wenn man «ihrer Faszination erläge». So bleibt nur das Negativum der großen Nullpunktexistenz zurück, wogegen Kierkegaard doch gerade das Risiko des Glaubenssprunges als höchsten Gipfel, von dem alles seine Wahrheit erhält, gesetzt hat. Jaspers hat deshalb vor allem den Bekenntniswert der theologischen Schriften Kierkegaards, und dazu müssen wir auch den ‹Begriff Angst› zählen, nicht ernst genommen und alles in der reinen Negation der Glaubenslosigkeit gesehen. Schon daß er ihn neben Nietzsche stellt (vgl. Heideggers Einwand dagegen!) zeigt die Verkennung seines religiösen Ernstes und positiven Christentums, worin ja allein die existentielle Konkretheit seiner Analysen beruht. Was Jaspers dafür bietet, ist das Nichts: «Im weltgeschichtlichen Stil geredet, den Kierkegaard selbst so verabscheute: Mit Hegel ist etwas zu Ende gegangen, was bei allen Differenzen durch Jahrtausende ein Ganzes und in seinen heute erschütterten Fundamenten selbstverständlich war. Seit mehr als hundert Jahren verlieren wir ständig an Substanz und wissen zugleich immer mehr. Beim Gang in die neue Welt sehen wir Kierkegaard und Nietzsche wie Sturmvögel vor einer Wetterkatastrophe: sie zeigen die Unruhe, die Hast — dann die Kraft und Klarheit eines augenblicklichen hohen Fluges, und wieder etwas wie Kreisen und Taumeln und Absturz. Sie selber wissen sich als Seezeichen; an ihnen ist Orientierung möglich — aber indem man sich in Distanz von ihnen hält. Ihnen zu folgen, wird von ihnen selber verwehrt.» Er sagt selbst: «Der Anspruch ist ungemein karg.»

So bleibt nur Angst als Unruhe, Unrast, Verlorenheit des glaubenslosen Menschen, was JEAN PAUL SARTRE mit seinem Begriff Angst eindeutig und schonungslos ausdrückt: Der Mensch, der selbst ein *ens causa sui* ist, der Gott *(Homme-Dieu)*, eine nutzlose Leidenschaft sein will, muß sich auch die Werte selber setzen. Sie sind nicht wie bei DESCARTES von einem vernunftbewiesenen Gott gesetzt, sondern man muß Ernst machen mit dem Atheismus. Indem der Mensch in seinem freien Daseinsentwurf das Böse will, muß er auch wollen, daß dies zum allgemeinen Weltgesetz gemacht wird (‹L'*existentialisme est un humanisme*›), und dies jagt ihn ständig in die Angst dessen, der nichts über sich hat. An Stelle des Ernstes, des Seriös-Seins setzt er die Freiheit des Spieles, die doch durchzittert ist von der dämonischen Angst vor dem Guten, dem Kennzeichen des ästhetischen Daseins. *Mauvaise foi* — schlechtes Gewissen oder Angst der Verzweiflung — ist das einzige, was dem Menschen dieses Stadiums bleibt[1]. Und selbst GABRIEL MARCEL, der Philosoph der Hoffnung, der christlichen Existenz, verliert seine Glaubensansätze immer wieder vor diesem Nichts des modernen Menschen, das als Angst begegnet. Er wurde in diesen Tagen in einem Interview zu seinem siebzigsten Geburtstag gefragt: «‹Wir sind umringt von der Verzweiflung›, schreiben Sie einmal, Sie sind also kein Optimist?» — Er antwortete: «Weniger als je haben wir Grund, optimistisch zu sein. Von der Verzweiflung können wir in jedem Augenblick befallen werden. Wie könnte man heute noch Leibniz' Anschauung teilen, daß wir in der besten aller möglichen Welten leben?» Nicht umsonst hat der Papst in seiner den Existentialismus verdammenden Enzyklika ‹*Humani generis*› auch Gabriel Marcel genannt.

Wie das Beispiel HEIDEGGERS, aber auch zahlreicher anderer Existentialisten zeigt, wird die Bedeutung der Aussagen Kierkegaards radikal mißverstanden und in ihr Gegenteil verkehrt, wenn man sie im profanen, glaubenslosen Sinne nimmt. Man richtet dann die gleiche Begriffsverwirrung und ‹Alteration› an, wie es die Spekulation tat mit ihrer profanen Verwendung christlicher Begriffe. Es gehört zur besonderen Dialektik des Glaubens, daß all seine Termini und Kategorien nur aus *seinem* Sinne verstanden werden müssen oder — mißverstanden werden. Der Weg der Substanz- und Glaubenslosigkeit von Kierkegaard zur Mitte des 20. Jhs. zeigt diesen Prozeß der Begriffsverflüchtigung noch schärfer als der Hegelianismus zur Zeit Kierkegaards. Die Existentialisten verstehen Kierkegaard in dreifacher Richtung falsch: a) indem sie seine Begriffe ‹weltlich›, ohne ihren Glaubensgehalt übernehmen, b) indem sie ihm, wie Heidegger es tut, die Eigenschaft als Philosoph absprechen und ihn zum ‹christlichen Denker› stempeln oder ihn c) teils als Philosophen, teils als religiö-

---

1 Vgl. Liselotte Richter, Jean-Paul Sartre oder die Philosophie des Zwiespalts. Berlin 1949.

sen Fanatiker, dem man nicht folgen kann, betrachten und seine religiösen Aussagen im ‹humanistischen› Sinne umdeuten wie JASPERS. Alle drei Richtungen sind typisch für unsere Zeit, gehen aber am Verständnis Kierkegaards als christlichen Philosophen etwa im Sinne Augustins vorbei.

So hat Kierkegaard mit der Angst der modernen Philosophie zwar das Stichwort gegeben, allein nur die negative, glaubenslose Seite der dämonischen Angst als Angst vor dem Guten, vor dem Offenbarwerden, die raffinierteste Form des Festhaltens eines geheimen Restes von Verschlossenheit ‹als *incognito*›, sogar in der Selbstentlarvung durch die Angst, ist übriggeblieben, der Glaubenssprung tritt nicht ein. Und diese negative Seite wird großartig und eindringlich beschworen, so von JASPERS: «Kierkegaard sieht sein Zeitalter stürzen in das Nichts der bodenlosen Reflexion, der totalen Nivellierung, des Repräsentierens, in dem nichts repräsentiert wird, der Fiktionen, der Scheine, hinter denen keine Valuta als Deckung steht, des universalen gottlosen ‹als ob›. Der neue Ernst — meint er einmal — sei noch nicht in Seuchen, Hungersnöten und Kriegen zu erwarten, — erst wenn die ewigen Höllenstrafen wieder da seien, würde der Mensch wieder ernst» (‹*Rechenschaft und Ausblick*›, S. 125/26); oder Heidegger: «Das Aufgehen im ‹Man› und bei der besorgten ‹Welt› offenbart so etwas wie eine Flucht des Daseins vor ihm selbst als eigentlichem Selbst-sein-können. Dieses Phänomen der Flucht des Daseins vor ihm selbst und seiner Eigentlichkeit scheint aber doch am wenigsten die Eignung zu haben, als phänomenaler Boden für die folgende Untersuchung zu dienen. In dieser Flucht bringt sich das Dasein doch gerade nicht vor es selbst. Die Abkehr führt entsprechend dem eigensten Zug des Verfallens weg vom Dasein» (‹*Sein und Zeit*›, S. 184). So wird Angst in der Philosophie heute, wie in Spekulation und Positivismus im 19. Jh., nur sichtbar als «Flucht des Daseins vor sich selbst»: «Worum sich die Angst ängstet, ist das In-der-Welt-sein selbst. In der Angst versinkt das umweltlich Zuhandene, überhaupt das innerweltlich Seiende. Die ‹Welt› vermag nichts mehr zu bieten, ebensowenig das Mitdasein Anderer. Die Angst benimmt so dem Dasein die Möglichkeit, verfallend sich aus der ‹Welt› und der öffentlichen Ausgelegtheit zu verstehen. Sie wirft das Dasein auf das zurück, worum es sich ängstet, sein eigentliches In-der-Welt-sein-können. Die Angst vereinzelt das Dasein auf sein eigenstes In-der-Welt-sein, das als verstehendes wesenhaft auf Möglichkeiten sich entwirft» (‹*Sein und Zeit*›, S. 187).

Unheimlichkeit, Ungeborgenheit, das Stehen vor dem Absurden der Verfremdung (CAMUS) sind der einzige Aspekt des heutigen glaubenslosen Menschen, genau wie Kierkegaard sagt: «Aber die Ewigkeit will man nicht im Ernst bedenken, sondern hat Angst davor, und die Angst findet hundert Ausflüchte. Dies ist doch gerade das Dämonische.»

Daß diese existentiellen Analysen heute *so* gar nicht möglich wären ohne Kierkegaards ‹Begriff Angst›, liegt auf der Hand. Aber sie geben nur die eine Seite, gleichsam die Propädeutik, nicht das, was Kierkegaard nun positiv und damit entscheidend geben wollte. In der Angst des Existentialismus ist zuviel *Aandrighed*, zuviel ‹Geistreichigkeit›, zuviel Stolz und Eitelkeit auf die eigene Verzweiflung und damit zuviel Dämonisches im Spiel. Die ‹Angst› erhält ihren vollen Sinn erst in der Gegenspannung der ‹namenlosen Freude›, hier gipfelt ihre höchste Bedeutungserfüllung. Darum meint Kierkegaard seine Abhandlung über die Angst als Waffe gegen die Dekadenzerscheinungen der Zeit, die den Ernst dieser Angst verloren hat, weil sie das Begegnen mit dem absoluten Sein der ‹namenlosen Freude› nicht mehr kennt[1]. Jetzt haben wir erst die volle Spannweite dessen, was Kierkegaard mit dem letzten Lebensernst des Menschen angesichts der Angst aus der Fülle der unendlichen Möglichkeiten meint (s. S. 135 ff, S. 141 bis 147). «Der, welcher im Verhältnis zur Schuld durch die Angst erzogen wird, wird deshalb erst ruhen können in der Versöhnung.»

Es gehört wesentlich zum Bilde der Angst bei Kierkegaard, daß bei ihm wie bei allen seinen christlichen Vorläufern — Paulus, Augustin, Luther, Pascal — die Angst nicht nur das Begegnen mit dem Nichts ist, sondern im Durchhalten auch das Begegnen mit dem reinen absoluten Sein Gottes, mit der namenlosen Freude des Gnadenerlebnisses im Glaubenssprung. *Das* ist der positive, eigentliche «Beginn vor al-

---

[1] Neben den Tiefen der Verzweiflung steht die ‹namenlose Freude›, die Kierkegaard in seiner Tagebuchaufzeichnung vom 19. Mai 1838, vormittags 10 1/2 Uhr, verkündet. Gleich der radikalen Angst ist auch sie nicht auf einen bestimmten Gegenstand beschränkt. Man hat sich bisher ausschließlich auf die ‹Angst›, welche durch die Existenzphilosophie zum Modethema wurde, geworfen und dabei die Freude übersehen, das notwendige Seinserlebnis zu diesem Nichtserlebnis. Man mußte es übersehen, da von der Weltlichkeit der Existenzphilosophie her nur das Negative in den Blick kommen konnte, nicht das große Positivum der ‹namenlosen unnennbaren Freude›, die nur dem Glauben auf dem Grunde der tiefsten Verzweiflung sich erschließt. Wie die Angst dem gegenstandslosen Nichts gehört, ist die namenlose Freude das Hereinbrechen des auf solchem Hintergrunde neuentspringenden Seins als Ganzen in der Gesamtheit seiner unerhörten Möglichkeiten:

«Es gibt eine unbeschreibliche Freude, die uns ebenso unerklärlich durchglüht, wie der Ausbruch des Apostels unmotiviert hervortritt: ‹Freuet euch, und abermals sage ich, freuet euch› — nicht eine Freude über das oder jenes, sondern der Seele voller Ausruf ‹mit Zung und Mund und von Herzensgrund›. Ich freue mich an meiner Freude, von, in, mit, bei, auf und zu meiner Freude, ein himmlischer Kehrreim, der plötzlich unser übriges Singen abschneidet: eine Freude, die einem Windhauch gleich kühlt und erfrischt, ein Stoß des Passates, der vom Haine Mamre weht zu den ewigen Wohnungen» (Pap. II A 228).

lem Beginn» bei Kierkegaard, den er selbst immer wieder erfahren hat und von wo die ganze Analyse der Angst erst ihren Sinn erhält. Es würde die ganze Arbeit Kierkegaards am ‹Begriff Angst› ins Gegenteil verkehren, wenn man dies verschweigen würde. Hier sind wir im Herzstück der richtigen Interpretation. Er wollte mit allen Mitteln seiner reichen Darstellungskunst «die Menschheit auf ihren Ruin aufmerksam machen», aber nicht im weltlich-philosophischen Sinne ‹geistreich› sein, es lag ihm nichts an ausgeklügelten abstrakten Theorien einer «Existenzialanalyse als Ontologie des Daseins» und am Verharren im ausweglosen Negativen glaubensloser Verzweiflung. Er machte alarmierend auf sie aufmerksam, aber nur, um auf das Positive, den Glaubenssprung hinzuweisen, von dem erst seine Analysen ihren eigentlichen Sinn erhalten und worauf sie angelegt sind. Daß dies die Existentialisten stört, ist nur ein Beweis für Kierkegaard und die Richtigkeit seiner Prognosen, «wenn die Zeit so fortfährt».

Über die Sprache Kierkegaards und ihre rechte Übersetzung

Von da her muß auch die Sprache Kierkegaards gesehen werden, ihre Beglückungen, ihre Verzweiflungen, in die sie seine Übersetzer stürzt, die ungeheure Schwierigkeit der zahllosen Anspielungen, ihre ironische Hintergründigkeit, ihre Jean-Paul-hafte Konkretheit und Fülle, das Kataraktartige ihrer zahlreichen Parenthesen und — last not least

---

Und mit erschütternder Parallelität zu Kierkegaards Aufzeichnung Pascals ‹Ecrit trouvé dans l'habit après la mort›: «L'an de grâce 1654. Lundi, 25 novembre... Oubli du monde et de tout, hormis Dieu... joie, joie, pleurs de joie...» Auch diese Freude nur auf dem Grunde der verzweifelten Gottferne: «Je m'en suis séparé: Delinquerunt me fontem aquae vivae. Mon Dieu me quitterez-vous?» Auch hier die Flucht in die Glaubenslosigkeit zunächst: «Jésus-Christ. Je m'en suis séparé, je l'ai fui, renoncé, crucifié.» Und auch hier auf dem Hintergrunde des Nichts der Hereinbruch der Verheißung: «Eternellement en joie pour un jour d'exercice sur la terre!»

Ähnlich Augustins ‹zitterndes Frohlocken› nach dem verzweifelten Am-Boden-Liegen des ‹Wie lange, Herr, wie lange?› Der Hereinbruch des neuen Seins wurde durch die Worte eingeleitet: «Du schlugst mein schwaches Auge und strahltest überhell in mir, und ich erzitterte in Liebe und Angst. Und ich sah, wie fern ich von dir war im Lande dessen, das dir fremd ist, und mir war, als hörte ich deine Stimme aus der Höhe: ‹Ich bin das Brot der Großen. Wachse, so wirst du mich essen.›»

Entsprechend deutet Luther in der Vorrede seiner Werke von 1545 das Umschlagen seiner langen Verzweiflung in der einsamen Klosterzelle zur Freude des justus ex fide vivit: «Hier fühlte ich mich wiederum aufs neue geboren und glaubte, in die offenen Pforten des Paradieses einzutreten.»

— die abstrakte Konkretheit der philosophischen Terminologie, die einerseits sich an den Termini der Hegelschen Spekulation entzündet, sie ironisiert, übertreibend lächerlich macht und andererseits doch zugleich einzelne Begriffe in ihre besondere Dialektik aufnimmt, so zum Beispiel das Dreitaktschema Thesis — Antithesis — Synthesis im Verhältnis zu Körper, Seele und Geist. Körper und Seele bilden Thesis und Antithesis, darauf ‹ruhend›, wie Kierkegaard sich ausdrückt, der Geist, nun aber nicht Geist im Sinne Hegels als sich selbst offenbarende Vernunft, Gott als Idee im Gange der Weltgeschichte, sondern Geist im theologischen Sinne als πνεῦμα ἅγιον, als heiliger, als transzendenter Geist, denn der Mensch wurde sich erst im Sündenfall seiner Freiheit als Angst bewußt, die ihn zum Glaubenssprung trieb, und erst da wurde er von der Gnade aufgefangen und wurde zum heiligen Geist, der als seine Aufgabe erkannt hat, in der Schule der Angst der unendlichen Möglichkeiten zu bleiben und seinen Glauben zu bewähren. Damit aber ist das eigentliche Schema der Hegelschen Trilogie gesprengt, nicht logische Mediation, sondern Erlösung im Glauben gibt dem Ganzen den konkreten Sinn. Und wir müssen uns auch mit der abstrakten Sprache Hegels bei Kierkegaard plagen, wenn er die inneren Widersprüche des dialektischen ‹Systems› Hegels darlegt. Vollständige objektive Erkenntnis und eine Systematik des Daseins ist nur Gott möglich, nicht dem Menschen, und indem der Mensch dies spekulativ nachzubilden versucht, legt er schon den Keim zum späteren Atheismus Feuerbachs und der absoluten Geistlosigkeit. Dazu kommt vor allem die heutige ‹Begriffsverwirrung›: daß zahlreiche Wesensbegriffe im heutigen Denken durch existenzphilosophische Verweltlichung ursprünglich christlicher Begriffe dem Wortschatz Kierkegaards entnommen sind und nun im entgegengesetzten Sinne, als Kierkegaard gemeint hat, von der modernen Philosophie verwendet werden, ohne daß dies ausdrücklich gesagt wird. Gerade dies nachzuweisen und so Kierkegaards ‹Operation› der Wiederherstellung des christlichen Ursprungssinnes zu unterstützen, ist der Sinn dieser Kommentare sowohl wie der Übersetzung und des Glossars.

Dies alles schwingt in Kierkegaards Sprache mit und will abgebildet sein, doch so, daß möglichst die deutschen Synonyma für die dänischen idiomatischen Ausdrücke gefunden werden. All die Wortspiele wollen ihre deutsche Entsprechung haben. Zugleich aber legt Kierkegaard Wert darauf, seine Satzmelodie bis in die Interpunktion hinein (Semikolons!) erhalten zu wissen. So ist für den Kierkegaard-Übersetzer das Ringen mit seiner Sprache eine ewige Aufgabe, gleich dem nach Kierkegaard ewig fragmentarischen Charakter unseres Denkens und Daseins. So muß jede Übersetzung notwendig unvollkommen bleiben, doch sich bemühen, es stetig besser zu machen. Die historisch verdienstvolle Ausgabe Schrempfs und Gottscheds hatte manche Mißverständnisse und Fehler, und doch erweist sie sich gerade bei ‹Begriff Angst› zum Teil besonders zuverlässig. Manche Irrtümer sind auch von den späteren Übersetzern, die sich wohl auch keinen besseren Rat wußten, übernommen worden. Unsere Übersetzung bemüht sich vor allem, alle im Dänischen zur Not verständlichen Fremdwörter (Prokreation, Propagation, Bonität, Pusillaminität, kulminieren, alterieren usw.) unter Rückgang auf ihre Wortwurzeln zu erklären, ohne doch hemmungslos alles eindeutschen zu wollen, damit nicht durch befremdliche Wortbildungen die Aufmerksamkeit des Lesers vom Anliegen Kierkegaards abgelenkt wird. Auch im Deutschen nicht verständliche Wortbildungen von wohlmeinenden, des Deutschen aber nicht ganz sicheren dänischen Übersetzern (vollhaltig, vorwärtig usw.) wurden tunlichst vermieden. Doch auch hier gilt die sokratische Ironie Kierkegaards, daß man auch mit seinem höchsten Bemühen nur Approximationswerte an das Original erreicht. Die höchstmöglichen zu erstreben, wird der nie nachlassende Anreiz eines an Kierkegaard immer wieder neugeweckten übersetzerischen Eros sein.

Der Kommentar in den Fußnoten beschränkt sich auf das unerläßlich Nötige. Das Begriffsglossar möchte ein neuer Versuch sein, die Begriffssprache Kierkegaards in ihrer Entfaltung aus dem Ringen mit der Hegel-Spekulation sich von Band zu Band unserer Ausgabe entwickeln zu lassen. Es werden jeweils die in dem betreffenden Band vorkommenden philosophischen Hauptbegriffe unter Hinweis auf die Zitate erklärt und durch den Zusammenhang mit anderen Stellen verdeutlicht. Mit wachsender Bandzahl entsteht so ein Kierkegaard-Wörterbuch, in dem die Themen der einzelnen Bände seinen philosophischen Begriffsschatz vervollständigen.

Liselotte Richter

GLOSSAR

*Kierkegaard-Zitate aus dem ‹Begriff Angst› werden mit den Seitenangaben
der vorliegenden Übersetzung angeführt, alle anderen Zitierungen Kierkegaards nach der 2. Aufl. der dänischen Gesamtausgabe (z. B. VII 233), bzw.
der Tagebücher (z. B. Pap. IV 230). — Eckige Klammern [ ] innerhalb eines
Kierkegaard-Textes schließen Bemerkungen und Erklärungen der Übersetzerin
und Herausgeberin ein.*

ALTERIEREN (ALTERATION) (S. 17, 56 u. ö.) — Einen Gegenstand verwässern,
verändern, indem man ihn aus mehr als *einem* wissenschaftlichen Gesichtspunkt (dem seines eigentlichen Wesens) behandelt. So vor allem im ‹Begriff
Angst› der Begriff Sünde. Behandelt man ihn ästhetisch, wird er nicht in das
rechte Licht gesetzt, sondern es wird ein Gegensatzverhältnis festgestellt,
und hier kennt die Ästhetik nur das Komische und das Tragische, aber die
Sünde ist weder komisch noch tragisch. In der spekulativen Philosophie
HEGELS ist das Eintreten der Sünde ein logisch notwendiges Durchgangsglied
für jeden einzelnen Menschen; jedes Individuum soll von einem Indifferenz-
zustand durch die Erkenntnis von Gut und Böse (Sündenerkenntnis) übergehen zur Erlösung und Versöhnung. Durch diesen Nachweis der dialektischen Notwendigkeit der Sünde als Glied im logischen Prozeß wird aber
der Schuldcharakter der Sünde und die freie Willensentscheidung aufgehoben. In der Psychologie wird die Sünde als psychologischer Zustand betrachtet. So SCHLEIERMACHER in ‹Der christliche Glaube› § 66. Kierkegaard besaß
die 3. Auflage, Berlin 1835. Offensichtlich polemisiert er hier gegen Schleiermacher, der die Sünde nur als Zustand sieht, nicht zeigt, wie der Mensch immer wieder in die Entscheidung gestellt wird und im Sprunge (s. dort) und
in der Angst in die Sünde gerät. Schleiermacher zeigt nur den Zustand, in
dem der Mensch in der Sünde sich nicht in Abhängigkeit von Gott allein
fühlt, sondern sich gebunden weiß durch die niedere, an die Sinne gefesselte
Natur. Nach Schleiermacher hat im Zustand der Sünde das Gottesbewußtsein
nicht über das Weltbewußtsein gesiegt. Kierkegaard dagegen zeigt, daß die
Sünde in unserer leibseelischen Doppelnatur liegt, und zwar in der Entscheidung vor der Möglichkeit der Sünde in Angst und *in actu* im wirklichen
Sündenfall (S. 56), der uns die Freiheit in ihrer Aktualität erst erfassen läßt
im weiteren Sprung in den Glauben, was das Offenbarwerden (s. dort) vor
Gott voraussetzt, gegen das sich der Sünder in den verschiedenen Erscheinungsformen sträubt, eine Thematik, die sowohl Ästhetik und Psychologie
als auch Ethik und Theologie einschließt.

ANGST — Der Begriff Angst ist ein außerordentlich wichtiger Begriff in
Kierkegaards Denken, und er hat seiner Erörterung unsere ganze Schrift gewidmet. Für die wichtigsten und allgemeinsten Bestimmungen von Kierkegaards Angst-Begriff können folgende Hauptgesichtspunkte angeführt werden. Es ist bei der Angst niemals die Rede von einem Verhältnis zu etwas
Äußerem. Die Angst entfaltet sich nur aus dem Inneren des Menschen. Aber

hier kann sie auch nachgewiesen werden in jedem Menschen, beim Kinde sowohl wie beim Erwachsenen, beim Manne sowohl wie bei der Frau, bei den Völkern des Christentums wie bei den Kulturvölkern der alten Zeiten. Diese tiefe Angstdisposition umfaßt sogar die leblose Schöpfung. Die ganze Schöpfung liegt ebenso wie die Menschheit in Angst und sehnt sich nach Erlösung von dieser. Und doch ist die Angst nicht ein Stempel der Verlorenheit, welcher der ganzen Welt aufgedrückt ist. Im Gegenteil, der Angstzustand ist beim Menschen Ausdruck dafür, daß er zu etwas Höherem bestimmt ist, als bloß Naturwesen zu sein; gerade in seiner Eigenschaft als Mensch fühlt der Mensch Angst. In der Angst — sowohl der bleibenden verborgenen Angst, welche macht, daß der Mensch eigentlich niemals richtig froh ist, wie der plötzlich hervorbrechenden Angst — wird der Mensch erschreckt über seine Stellung im Dasein, umgeben von Naturmächten im Äußeren und in seinem eigenen Innern, aber er vernimmt gleichzeitig durch den Schmerz der Angst gleichsam einen höheren Zusammenhang, der im Angstaugenblick sich in ihm zu manifestieren sucht. Es wird dadurch ein Strahl von Licht aus höheren Regionen in die Seele geworfen. Deshalb wird in der stärksten Angst immer außer dem Schmerz ein ahnungsvolles, unerklärliches Hingezogensein liegen. Die Angst wirkt sowohl abschreckend wie anziehend. Kierkegaard faßt so die Angst als einen Kreuzungspunkt zwischen zwei Welten im Menschen, der naturbestimmten Welt und einer höheren geistbestimmten. Mitten in der Naturwelt trägt der Mensch, selbst ein Naturwesen, das Adelszeichen der Angst in seiner Brust. Der Mensch kann nun in der Enge der Angst einen von zwei Wegen gehen. Er kann wählen, entweder ein höheres Reich der Freiheit zu betreten oder in dem naturgebundenen Dasein zu bleiben. Diesen letzten Ausweg bezeichnet Kierkegaard als Sünde. Diese zwei großen Hauptstraßen schneiden einander im Wegekreuz der Angst. Die Angst ist so immer zur Stelle im Menschen, und sie tritt auf in zwei verschiedenen Weisen. Teils liegt sie wie ein ständiger Hintergrund im Bewußtsein, untrennbar verknüpft mit dem Wesen des Menschen, teils tritt sie klarer hervor, jedesmal wenn eine Handlung vorgenommen wird. Sie bleibt hier ein wichtiges Moment im Hintergrund für den ‹Sprung›. Als Begriffsbestimmung kann die bekannteste Angstdefinition bei Kierkegaard angeführt werden: «Angst ist eine sympathetische Antipathie und eine antipathetische Sympathie» (S. 41).

Die Genesis von Angst und Freiheitsbewußtsein hat Kierkegaard an der Psychologie des Sündenfalls im ‹Begriff Angst› in großen Zügen folgendermaßen dargestellt: Im Zustand der Unschuld zeigt sich der Geist, das Ewige im Menschen, nur als Traum, als Möglichkeit. Das naturunmittelbare Individuum ahnt die Freiheit nur, wenn das Bewußtsein seines ewigen Geistes in ihm erwacht (S. 40). In dieser Möglichkeit vor der Möglichkeit ist die erste Form der Angst. Die Angst der Unschuld ist die Angst des Menschen um sein ewiges Selbst. Obgleich dieses Ich und diese Angst über das Individuum hinausweisen, verbleibt mit der ersten metaphysischen Angst die Verantwortung für den Sündenfall im Individuum. Die Angst wird so ein zweideutiger Begriff, jenseits der Begriffe Schuld und Unschuld. Nach diesem leeren Angstzustand der primären Unschuld und Unwissenheit folgt eine Unschuld, die ihre Grenze findet an der erwachenden Lust. Wenn das Verbot die Lust geweckt hat, ist die Vorstellung der Freiheit nicht länger träumend, sondern erweckt. Die Angst hat eine bestimmtere Richtung, der Angstzustand ist vollständig. Im Generationenverlauf der Menschheit wird die Sünde quantifiziert, gleichsam aufgespeichert, aber der Sündenfall wird jedesmal *qualitativ* neu als Sprung jedes einzelnen Individuums wiederholt. Wenn die Menschen, zuerst Adam und Eva, in der Versuchung den Teil der Ewigkeit ahnen, der in ihnen ist, dann wird ihnen schwindlig, und sie greifen nach einem Halt — ihrem irdischen Teil, ihrer Zeitlichkeit. Damit haben sie gesündigt. In der Angst des Sündenfalls ist das Individuum zwar ohnmächtig wie eine Frau, aber die gleiche Angst ist das am stärksten Selbstische, ein potenzierter Ausdruck für das Ich des Individuums. In dieser Angst, in der das Individuum sich sympathetisch angezogen und antipathetisch abgestoßen fühlt, ist die unendliche Möglichkeit für das Individuum eine handgreifliche, konkrete Möglichkeit geworden, die persönlicher ist als jede praktische Entfaltung der persönlichen Freiheit. In dem entscheidenden Augenblick, da der Mensch sich noch auf der Seite der Unmittelbarkeit befindet und sich mit Hilfe seines ewigen Geistes selber setzt, sich als Geist setzt, als gottesbewußtes Wesen, wird er unendlich versucht, zu aller Art Sünde hingezogen. Dieses Hingezogenwerden ist für ihn ein Mittel, das Stadium des Geistes zu erreichen, und er wird darin für die Ewigkeit erzogen. Aber man darf nie wie die gnostische Sekte der Karpokratianer (S. 96) die Sünde *in concreto* realisieren wollen. Die Angst ist für den einzelnen Menschen ein Erzieher und Aufdecker. Die Angst entdeckt die unendliche Möglichkeit als Schicksal (Griechen) und als Schuld (Christentum). Die Angst erzieht das Individuum zum Glauben. Die Angst vor dem Schicksal kann der Mensch erst überwinden im Glauben an die Vorsehung und die Angst vor der Schuld erst im Glauben an die Versöhnung. Die Angst verschwindet jedoch nie gänzlich, die Angst vor der Möglichkeit der Sünde muß der ewige Begleiter des Menschen bleiben, die Stimme des ewigen Geistes in ihm. Aber immer wieder greift der Gedanke an Vorsehung und Gnade ein, er antizipiert alle anderen Möglichkeiten, d. h. nimmt sie vorweg, und vor Gottes unendlicher Vorsehung und Gnade müssen alle kleinen endlichen Möglichkeiten verdampfen, bis sie sich mit der stets wachsamen Angst von neuem bilden. Das einzige, was in Wahrheit den Sophismus der Angst zu entwaffnen vermag, ist Glaube, der Mut zu glauben, daß der Angstzustand selbst eine neue Sünde ist (S. 107), der Mut, auf die Angst ohne Angst zu verzichten, was nur der Glaube vermag, der doch die Angst nicht vernichtet, sich vielmehr stets ewig jung aus dem Todesaugenblick der Angst entwickelt. Dies vermag nur der Glaube, weil nur in ihm die Synthese (von Seele und Leib, also das Leben des Geistes) ewig und jeden Augenblick möglich ist.

ANSCHAUUNG, INTELLEKTUELLE, s. Intellektuelle Anschauung

APPROXIMATION (S. 54 ff u. ö.) — Ständig fortgesetzte Annäherung, nur gradweises Näherkommen im Gegensatz zum vollen Erreichen der Wahrheit. Der Ausdruck ist von prinzipieller Bedeutung bei Kierkegaard, da es seine Auffassung ist, alles historische und empirische Wissen sei nur eine Approximation, eine bloße Annäherung an das Objekt und nicht eigentlich ein Erkennen, da sowohl der objektive wie der subjektive Faktor des Erkenntnisprozesses ‹im Werden› ist. Approximation bedeutet für Kierkegaard das nur quantitative Summieren, während es ihm z. B. bei Angst und Sündenfall um den qualitativen Sprung geht, nicht um den kontinuierlichen Übergang der rein empirischen Beobachtung. «Je reflektierter man die Angst zu setzen wagt, desto leichter kann man sie scheinbar dazu bekommen, in Schuld umzuschlagen. Aber hier gilt es, sich nicht von Approximationsbestimmungen betören zu lassen: kein ‹Mehr› bringt den Sprung hervor, kein ‹Leichter› macht in Wahrheit die Erklärung leichter. Hält man nicht daran fest, dann geht man das Risiko ein, plötzlich auf ein Phänomen zu stoßen, wo alles so leicht geht, daß der Übergang ein simpler Übergang wird, oder das Risiko, niemals seinen Gedanken abschließen zu dürfen, weil die rein empirische Beobachtung niemals fertig werden kann» (S. 57).

AUGENBLICK (S. 80 ff) — Bei der Bestimmung des Begriffes Angst muß bei Kierkegaard zugleich an seinen eigenartigen Begriff «das Plötzliche» gedacht werden (Platon: τὸ ἐξαίφνης = der Übergang von einem Zustand in den anderen = μεταβολή; s. Kap. III in ‹Begriff Angst›). Dieser Übergang ist das ‹absolute Jetzt› zwischen zwei gegebenen Zeitmomenten, nicht in der Zeit, sondern nahezu außer der Zeit. Dieses ‹Plötzliche› wird bei Kierkegaard auch ‹Augenblick› genannt, ein Begriff, der sowohl in die Zeit gehört als auch ein Verhältnis zum Nichtzeitlichen, zum Ewigen hat. Das Ewige als «das unendlich inhaltserfüllte Gegenwärtige» und die Zeit als die bloße Zeitfolge (Sukzession) treffen sich im Augenblick. «Sollen Zeit und Ewigkeit einander berühren, dann muß dies in der Zeit geschehen, und nun sind wir bei dem Augenblick. Der ‹Augenblick› ist ein bildlicher Ausdruck, und insofern ist er nicht so gut zu handhaben. Doch ist es ein schönes Wort, das wohl Beachtung verdient. Nichts ist so schnell wie der Blick eines Auges, und doch ist er angemessen für den Gehalt des Ewigen» (S. 81). Schon hierin liegt, daß der Augenblick eine Bestimmung des Geistes ist: «Sobald der Geist gesetzt ist, ist der Augenblick da» (S. 82). Der Augenblick ist weniger ein Zeitatom als ein Ewigkeitsatom. Deshalb verstand das Griechentum, dem der Begriff Geist fehlte, nicht den Augenblick, denn wenn es ihn auch «erfaßte als Atom der Ewigkeit, so begriff es doch nicht, daß er der Augenblick war, bestimmte ihn nicht nach vorwärts, sondern nach rückwärts, weil das Atom der Ewigkeit für die Gräzität wesentlich die Ewigkeit war und auf diese Art weder Zeit noch Ewigkeit zu ihrem wahren Recht kamen» (S. 82).

Damit hängt zusammen der Begriff ‹Zeitlichkeit›, der den Griechen auch fremd war, weil ihnen eine eigentliche Bestimmung für Geist fehlte: «Der Augenblick ist jenes Zweideutige, worin Zeit und Ewigkeit einander berühren, und hiermit ist der Begriff Zeitlichkeit gesetzt, wo die Zeit ständig die Ewigkeit abschneidet und die Ewigkeit ständig die Zeit durchdringt» (S. 82). Deshalb sagt Kierkegaard: «Diese Kategorie [Augenblick] ist von großer Wichtigkeit, um sich gegen die heidnische Philosophie abzuschließen und gegen eine ebenso heidnische Spekulation im Christentum ... Erst mit dem Christentum werden Sinnlichkeit, Zeitlichkeit, Augenblick verständlich, gerade weil erst mit ihm die Ewigkeit wesentlich wird» (S. 77 u. 78 Anm.; weitere Bestimmungen später in ‹Die Wiederholung› und in den ‹Philosophischen Brocken›). Auf keinen Fall kann man Kierkegaards Bestimmungen von Zeitlichkeit und Augenblick einen ‹vulgären Zeitbegriff› nennen, wie HEIDEGGER das in ‹Sein und Zeit› S. 338 tut (vgl. das hierzu im Essay Gesagte). Für den Glaubenden ist ‹Zeitlichkeit› die Innerzeitigkeit. Eine profane, atheistische Bestimmung von Augenblick und Gegenwart, wie die Heideggers, kennt und meint Kierkegaard *nie*, für ihn ist Gegenwart immer Ewigkeit, weshalb Heidegger und die Existentialisten die Bedeutung aller Aussagen Kierkegaards ins Gegenteil verkehren, wenn sie sie im glaubenslosen Sinne nehmen und dadurch abstrakte Begriffsverflüchtigungen schaffen wie die Spekulation des Deutschen Idealismus.

‹Augenblick in der Zeit› als grundlegende Bestimmung Kierkegaards in den ‹Philosophischen Brocken›: Die Fülle der Zeiten in Jesus Christus und die Wiedergeburt des Einzelnen im Glauben, der Offenbarungsaugenblick.

BEWEGUNG (S. 15, 76 f) — Das Wort Bewegung ist von Bedeutung bei Kierkegaard in verschiedenen Richtungen, negativ und positiv: 1. HEGELS philosophisches System wurde durch die Annahme gebildet, daß die ‹Idee›, die in allem seiende Vernunft, durch ständig dialektisch neugebildete Begriffe dahin sich hinaufbewege, wo der absolute Geist sich entfaltet. Indem so durch die zeitlose Entwicklung der Idee Beweglichkeit in die Begriffe kommt, wird für Hegel die allgemeine formale Logik, deren Begriffe ‹statisch› sind, stillstehend und zeitlos, nur Ausdruck für eine unvollkommene und endliche Auffassung. Die allgemeine überlieferte Logik wird vollständig aufgeschluckt von Hegels «dialektischen und organischen Gesichtspunkten», die versuchen, das Unbewegliche und das Zeitlose zu vereinen. Dagegen opponiert Kierkegaard scharf und behauptet bestimmt, daß die reine Logik gerade ein Gebiet ist, wo Bewegung ausgeschlossen ist, und daß Hegel nur durch Erschleichungen imstande ist, Bewegung in die Logik hineinzubekommen. «Der Begriff der Bewegung ... ist ein Transcendens, das keinen Platz in der Logik finden kann» (S. 16). «Wenn ein Mensch sich die Mühe machen wollte, in der Hegelschen Logik ... alle märchenhaften Hausgeisterchen und Kobolde, die als geschäftige Gesellen der logischen Bewegung voranhelfen, anzuhalten und zu sammeln, dann würde vielleicht eine spätere Zeit verblüfft sein zu erfahren, daß das, was dann als abgebrauchte Witzigkeiten dastehen wird, einmal eine große Rolle in der Logik spielte» (S. 15 f). — 2. Kierkegaard wendet auf anderen Gebieten dagegen häufig das Wort Bewegung an. Auf geistigem Gebiet im praktischen Leben beschreibt er die verschiedenen ‹Bewegungen› der Persönlichkeit, und es besteht die Möglichkeit, daß es hier oft die Hegelsche Ausdrucksweise ist, d. h. die dialektischen Gesichtspunkte, die bei ihm vorherrschen. Auf dem Gebiet des Geisteslebens erkennt Kierkegaard nämlich für den einzelnen Menschen eine gewisse Form der Dialektik an, nämlich in der Bedeutung von ‹Dialektik› der Lebensverhältnisse. Die von Kierkegaard geschilderten ‹Stadien›, das ästhetische, das ethische, das religiöse Stadium, die zugleich ‹Stadien› und ‹Standpunkte› sind, was sie auch für Kierkegaard waren, haben wohl zunächst ihren Namen von den durchlebten Stadien auf dem Lebensweg. Aber Kierkegaards inhaltliche Darstellung der Stadien zeigt auch, daß da in ihnen eine ‹Bewegung› ‹dialektischer› Art ist. Das ästhetische Stadium führt in Wirklichkeit nach Kierkegaard in einer allgemeinen Betrachtung durch seinen inneren Widerspruch hinüber in das Ethische, das wiederum erst seine Ruhe in dem Religiösen findet. Dagegen hält er fest, daß der rein persönliche ‹Übergang›, der hierzu erforderliche Entschluß, nur geschehen kann in einem ‹Sprung›, «da die Kategorie des Übergangs zugleich ein Bruch mit der Immanenz, ein Sprung ist» (VII 283). Verwandt hiermit, aber spezieller als Bewegung einer besonderen Persönlichkeit, gebraucht Kierkegaard auch das Wort, um einen bedeutungsvollen ethischen Entschluß oder ähnliches zu bezeichnen.

DIALEKTIK s. Methode, dialektische

EWIGE, DAS, s. Augenblick

FREIHEIT s. Willensfreiheit

ICH-ICH (S. 138) — Spekulative Einswerdung (Identität) von empirischem Ich und transzendentalem oder absolutem Ich bei FICHTE, gegen die Kierkegaard hier spottet, der unter Ich die Bestimmung des existierenden Individuums als Person und Subjekt versteht, also einen ethisch-religiösen, nicht spekulativen Begriff. «Man versteht die Ewigkeit metaphysisch. Man sagt Ich-Ich so lange, bis man selbst das Lächerlichste von allem wird: das reine Ich, das ewige Selbstbewußtsein» (S. 138 f). In anderen satirischen Äußerungen steht gleichfalls Fichtes Ich-Ich als Ausdruck für die Spekulation. «Das produzierende Ich ist dasselbe wie das produzierte Ich. Ich-Ich ist die abstrakte Identität. Hierdurch machte er das Denken unendlich frei. Aber diese Unendlichkeit des Denkens bei Fichte ist ... negative Unendlichkeit, eine Unendlichkeit, in der keine Endlichkeit ist, eine Unendlichkeit ohne allen Inhalt» (XIII 373). Diese bereits in seiner Dissertation ‹Begriff der Ironie› gemachte Feststellung hat ihre Argumente gegen Fichte aus HEGEL übernommen und später auch gegen Hegels reines Denken gewendet: konkretes, existentielles Denken gegen abstraktes, spekulatives Denken.

IMMANENZ s. Transzendenz

INTELLEKTUELLE ANSCHAUUNG (S. 14 f) — Unmittelbare geistige Auffassung vom Wesen eines Gegenstandes. Sie tritt bei Denkern auf, die einer gewissen Mystik huldigen. = Intuition (SPINOZA). Besonders mit SCHELLING verknüpft: «Es wohnt in uns allen eine heimliche wunderbare Fähigkeit, uns vom Wechsel der Zeit in unser Innerstes zu ziehen, zu unserem von allem von außen Kommenden befreiten Selbst, und da das Ewige in der Form der Unveränderlichkeit anzuschauen; diese Anschauung ist die innerlichste persönliche Erfahrung, und von ihr allein hängt alles ab, was wir wissen und glauben von einer übersinnlichen Welt.» Hervorbringung und Anschauung des Gegenstandes wird eins. Diese Anschauung ist der Punkt, wo das Wissen um das Absolute und das Absolute selbst eins sind. Kierkegaard hält die intellektuelle Anschauung nicht für eine brauchbare Kategorie, aber er sieht die Schellingsche Auffassung doch nicht für so gefährlich und versteckt an wie HEGELs dialektische Methode. Die intellektuelle Anschauung enthält nach Kierkegaard ein Moment vager Mystik. Sie verdeckt die Gegensätze und kann deshalb nicht wie der ‹Sprung› der neue Ausgangspunkt werden, von dem sie träumt. «Schelling brachte die Selbstreflexion zum Stillstand, verstand die intellektuelle Anschauung nicht als eine Entdeckung innerhalb der Selbstreflexion, die erreicht würde durch kontinuierliche Fortsetzung, sondern als einen neuen Ausgangspunkt. Hegel sieht dies als einen Fehler an und spricht sehr absprechend von der intellektuellen Anschauung, dafür kam dann die Methode» (VII 324). «... trotz allem, was Hegel und die Hegelschule mit Hilfe des Stichwortes: Die Methode und die Manifestation, getan haben, um zu verbergen, was Schelling offensichtlicher bekannte durch das Stichwort: Die intellektuelle Anschauung und die Konstruktion, daß dies nämlich ein neuer Ausgangspunkt war» (S. 14).

INTUITION (intellektuelle Anschauung) (S. 14 f) — Geistiges Schauen, unmittelbare Einswerdung von Schauendem und Geschautem, SCHELLINGS Identität von Subjekt und Objekt. «Die Poesie und die Kunst sind nur die Versöhnung der Phantasie und können wohl die ‹Sinnigkeit› der Intuition haben, aber keineswegs die ‹Innigkeit› des Ernstes» (S. 138). Die Einheit von sukzessiver Auffassung des gewöhnlichen Denkens und Intuition wird nur durch die dialektische Trilogie des spekulativen Denkens (Thesis — Antithesis — Synthesis = Hegels Dialektik) möglich gemacht (XIII 137).

LOGIK. LOGOS (λόγος) (S. 15 ff) — Bei HEGEL Identifizierung von Denkformen und Seinsformen, Erkenntnistheorie und Ontologie. Das Christentum schmilzt stoische und andere Auffassungen mit dem Messiasgedanken zusammen. Der Logos wird persönlich als Gottessohn. Hegel versteht unter Logos die Vernunft, das Seiende ist vernünftig, und auf Grund dieses Logosbegriffes wird seine Metaphysik eine Logik. Kierkegaard deutet dieses Verhältnis in einer einzigen Äußerung an: «Man verwirrt» (indem man die Versöhnung zur Analogie einer logischen Mediation macht) «von Grund auf zwei Wissenschaften: die Ethik und die Dogmatik, besonders da man, nachdem man es fertiggebracht hat, das Wort Versöhnung hineinzumengen, nun auch darauf hindeutet, daß Logik und λόγος (der dogmatische) einander entsprechen und daß die Logik eigentlich die Lehre vom λόγος ist» (S. 15).

MEDIATION (S. 14 f) — Logische Vermittlung der Gegensätze, die bei HEGEL nicht als absolut angesehen und deshalb in der Dialektik des Denkens, die mit der Bewegung des Daseins identisch ist, aufgelöst werden. Darauf beruht die Dreitakt-Methode seines Systems: These und Antithese werden in der Synthese mediiert, die ihrerseits wieder These zu neuer Antithese ist usw. Kierkegaard als konkreter Denker weiß um absolute Gegensätze, die sich nicht logisch überbrücken lassen, z. B. Glaube und Wissen, Christentum und Philosophie, und äußert sich daher bereits im ‹Begriff Angst› scharf über dialektische Methode und dialektisches System, die auf der Mediation beruhen. «Man hat eine alte respektable philosophische Terminologie: Thesis, Antithesis, Synthesis. Man wähle eine neuere, wo die Mediation die dritte Stelle einnimmt, soll dies ein so außerordentlicher Fortschritt sein? Die Mediation ist zweideutig, denn sie bedeutet zugleich das Verhältnis zwischen den zweien und das Resultat des Verhältnisses, das, worin sie sich ineinander verhalten als die, die sich zueinander verhalten haben; sie bezeichnet die Bewegung, aber zugleich die Ruhe. Ob dies eine Vollkommenheit ist, wird erst eine weit tiefere dialektische Prüfung der Mediation entscheiden; aber auf die wartet man unglücklicherweise noch. Man schaffe da die Synthesis ab und sage Mediation, meinetwegen. Doch die Geistreichigkeit fordert mehr, man sagt Versöhnung» (S. 15).

METAPHYSIK. METAPHYSISCH (S. 18 u. 8.) — Seit der Romantik wieder auf-
gelebt als Versuch, das Absolute zu erkennen, bei HEGEL in der besonderen
Form der Seins-Dialektik (innere Denkbewegung als identisch mit der Seins-
entfaltung). So ist Hegels Logik als Lehre von den letzten Grundlagen des
Seins eigentlich Metaphysik, also eine Art logischer Ontologie im aristotelischen Sinne. Kierkegaard verfolgt diese Entwicklung mit äußerstem Mißtrau-
en gegen die Spekulation, die das Sein in die Logik nimmt, wo es nicht hineingehört. So wird für ihn die Metaphysik eine Verflüchtigung des realen
Seins in das reine Denken, fort von der konkreten Existenz und der Verantwortung des Einzelnen für seinen persönlichen Entschluß. «Wird die Sünde
in der Metaphysik behandelt, dann wird die Stimmung zur dialektischen
Gleichgültigkeit und Uninteressiertheit, die die Sünde als das durchdenkt,
was dem Gedanken nicht widerstehen kann. Der Begriff wird alteriert, denn
wohl soll die Sünde überwunden werden, aber nicht als das, dem der Gedanke nicht Leben geben kann, sondern als das, was da ist und was als solches
jeden betrifft» (S. 18). «Man kann hier ein Beispiel sehen, wie sonderbar
alles wird, wenn man Metaphysik und Dogmatik dadurch verwässert, daß
die Dogmatik metaphysisch und die Metaphysik dogmatisch behandelt wird»
(S. 56 Anm.).

METHODE, DIALEKTISCHE (‹Begriff Angst›, Einleitung) — Die erste Stufe besteht darin, daß ein Begriff oder ein Verhältnis rein verstandesmäßig ‹unmittelbar› und ohne sichtbaren Selbstwiderspruch bestimmt wird. Aber indem HEGEL, an dem sich Kierkegaards Polemik gegen die dialektische Methode entzündet, das ‹Negative› im weiteren Sinne für einen übermäßig bedeutungsvollen Faktor im Dasein und in der Entwicklung ansieht, selbst wenn
es überwunden werden soll, wird die ‹Negation› die vorantreibende Kraft
auch in seiner philosophischen Methode. Hierdurch wird sie dreigliedrig: das
Negative, die Verneinung, setzt etwas voraus, das verneint wird, also das
Positive, das ‹Gesetzte›, die erste Stufe. Wir bekommen also als erstes Glied
eine Position, einen bestimmten Begriff, der an und für sich unmittelbar wi-
derspruchsfrei definiert ist und verstandesmäßig festgehalten in seiner Verschiedenheit von andern Begriffen. Bei näherer Betrachtung des gesamten
Hintergrundes des Begriffes und seiner Stellung in der Ganzheit sieht man
indes, daß der Begriff in seiner vorliegenden Form seine Aufgabe nicht ganz
erfüllt. Das Negative macht sich bemerkbar, was aber erst die Reflexion offenbart, d. h. das nähere Nachdenken und Erwägen aller Mängel und Widersprüche. Kierkegaard ist sehr scharf in seiner Beurteilung von Hegels Methode. «Die absolute Methode, welche Hegels Erfindung ist, ist bereits in der
Logik eine schwierige Sache, ja, eine glänzende Tautologie, die einem wissenschaftlichen Aberglauben zu Diensten war mit vielen Zeichen und wun-
derlichen Taten. In den historischen Wissenschaften ist sie eine fixe Idee,
und dies, daß die Methode dort sofort beginnt konkret zu werden, da ja die
Historie die Konkretion der Idee ist, hat wohl Hegel Anlaß gegeben, eine
seltene Gelehrtheit zu beweisen, eine seltene Macht, den Stoff zu formen,
worin durch ihn Bewegung genug entstand, aber hat auch veranlaßt, daß der
Sinn des Lernenden zerstreut wurde, daß er, vielleicht gerade aus Ehrfurcht
und Bewunderung über China und Persien, die Denker des Mittelalters, die
Philosophen Griechenlands, die vier welthistorischen Monarchien, vergaß

nachzusehen, ob sich nun am Schluß, am Ausgang der Zauberwanderung das zeigte, was da am Anfang beständig versprochen wurde, was ja auch die Hauptsache wäre, was alle Herrlichkeit der Welt nicht ersetzen könnte und was da allein der maßlosen Spannung Genüge tun könnte, in der man gehalten wurde — die Richtigkeit der Methode» (IV 270). «Er hat es selbst gesagt, und es ist oft genug gesagt, daß sein Verdienst die Methode ist; aber er hat niemals gesagt, wie sich die Methode zu der intellektuellen Anschauung verhält, ob hier nicht wieder ein Sprung vonnöten ist. Die Methode betreffend und den Beginn der Methode, wird nur ständig gesagt, daß man bei ihr und mit ihr beginnen muß. Aber ist ein solcher Beginn nicht bloß ein Einfall, dann muß eine Reflexion vorausgegangen sein, und in dieser Reflexion liegt gerade die Einleitungsfrage» (VII 135). Hegel spart nicht an Mitteln, die dialektische Entwicklung voranzubringen: bald rein formal logische Gesichtspunkte, bald Hinweise auf den sprachlichen Ausdruck, bald wieder Hervorziehen von faktischen Verhältnissen, alles kann gebraucht werden zur Beleuchtung der inneren Verhältnisse des Begriffs. Es ist ein ganzes Heer von ‹Hausgeisterchen› und ‹Kobolden› (Kierkegaard), das hier auf den Beinen ist, um der ‹logischen› Bewegung voranzuhelfen. Der zweite Schritt wird der, daß der Begriff bei dieser Behandlung ‹überkippt›, ‹überschlägt› oder überführt in seinen Gegensatz, seine ‹Negation›, indem man nämlich nun sich besonders an dieses Mangelhafte heftet, oft bei Hegel auf die Weise, daß ein Begriff in seiner abstrakten Unendlichkeit tatsächlich in eine endlose Reihe hinausführt und so sich selber aufhebt (die ‹schlechte Unendlichkeit›). Die dritte Stufe (Synthesis) erweist sich als erste Stufe einer neuen Einheit. Die Entwicklung ist so spiralförmig. Die spekulative Vernunft sieht zugleich jede einzelne Stufe bloß als Glied in einer Bewegung, wo die Übergänge zusammenfließen. Wie ein dänischer Hegelianer gesagt hat: «Die logische Dreiheit erweist sich als Dreieck für den Verstand, aber als zirkelförmig für die Vernunft!» (Aus drei Punkten kann man sowohl ein Dreieck als auch einen Kreis bestimmen.)

MODULATION (S. 17) — Eigentlich Steigen und Fallen der Stimme, Tonübergang, von Kierkegaard verwendet für Änderung der geistigen Stimmung und Begriffsfärbung. «Daß auch die Wissenschaft ebenso vollständig wie die Poesie und Kunst Stimmung voraussetzt, sowohl bei dem Produzierenden wie dem Rezipierenden, daß ein Fehler in der Modulation ebenso störend ist wie ein Fehler in der Entwicklung des Gedankens, hat man in unserer Zeit gänzlich vergessen» (S. 17 Anm.).

MYSTAGOG (S. 72) — Einweiher in die Mysterien. In seiner Verwendung dieses Begriffs in ‹Begriff Angst› spielt Kierkegaard wahrscheinlich auf GRUNDTVIG und seine Vereinigung von Christentum und nordischer Mythologie an.

NEGATION. NEGATIV. DAS NEGATIVE (S. 15, 76 u. ö.) — Ein wesentliches Moment in HEGELs dialektischer Methode (s. dort). Jedes Positive hat sein Negatives in sich und macht dadurch die Versöhnung (Mediation) in einem höheren Sinne notwendig. Das Negative bleibt aber bei Hegel kein bloß logischer Begriff, sondern ist die Unvollkommenheit, bekommt ethische Bedeutung im Sinne des Bösen, das dadurch den Charakter eines dialektisch notwendigen und zugleich relativen, dialektisch zu überwindenden Übergangsgliedes erhält. In dieser Begriffsvermischung (Alteration) liegt das Verhängnisvolle des spekulativen Systems. «Das Negative ist da die Immanenz der Bewegung, ist das Verschwindende, ist das Aufgehobene. Geschieht alles auf diese Weise, dann geschieht überhaupt nichts, und das Negative wird ein Phantom. Aber gerade um etwas dazu zu bringen, in der Logik zu geschehen, wird das Negative etwas mehr, es wird das den Gegensatz Hervorbringende und nicht eine Negation, sondern eine Kontraposition. Das Negative ist nicht die Lautlosigkeit der immanenten Bewegung, ist das «notwendige Andere», welches gewiß der Logik höchst notwendig sein kann, um die Bewegung in Gang zu bringen, welches aber nicht das Negative ist. Verläßt man die Logik, um zur Ethik überzugehen, dann trifft man hier wiederum das in der ganzen Hegelschen Philosophie unermüdlich wirksame Negative. Hier erfährt man zu seinem Erstaunen, daß das Negative das Böse ist. Jetzt ist die Konfusion in vollem Gange» (S. 16).

NOTWENDIGKEIT (S. 24) — Gegensatz zu Freiheit und Zufall. Bei HEGEL wird der Begriff der Notwendigkeit eng mit dem der Wirklichkeit verknüpft. Da Denken und Sein identisch sind, ist die entwickelte Wirklichkeit Notwendigkeit. Notwendigkeit ist zugleich Einheit von Möglichkeit und Wirklichkeit. Kierkegaard setzt dagegen von seinem existentiellen Realismus aus einen scharfen Unterschied zwischen Wirklichkeit und Notwendigkeit und entfernt das Notwendigkeitsmoment von der historischen Wirklichkeit, indem er mit verneinender Antwort fragt: «Ist das Vergangene notwendiger als das Zukünftige, oder: Ist das Mögliche dadurch, daß es wirklich wurde, notwendiger geworden, als es war?» (IV 264). VII 132 wird betont, daß die neuere Spekulation das Notwendige mit der Weltgeschichte zusammenbrachte, «wodurch sowohl die Möglichkeit als auch die Wirklichkeit und die Notwendigkeit verwirrt worden sind». So sagt Hegel z. B. von der Erfindung des Schießpulvers in seiner «Philosophie der Geschichte»: «Die Menschheit mußte es haben, und deshalb war es da.» (!) Kierkegaard dagegen betont IV 266: «Das einzige, das nicht werden kann, ist das Notwendige, denn das Notwendige ist.» So hat Kierkegaard einen völlig anderen Wirklichkeitsbegriff als die Hegelsche Spekulation. Sobald ich vom Notwendigen rede, spreche ich vom Wesen, nicht vom Sein, betont er IV 235. Das Sein des Notwendigen ist sein Wesen. Das ist eine andere Seinsbestimmung als die des faktischen Seins. Die Wirklichkeit bei Kierkegaard ist keine gedachte wie bei Hegel, sondern die der konkreten Existenz. Das spekulative Ideenmoment gehört in diese Wirklichkeit nicht hinein. Der Notwendigkeitsbegriff ist ein rein ideell-abstrakt gedachter. Das Notwendige bei Kierkegaard ist das Ewige. Das Notwendige kann nach ihm nicht der Veränderung des Entstehens unterworfen sein. «Alles, was entsteht, beweist gerade durch sein Entstehen, daß es nicht notwendig ist» (IV 266). Also kann das Notwendige nicht in der Zeit entstanden, d. h. historisch sein. Die einzige Ausnahme ist das Paradox des historischen Gottes, das Hervortreten des Ewigen zu einem bestimmten historischen Zeitpunkt. «Das Paradox vereinigt gerade den Widerspruch, ist die Ewigwerdung des Historischen und das Historischwerden des Ewigen» (IV 254). Dieses absolute Paradox des christlichen Glaubens ist das Thema spezieller Werke Kierkegaards (vgl. unsere späteren Bände).

OFFENBARWERDEN (Kap. IV, § 2) — Dieses Wort (Gegensatz: Verschlossenheit) wird von Kierkegaard angewendet als Ausdruck für die Forderung, die das Ethische dem Menschen stellt. Besonders in denjenigen Schriften (z. B. im ‹Begriff Angst›), worin er unter dem Einfluß Hegels in seiner Ausdrucksweise noch formell das Allgemeine als vollgültigen Ausdruck für das Ethische anerkennt, wird die Pflicht hervorgehoben, das Verborgene, Verschlossene, Eingesperrte zu vermeiden, d. h. die Pflicht, «offenbar zu werden». Daneben wird zugleich die Frage erhoben, ob es ethisch berechtigte Ausnahmen von dieser ethischen Forderung auf Grund besonderer Verhälnisse gibt. «Gibt es eine teleologische Suspension des Ethischen, gibt es eine absolute Pflicht gegen Gott?» «Es ist jedermanns Pflicht, offenbar zu werden. Die Schrift lehrt, daß jeder Mensch sterben muß und danach vor das Gericht kommt, wo alles offenbar werden soll. Die Ethik sagt: Es ist die Bedeutung des Lebens und der Wirklichkeit, daß der Mensch offenbar wird. Wenn er es nicht wird, dann wird die Offenbarung sich als Strafe zeigen. Der Ästhet jedoch will dieser Wirklichkeit keine Bedeutung geben. Er bleibt ständig verborgen, denn wie oft und wie sehr er sich auch der Welt hingibt, er tut dies nie total, es bleibt immer etwas, das er zurückhält. Würde er es ganz tun, würde er es ethisch tun» (II 348). «Das Ethische ist als solches das Allgemeine, als das Allgemeine ist es wieder das Offenbare. Der Einzelne ist als unmittelbar sinnlich und seelisch bestimmt der Verborgene. Seine ethische Aufgabe ist die, sich aus seiner Verborgenheit zu entwickeln und im Allgemeinen offenbar zu werden» (III 145).

PLÖTZLICHE, DAS, s. Augenblick.

PNEUMATISCH. PNEUMATOLOGIE (S. 71 u. ö.) — Unter Pneumatologie oder Pneumatik ist die Lehre vom Geist zu verstehen. Während man in der rationalen Theologie des 18. Jhs. die Pneumatologie für eine theologisch-spekulative Seelenlehre ansah im Sinne der speziellen Metaphysik, im Gegensatz zur *metaphysica generalis* (Chr. Wolff), bekam die Pneumatologie in der Hegelschen Schule einen neuen Sinn, da der Geist hier tragender Zentralbegriff des Systems wurde. So teilte der Hegel-Schüler K. ROSENKRANTZ seine auch von Kierkegaard (S. 134) zitierte ‹Psychologie oder die Wissenschaft vom subjektiven Geiste›, 1837, ein in Anthropologie, Phänomenologie und Pneumatologie. Kierkegaard wirft ihm nun vor, den Begriff Gewohnheit rein psychologisch, also in der Phänomenologie zu behandeln und den pneumatologischen Charakter der Gewohnheit zu übersehen, d. h. seine geistige und geistliche Bedeutung für das Leben des Menschen: «Die Gewohnheit entsteht, sobald das Ewige aus der Wiederholung entschwindet», d. h., der Geistcharakter des Menschen als ewiger Geist wird bedroht, wenn ihm sein religiös-ethisches Leben nicht mehr als bewußter Wiederholung seiner Pflichten und Entscheidungen erwächst, sondern die Wiederholung (s. Bd. II ‹Die Wiederholung›) zur bloßen Gewohnheit wird und damit ihre Aufgabe für den Menschen verliert. Pneumatologie oder pneumatologisch nennt Kierkegaard somit im Anschluß an die orthodoxe Theologie des 17. Jhs. alles, was mit dem Charakter des Menschen als ewigem oder religiösem Geist zusammenhängt. Dies ist ein typisches Beispiel dafür, wie Kierkegaard die verweltlichend-rationale Bedeutung eines Begriffs der Hegelschen Spekulation in seine Ursprungsbedeutung zurückbiegt. Alle Begriffe der Hegelschen Spekulation entstammen ursprünglich der Sphäre der altprotestantischen Dogmatik, und es ist Kierkegaards ‹Operation›, sie in der Auseinandersetzung mit HEGEL wieder dahin zurückzuführen, weil sie so seinem religiösen Realismus des konkreten Existierens entsprechen. — Im 1. und 2. Jh. n. Chr. wurden die Menschen danach eingeteilt, wie weit sie in der geistlichen Vollkommenheit waren: 1. Hyliker (Prinzip: Stoff, Materielles), 2. Psychiker (Seele) und 3. Pneumatiker (Geist). Dieser Einteilung schließt sich Kierkegaard an. Fast in Analogie zum Dreitakt-Schema Hegels, aber mit völlig anderem (religiösem) Sinn, faßt er das Leiblich-Seelische als eine Gegenüberstellung von Gegensätzen, deren Synthese der Geist ist. Nur in der Sphäre des Geistes, der Freiheit, ist der Mensch imstande, ethisch-religiöse Entscheidungen zu treffen und damit in gewisser Unabhängigkeit von der gewöhnlichen leibseelischen Konstitution zu leben. Der Mensch ist ‹eine Synthese von Seele und Leib, getragen vom Geist›. Zuweilen benutzt Kierkegaard das Seelische als ‹Geistseele› in Bedeutungsgleichheit mit dem ‹Pneumatischen›, so wie ja auch im Mittelalter im Anschluß an ARISTOTELES die Seele zweifach verstanden wurde: als niedere Körperseele (animalisches Lebenszentrum) und als höhere Geistseele (Seelengrund). So sagt Kierkegaard anläßlich der dreifachen Behandlung des Dämonischen als eines ästhetisch-metaphysischen, eines ethischen und eines medizinischen Phänomens: «Daß drei so verschiedene Betrachtungsweisen möglich sind, zeigt die Zweideutigkeit des Phänomens, daß es in gewisser Weise in alle Sphären hineingehört, in das Somatische, Psychische, Pneumatische. Dies deutet darauf hin, daß das Dämonische einen weit größeren Umfang hat, als gewöhnlich angenommen wird, was sich daraus erklären läßt, daß der Mensch eine Synthese von Seele und Körper ist, die vom Geist getragen wird, weshalb eine Desorganisation der einen Sphäre sich in den übrigen zeigt» (S. 112).

PROCREATION (S. 62 u. ö.) — Hervorbringung, Zeugung, Fortpflanzung. «Ethisch betrachtet erreicht die Frau ihren Höhepunkt in der Hervorbringung von Nachkommen. Deshalb sagt die Schrift, daß ihr Trachten nach dem Manne sein soll. Zwar ist auch des Mannes Trachten nach ihr, aber sein Leben kulminiert nicht in diesem Trachten, es sei denn, sein Leben wäre töricht oder verloren. Aber dies, daß die Frau hierin kulminiert, zeigt gerade, daß sie sinnlicher ist» (S. 62).

PROGRESS — Fortschritt. Wird von Kierkegaard mit HEGEL als der bloß quantitative Fortschritt verstanden, im Unterschied zu ‹Progression› (qualitativ) z. B. S. 50.

REFLEXION (S. 14 u. ö.) — Eigentlich zurückbeugen oder -werfen von Lichtstrahlen, übertragen: nachdenken, erwägen, betrachten. Kierkegaard gebraucht in Übereinstimmung mit seiner von HEGEL infizierten Zeit diesen Terminus außerordentlich häufig, aber mit verschiedenen Bedeutungsnuancen: a) im gewöhnlichen Sinne: Betrachtung, Überlegung; b) in einer Mittelbedeutung zwischen dem gewöhnlichen und dem Hegelschen Gebrauch: Durch Nachdenken geschieht die Verdoppelung des Gedankens, der sich einmal unmittelbar auf seinen Gegenstand richtet, aber zugleich ‹gebrochen› und zu-·

rückgestrahlt wird, also etwas über das Unmittelbare Hinausgehendes. So spricht Kierkegaard davon, daß die Entwicklung durch die Reflexion angehalten wurde; c) Kierkegaard verwendet diesen Ausdruck zwar in einem Hegelschen Sinne, aber doch, seinem existentiellen Realismus entsprechend, mehr psychologisch-ethisch orientiert, z. B. «ein durchreflektiertes Individuum» u. ä.; d) die Verwendung von ‹Reflexion› als Ausdruck für ein Referieren der Hegelschen Philosophie. Besonders wichtig für Kierkegaard ist die gegen Hegel gewendete Ansicht, daß der Glaube und anderes nicht das ‹Unmittelbare›, d. h. unreflektierte erste Durchgangsstufe ist, die erst gnostisch durch das Wissen ‹aufgehoben› werden muß, sondern daß Kierkegaard fast alle ‹unmittelbaren› Existenzäußerungen als bereits unter Einfluß der Reflexion entstanden nachweist.

SOPHISMA. SOPHISTIK (S. 19) — Trugschluß, Scheinwissen. «Keine Dialektik ist imstande, den Trugschluß zu besiegen, den die wahnsinnige Reue jeden Augenblick hervorzubringen vermag» (S. 106). S. 104: «die listige Sophistik der Angst».

SPEKULATION (S. 76 ff u. ö.) — Die ‹neuere Philosophie›, wie Kierkegaard sie nennt, ein abstraktes und willkürliches Konstruieren, dessen realer Wahrheitswert zweifelhaft ist. Denkweise der gesamten romantischen Philosophie, ein Denken, das nur sich selbst zum Gegenstand hat, zugleich damit das ‹Sein› ausdrücken will. Speziell in Verbindung mit HEGEL und seinen Epigonen von Kierkegaard negativ verwendet. Innerhalb der ‹spekulativ› gewonnenen Erkenntnis der logischen Dreiheit wurde besonders die dritte Stufe (Synthese) für die eigentlich ‹spekulative› oder ‹positiv-vernünftige› Stufe angesehen, während Stufe 1 (These) als unmittelbare oder abstrakt-verständige und Stufe 2 (Antithese) als dialektische oder negativ-vernünftige gelten. Kierkegaard tadelt alle drei Stufen der Spekulation als Begriffsverwirrung, Begriffsverflüchtigung, ‹Alteration› der Wirklichkeit. So heißt es VII 349, daß durch die Spekulation das Christentum wieder ins Heidentum (Gräzität) zurückverwandelt wurde, ohne doch dessen Ehrlichkeit zu haben. «Die Spekulation, die das Christentum ganz verstanden hat und zugleich sich selbst als die höchste Entwicklung innerhalb des Christentums versteht, hat merkwürdigerweise die Entdeckung gemacht, daß es kein Jenseits gibt, daß ‹drüben› und ‹Jenseits› und anderes solches nur die dialektische Borniertheit des endlichen Verstandes ist.» (Anspielung darauf, daß Hegel und seine Epigonen keine persönliche Unsterblichkeit gelten lassen.)

SPRUNG (S. 78 ff u. ö.) — In HEGELS Philosophie ist übermäßig viel die Rede vom kontinuierlichen Übergang. Die ganze dialektische Bewegung geschieht durch eine Reihe von Übergängen, indem von dem einen Begriff übergegangen wird zum andern und so weiter. Aber dieser Hegelsche Übergang ist ein kontinuierlicher Übergang, ein ‹vermittelter› (mediierter) Übergang, ein Hinübergleiten, ein Fortschreiten mit Hilfe der ‹Mediation›, die aufbaut auf einer simplen Reflexion über die Begriffe und so die dialektische Beschaffenheit des Daseins sichtbar macht (s. ‹Bewegung›). Es ist Kierkegaards leidenschaftliche Behauptung, daß diese Form des Übergangs in Hegels Logik auf einer Irreführung beruht. Keine Reflexion über Begriffe kann irgendwelche Bewegung hervorbringen, die Mediation ist eine Chimäre, und besonders macht Kierkegaard darauf aufmerksam, daß es eine reine Irreführung ist, wenn Hegels System meint, einen sogenannten ‹absoluten› oder voraussetzungslosen Anfang zu haben. «Das System beginnt mit dem Unmittelbaren; ja, aber beginnt es unmittelbar damit? Nein, der Anfang des Systems, der beim Unmittelbaren beginnt, ist... selbst erreicht durch eine Reflexion... Was wir auch, anstatt von einem absoluten Anfang zu reden oder zu träumen, einen Sprung nennen müssen» (VII 100, 103). Das, was die Bewegung erklärt, ist der Sprung im Dasein, ein Sprung, der eine Leidenschaft, eine leidenschaftliche Bewegtheit, Pathos zur Voraussetzung hat. Der Übergang von einem Zustand zu einem andern Zustand geschieht durch einen Sprung, den ‹qualitativen Sprung›. «Die Bewegung jeder Unendlichkeit geschieht durch Leidenschaft, und keine Reflexion kann eine Bewegung zustande bringen. Dies ist der fortwährende Sprung im Dasein, der die Bewegung erklärt, während die Mediation eine Chimäre ist» (III 105). Im ‹Begriff Angst› zeigt Kierkegaard, daß der Sündenfall, sei es nun der Adams oder die erste Sünde des einzelnen Individuums, durch einen Sprung geschieht. Die Psychologie kann, seiner Auffassung zufolge, dies nicht erklären, gerade weil es ein Sprung ist. Der Sündenfall geschieht in einer ‹Angst›, in einem Schwindel der Freiheit, in dem die Freiheit umfällt. «Weiter kann die Psychologie nicht kommen und will es auch nicht. Im selben Augenblick ist alles verändert, und indem die Freiheit sich wieder aufrichtet, sieht sie, daß sie schuldig ist. Zwischen diesen zwei Augenblicken liegt der Sprung, den keine Wissenschaft erklärt hat oder erklären kann» (S. 57). «Die Sünde kommt daher hinein als das Plötzliche, d. h. durch den Sprung; aber dieser Sprung setzt zugleich die Qualität; aber indem die Qualität gesetzt ist, ist im selben Augenblick der Sprung in die Qualität hineinverflochten und von der Qualität vorausgesetzt, und die Qualität vom Sprunge. Dies ist ein Ärgernis für den Verstand, also ist es ein Mythos. Als Entgelt dichtet er selbst einen Mythos, der den Sprung leugnet, den Kreis in eine gerade Linie auflöst, und nun geht alles natürlich zu» (S. 32); «... so wird der Übergang, der hier von der Unschuld zur Schuld gemacht werden kann, gerade so dialektisch sein, daß er zeigt, daß die Erklärung das ist, was sie sein soll, nämlich psychologisch. Der qualitative Sprung ist außerhalb aller Zweideutigkeit, aber der, der durch Angst schuldig wird, ist ja unschuldig; denn es war nicht er selbst, sondern die Angst, eine fremde Macht, die ihn ergriff, eine Macht, die er nicht liebte, sondern vor der er sich ängstigte; — und doch ist er ja schuldig, denn er versank in der Angst, die er doch liebte, indem er sie fürchtete» (S. 41). Ein außerordentlich charakteristisches Bild hat Kierkegaard gebraucht, als er in seiner tiefgehenden deskriptiv-psychologischen Darstellung beschreibt, wie eines Menschen ‹Angst› in einer moralisch dummdreisten ‹quantitativen› Sorglosigkeit sich dem entscheidenden Punkt nähern kann: den qualitativen Sprung, «welcher wie der Ameisenbär in dem vom losen Sande gebildeten Trichter auf der Lauer liegt» (S. 105).

Subjektivität (S. 133 u. ö.) — Kierkegaards Sprachgebrauch, wonach das Subjektive zunächst dasselbe ist wie das Persönliche oder das Individuelle, d. h. zum einzelnen Individuum Gehörende, ist beeinflußt von der Terminologie der Hegelschen Spekulation. Dieses Denken setzt sich als eine wesentliche Aufgabe, ‹objektiv› zu werden; es galt, die eigenen Äußerungsformen der Idee aufzusuchen und klarzulegen und diese, soweit wie möglich, darzustellen, frei von ‹subjektiven›, d. h. von dem denkenden Subjekt stammenden Elementen, und man sah das für möglich an. Demgegenüber betont Kierkegaard die Unmöglichkeit der reinen Objektivität und zugleich, daß in der ‹Existenz› gerade die Aufgabe liegt, ‹subjektiv zu werden›. — Unter Subjektivität wird am häufigsten das Merkmal, subjektiv zu sein, verstanden. Beispiel: Subjektiver Charakter der Wahrnehmung oder der Erkenntnis. Bei Hegel ist das Resultat eine Art Verschmelzung der objektiven und subjektiven Momente der Erkenntnis in der Dialektik des Daseins, und es ist Hegels Forderung an das erkennende zufällige Subjekt, daß dieses sich soviel wie möglich zu befreien suche von den Merkmalen seiner Subjektivität, um sich in der ‹dialektischen Methode› in eine Linie zu stellen mit der ‹Idee› in ihrer Entwicklung und so eine objektive Erkenntnis zu erreichen. Kierkegaard, der im ‹Begriff der Ironie› (1841) die Subjektivität wesentlich hegelisch ansieht, hält später die objektive Erkenntnis für eine unmögliche Utopie, eine reine Chimäre oder höchstens eine wertlose ‹Approximation› (s. dort) und hat dies näher begründet. Ein Hauptpunkt dabei ist es, daß die Erkenntnis doch immer ein Verhältnis zum Subjekt bekommen *muß*, daß das erkennende Subjekt nicht, wie die Spekulation glaubt, nur im logischen Gedanken lebt, sondern gerade immer sein will ein in Existenz, in Werden und in Handeln und Streben gestelltes Subjekt, das immer die *wesentliche* Erkenntnis suchen *muß*. Diese wesentliche Erkenntnis ist gerade eine solche, deren Verhältnis zur Existenz, zum Existieren wesentlich ist. «Nur das ethische und das ethisch-religiöse Erkennen ist deshalb wesentliches Erkennen» (VII 183). Die Subjektivität verliert bei Kierkegaard den intellektualistischen Anstrich und wird Persönlichkeit von ihrer ethisch-religiösen Seite oder der ‹Innerlichkeit› her. Es ist besser, «wenig zu verstehen, aber dieses zu besitzen in der unendlichen Zuverlässigkeit der Leidenschaft für die Fassung der Unendlichkeit, als viel zu wissen und nichts zu besitzen, weil ich selbst phantastisch ein phantastisches subjektiv-objektives Etwas geworden bin». Die Rücksicht auf die Menschen darf diese «Innerlichkeit» nicht hindern. «Oder was sind jene Menschen im Vergleich mit Gott? Was all ihres geschäftigen Lärmens Erquickung im Vergleich mit jener Lieblichkeit der einsamen Quelle, die in jedem Menschen ist, jenes Quellenursprungs, worin Gott wohnt, jenes Quellenursprungs in der tiefen Stille, wenn alles schweigt» (VII 168). Dieser Ursprungsquell ist gerade die Subjektivität, «die Innerlichkeit ist gerade die Quelle, die zum ewigen Leben entspringt» (S. 133). In der wesentlichen Erkenntnis wird subjektiv nach der Wahrheit gefragt. Es wird gesehen auf das Verhältnis des Individuums, «wenn bloß dieses Verhältnisses Wie in der Wahrheit ist, so ist auch das Individuum in der Wahrheit». Mit Rücksicht auf die Gotteserkenntnis wird in der objektiven Betrachtung darauf gesehen, daß es der wahre Gott ist, «subjektiv darauf, daß das Individuum sich zu etwas *so* verhält, daß sein Verhältnis in Wahrheit ein Gottesverhältnis ist». Und Kierkegaard gelangt so dazu, den Satz aufzustellen: Die Subjektivität, die Innerlichkeit ist die Wahrheit.

SYNTHESE (S. 42 u. ö.) — Bereits bei KANT wichtiger Begriff für Verknüpfung, Vereinigung. Zum erstenmal im spekulativen Sinne verwendet von FICHTE. Auf Fichte deutet Kierkegaard S. 15 hin: «Man hat eine alte respektable philosophische Terminologie: Thesis, Antithesis, Synthesis. Man wähle eine neuere, wo die Mediation [s. dort] die dritte Stelle einnimmt, soll dies ein so außerordentlicher Fortschritt sein?» Im Fichteschen Sinne meint dann Kierkegaard wohl auch S. 42: «Der Mensch ist eine Synthese des Seelischen und des Leiblichen. Aber eine Synthese ist undenkbar, wenn die zwei nicht in einem Dritten geeinigt werden. Dieses Dritte ist der Geist.»

SYSTEM (Einleitung, S. 17 ff) — HEGELS System des Daseins, aufgebaut nach der dialektischen Dreitakt-Methode (Thesis — Antithesis — Synthesis): Gott als vernünftiger Geist entfaltet sich 1. als subjektiver Geist, 2. als objektiver Geist (Recht, Weltgeschichte, Moralität, Sittlichkeit), 3. als absoluter Geist, in welchem Religion nur eine dialektische Übergangsstufe ist: a) Kunst = absoluter Geist in der Form der Anschauung, b) Religion = absoluter Geist in der Form der Vorstellung, c) Philosophie = absoluter Geist in der Form des reinen Denkens. Erst im Philosophen, der dieses System konzipiert, kommt Gott als reines Selbstbewußtsein zu sich selbst, damit ist aber auch das Ziel der Weltgeschichte erreicht und alle weitere Entwicklung einschließlich der menschlichen Existenz überflüssig geworden. System kann es also nur bei Abschluß der Entwicklung geben. Kierkegaard macht dagegen den Standpunkt des Realismus geltend, daß der konkrete Mensch existiert, daß die Weltgeschichte weitergeht, daß der Mensch nur nach rückwärts reflektierend denkt, nach vorwärts aber in eine unbekannte Zukunft hinein existiert und daß die Klammer zwischen beiden Richtungen nur der Glaube sein kann. Kierkegaard ist der konkrete, existierende Denker gegen den abstrakten Denker des spekulativen Systems. Seine Haupteinwände gegen Hegels System sind: 1. Es ist unmöglich, daß ein Mensch, wie Hegel es versucht hat, eine objektiv gültige Erklärung des ganzen Daseins geben kann. 2. Wenn Hegel Denken = Sein setzt, so ist das eine reine Tautologie, da Sein hier im vorhinein *gedachtes Sein* ist. 3. Wenn Hegel seine Vermittlung (dän. *Maegling*), d. h. bei ihm ‹Mediation›, anbietet zwischen allen Gegensätzen und Widersprüchen, so ist dies ein Mißverständnis. 4. Das reine Denken, für das Hegel der Repräsentant sein will, ist eine Mystifikation, ein reines Phantom.

Zu 1. Wenn Kierkegaard bestreitet, daß ein Mensch das ganze Dasein auf eine objektiv gültige Weise erklären kann, will dies nicht besagen, er leugne, daß es eine Erklärung gibt. Er ist gerade der Ansicht, daß es eine solche Erklärung gibt, nämlich eine teleologische Erklärung in Gott — also eine religiöse Auffassung. Nur bei Gott gibt es ein System, einen Sinn in und mit dem Dasein. Aber ein Mensch kann *nie* solche Erklärung finden. Also Realismus, d. h. nüchterne Selbstbescheidung, gegen Hybris und rauschhafte Selbstvergötterung der Spekulation des deutschen Idealismus. «Während der spekulierende hochwohlgeborene Herr Professor das ganze Dasein erklärt, hat er in seiner Zerstreuung vergessen, wie er selbst heißt, daß er schlecht und recht ein Mensch ist und nicht ein phantastisches 3/8 eines Paragraphen. Das Ethische, das doch auch zum Dasein gehört und des Menschen größtes Interesse haben muß, kann nicht als solches aufgenommen werden in einen solchen Überblick über das Dasein, das ein System genannt werden kann» (VII 130). «Das Dasein ist selbst ein System für Gott, kann aber dies nicht für einen existierenden Geist sein. System und Abgeschlossenheit entsprechen einander, aber das Dasein ist gerade das Gegenteil davon. Abstrakt gesehen, lassen System und Dasein sich nicht zusammen denken, denn das systematische Denken muß das Dasein als aufgehoben (abgeschlossen) denken, also nicht als daseiend» (VII 106).

Zu 2. Denken = Sein. Kierkegaards Einwand ist hier: Soll Sein empirisches Sein bedeuten, soll es die höchste Wahrheit sein, daß Denken ein solches Sein ist, dann ist die Wahrheit gedacht als etwas noch *nicht* Seiendes; denn der empirische Gegenstand ist nicht fertig, und der existierende erkennende Geist ist selbst im Werden. Daß man dies phantasierend übersehen hat, ist schuld an der Riesenverwirrung. Erkennender Geist = existierender Geist, und jeder Mensch ist ein solcher existierender Geist für sich; das kann nicht oft genug wiederholt werden. Sein ist bei Hegel bloß zu verstehen als abstrakte Wiedergabe oder abstraktes Vorbild, dessen Was-Sein *in concreto* als empirisches Sein ist. Also ist die angeführte Formel Denken = Sein eine reine Tautologie. Denken und Sein bedeuten ein und dasselbe. Die Übereinstimmung ist bloß die abstrakte Identität mit sich selbst. Man kommt nie aus der Abstraktion heraus; sobald man konkret wird, landet man in sinnlosen Widersprüchen. Wird aber das Sein der Wahrheit empirisch konkret, ist die Wahrheit selbst im Werden. Übereinstimmung zwischen Denken und Sein gibt es nur für Gott, nicht für den existierenden Geist, der als existierender immer im Werden ist. Die Spekulation dagegen philosophiert aus dem Vollendetsein in Gott, was der Mensch nie darf! (VII 175 ff)

Zu 3. Die Möglichkeit der Mediation: Der Hegelianismus leugnet den Satz des Widerspruchs und behauptet, daß zwischen allen Gegensätzen und Widersprüchen mediiert, logisch vermittelt werden kann. Darin hat er unrecht. Ein solches Mediieren ist nicht einmal möglich im Abstrakten, da dem rein Logischen die Bewegung fremd ist, während Hegels Mediation Bewegung voraussetzt (VII 183 f). Die Mediation ist ein Luftgebilde wie das Ich-Ich. Abstrakt gesehen *ist* alles, aber nichts *wird*. In der Abstraktion kann die Mediation unmöglich ihren Platz haben, da sie die Bewegung zur Voraussetzung hat. Das wissende Subjekt ist existierend und selbst im Werden, da muß die Spekulation erst erklären, wie das einzelne existierende Subjekt sich zur Erkenntnis der Mediation verhält, was es in diesem Augenblick ist, ob es nicht im Augenblick etwas ‹Zerstreutes› ist. Und in der Existenz auf dem ethischen und ethisch-religiösen Gebiet geht dies noch weniger: «Was ist die Mediation, wenn sie sich da hineindrängen will? Sie ist eine elende Erfindung eines Menschen, der sich selbst und der Resignation auf seine endliche Existenz untreu wurde, sie ist ein anmaßendes *falsum* der Trägheit, die sich zugleich dafür ausgibt, Resignation zu sein, welches das Allergefährlichste ist, wie wenn ein Dieb vorgibt, Polizei zu sein» (VII 385).
— Die Mediation verwechselt die rein historisch-spekulativen Gesichtspunkte mit den prinzipiellen, existentiellen. «Philosophie wendet sich der vergangenen Zeit, der ganzen durchlebten Welthistorie zu, sie zeigt, wie die diskursiven Momente in einer höheren Einheit zusammengehen; sie mediiert und mediiert. Ich aber frage nach der zukünftigen Zeit. Ich nehme jetzt mal

an, die Philosophie habe recht, daß der Satz des Widerspruchs wirklich aufgehoben ist oder daß die Philosophie in jedem Augenblick ihn aufhebt in einer höheren Einheit, die für das Denken ist. Dies kann aber doch nicht für die zukünftige Zeit gelten, denn die Gegensätze müssen doch erst *dagewesen* sein, ehe ich sie mediieren kann» (II 185). — Endlich prinzipiell im Verhältnis zum Christentum: Hegels Versuch, auch das Christentum in das System hineinzumediieren, indem man den vorgefundenen Gegensatz zwischen Christentum und Spekulation ausgleicht, ist hier noch weniger tragbar. Wenn da zwischen den Gegensätzen mediiert wird, dann sind die Gegensätze (Spekulation — Christentum) nicht gleich für den Vergleichenden, sondern das Christentum ist ein Moment in der Spekulation, und die Spekulation gewinnt das Übergewicht, denn sie *hatte* das Übergewicht, und deshalb trat der Augenblick des Gleichgewichts, wo die Gegensätze gegeneinander abgewogen wurden, *nicht* ein. Wenn zwischen zwei Gegensätzen mediiert wird und diese in einer höheren Einheit mediiert werden, dann können die Gegensätze vielleicht ebenbürtig sein, weil keiner von ihnen Gegensatz zur Spekulation ist. Und wenn der eine Gegensatz die Spekulation ist und der andere, ein Gegensatz zur Spekulation, dann mediiert wird und die Mediation ja die Idee der Spekulation ist, dann ist es eine illusorische Bewegung, von Gegensatz zur Spekulation zu reden, da die vorliegende Macht selbst Spekulation ist und deren Idee die Mediation. Die Gegensätze haben das gemeinsam, daß sie jeder für sich spekulative Versuche sind. Innerhalb der Spekulation werden die Gegensätze relativ und können mediiert werden (VII 364).

Zu 4. Hegels System ruht auf der Fehlanschauung, daß man, wie Hegel behauptet, selbst imstande ist, sein individuelles Denken und Bewußtsein abzulegen, daß man in einem sogenannten ‹reinen Denken› der Idee ihre Zwiesprache mit sich selbst ablauern kann. Ein solches reines Denken gibt es nicht, sagt Kierkegaard. Es gibt zwei Medien: das des Abstrakten und das des Wirklichen. Aber das reine Denken ist noch ein drittes Medium, ein ganz neu erfundenes. Es beginnt, wie es deshalb heißt, nach der am meisten ausschöpfenden Abstraktion. Über das Verhältnis, das die Abstraktion noch beständig dazu hat und wovon sie abstrahiert, darüber ist das reine Denken entweder fromm oder gedankenlos unwissend. Im reinen Denken ist Ruhe für alle Zweifel, ist die ewige positive Wahrheit und was man sonst gern sagt. Das heißt, das reine Denken ist ein Phantom; und ist die Hegelsche Philosophie frei von allen Postulaten, dann hat sie dies durch ein wahnwitziges Postulat gewonnen: den Beginn des reinen Denkens (VII 301 f).

TRANSZENDENZ (TRANSCENDENS). TRANSZENDENT (S. 17 ff u. ö.) — Das a) die Erfahrung, b) das Bewußtsein Übersteigende (transsubjektiv). Gegenbegriff: Immanenz. Theologische Bedeutung von Transzendenz: Gottes Standpunkt zur Welt. Kierkegaard verwendet den Ausdruck in einer besonderen Bedeutung, die aus seinem Widerstand gegen Hegel verstanden werden muß. HEGEL verlegt alles in das reine Denken, ist also Immanenzphilosoph und leugnet das Transzendente; alles ist bewußtseinsimmanent. Im strikten Gegensatz dazu behauptet Kierkegaard, daß die Existenzkategorien sämtlich das abstrakte Denken transzendieren, und leugnet damit die spekulative Immanenz als gültigen Ausdruck für das ganze Dasein. Transzendenz wird also verstanden als etwas von der Immanenz *qualitativ* Verschiedenes, ethisch-religiös zu Verstehendes, z. B. Offenbarung. Deshalb lehnt er auch die Vermischung von Logik und Ethik, beispielsweise beim Begriff des Bösen, ab. «Hat die Ethik kein anderes Transcendens, dann ist sie wesentlich Logik, soll die Logik Transcendens haben, wie anstandshalber für die Ethik notwendig ist, ist sie nicht mehr Logik» (S. 17). «Ein Genie und ein Apostel sind qualitativ Verschiedene, die jeder in seine qualitative Sphäre: Immanenz und Transzendenz, gehören» (XI 112). Die Sphäre der Transzendenz ist für Kierkegaard die des Paradox-Religiösen, während alles Denken in der Immanenz liegt (XI 120). Die Entwicklung ist ein (nach Hegel) logisch-immanenter Begriff. Wenn die Sünde dagegen die Unschuld zerstört, geschieht dies durch ein Transcendens, etwas Überschreitendes, das diesen Unschuldszustand aufhebt.

WERDEN (S. 16) — Kierkegaard setzt sich scharf der Hegelschen Verwendung von Werden in der Logik entgegen (spekulativer Dreitakt: Sein — Nichts — Werden). «In der Logik darf keine Bewegung *werden;* denn die Logik ist, und alles Logische *ist* bloß, und diese Ohnmacht ist eben der Übergang der Logik zum Werden, wo Dasein und Wirklichkeit hervortreten. Wenn die Logik sich in die Konkretion der Kategorien vertieft, dann ist dies stets dasselbe, was von Anfang an war. Jede Bewegung, wenn man einen Augenblick diesen Ausdruck gebrauchen will, ist eine immanente Bewegung [des Denkens in der Hegelschen Logik], ist in einem tieferen Sinne keine Bewegung ist, wovon man sich leicht überzeugen wird, wenn man bedenkt, daß der Begriff der Bewegung selbst ein Transcendens ist, das keinen Platz in der Logik finden kann» (S. 16). Wirkliches Werden ist frei, nicht vom Denken notwendig bestimmt, zufällig. Die Übereinstimmung von Denken und Sein kann nicht so verstanden werden, daß das Sein dem Denken angepaßt wird, sonst ist es eine spekulative Selbsttäuschung, die sich am stärksten im Gebiet des Ethisch-Religiösen, dem eigentlichen Gebiet der Existenz für Kierkegaard, enthüllt.

WILLENSFREIHEIT (S. 47 u. ö.) — Über den Begriff Willensfreiheit oder Freiheit, der in so vielen verschiedenen Bedeutungen in der Geschichte des Denkens auftritt, kann bei Kierkegaard zuerst das Negative festgestellt werden, daß er nicht der Freiheit huldigt als der traditionellen sogenannten Wahlfreiheit, *libertas indifferentiae* oder *liberum arbitrium.* «Ich verwechsle keineswegs das *liberum arbitrium* mit der wahren positiven Freiheit» (II 188). Kierkegaard nennt diese sogar ein Gedankenunding und etwas, das nirgends zu Hause ist (S. 47 u. 103). Für Kierkegaard ist die Freiheit nur Wahlfreiheit in der Bedeutung von Freiheit, «sich selbst zu wählen», und die Freiheit kann deshalb charakterisiert werden als die Fähigkeit, das Gute zu wählen, oder die Fähigkeit, in der Wahl zwischen Gut und Böse das Gute zu wählen. Wie nämlich die obengenannte Ausdrucksweise «die wahre positive Freiheit» zeigt, ist der Kern in Kierkegaards Freiheitsbegriff die moralische Freiheit, die Freiheit als die Fähigkeit des Menschen, ein Leben zu wählen und ein Leben zu leben, das von ethisch-religiösem Denken getragen ist, ein Leben nach ethischen Prinzipien und mit ethischem Ziel. Gerade deshalb können auch die Begriffe Schuld und Reue so stark von ihm betont werden, gerade deshalb kann er aussprechen, daß im Sündenfall «die Freiheit umsinkt» (S. 57). Der Lernende, der in der Unwahrheit ist, aber dies bei sich selbst ist, könnte als frei erscheinen, «denn bei sich selbst zu sein, das ist ja Freiheit. Und doch ist er ja unfrei und gebunden und ausgeschlossen, und bei sich selbst ausgeschlossen zu sein, ist ja Gebundensein» (*ved sig selv* = auch ‹durch sich selbst›). Im Anschluß hieran sagt Kierkegaard außerordentlich schön (IV 209 ff): «So war es ja auch einmal, daß der Mensch für denselben Preis die Freiheit und die Unfreiheit kaufen konnte, und dieser Preis war die freie Wahl der Seele und die Hingebung der Wahl. Da wählte er die Unfreiheit; aber wenn er nun zu Gott kommen wollte und sagen, ob er sie nicht umgetauscht bekommen könne, dann würde die Antwort wohl sein: Es war unwiderruflich einmal, daß du kaufen konntest, was du wolltest; aber es ist so wunderlich mit der Unfreiheit, wenn man sie gekauft hat, so hat sie überhaupt keinen Wert, wenn man sie auch ebenso teuer bezahlt.» Dies ist eine Anschauungsweise, die wohl stark verwandt ist mit der Kants, sich von der letzteren aber doch unterscheidet, indem sie wahrscheinlich nicht so stark die Möglichkeit der Freiheit sowohl zum Guten als auch zum Bösen betont, den bloßen Gegensatz zur Notwendigkeit. Doch darf nicht übersehen werden, daß Kierkegaard an der angeführten Stelle (S. 57) davon redet, daß die Freiheit schwindlig werden kann — die Angst ist ein solcher Schwindel der Freiheit — und dann wie in einen Abgrund hinabsieht, «hinabschaut in ihre eigene Möglichkeit und da die Endlichkeit ergreift, um sich daran zu halten». Die Endlichkeit ist das ‹Sinnliche›, im Gegensatz zum geistigen Unendlichen, und die Freiheit ist begrifflich gesetzt als die Möglichkeit auch zum Bösen. Dies kann auch daran gesehen werden, daß Kierkegaard in einigen prinzipiellen Äußerungen hervorhebt, daß *jedes* Werden durch Freiheit geschieht und daß jede Ursache schließlich zurückweist auf eine «freiwirkende Ursache» (IV 267). Hier ist die Freiheit in außerordentlich weiter Bedeutung genommen, als jede Willensäußerung umfassend, jede Handlung als Gegensatz zu einer Erkenntnis, einer Einsicht.

WIRKLICHKEIT (S. 13 u. ö.) — Im Anschluß an ARISTOTELES wird ihre Bedeutung im Gegensatz zur Möglichkeit von Kierkegaard bejaht. Aber er lehnt die Hegelsche Methode, die Wirklichkeit durch eine Art logischen Prozeß zu entwickeln, ab. Bei HEGEL ist sie eine Wesensbestimmung, bei Kierkegaard eine Seinsbestimmung und deshalb dem griechischen Denken näher verwandt. Sein Wirklichkeitsbegriff ist bestimmt von der konkreten Existenz her, nicht vom abstrakten logischen Denken. Das Wirkliche ist das Gewordene unter Ausscheidung des spekulativen Ideenmoments, des Notwendigen, sein Kennzeichen ist die Freiheit und das Zufällige. Es ist die Zurückweisung spekulativer Willkür durch einen neuen, sich gerade in Kierkegaard auf originale Weise regenden Realismus, wobei er zugleich die Auswüchse eines realistischen Immanenzstandpunktes in ihre Schranken verwiesen hat. So S. 13, wo er zeigt, daß Logik und Wirklichkeit durch die spekulative Ineinssetzung bei Hegel in gleicher Weise verwirrt werden.

ZEIT. ZEITLICHKEIT s. Augenblick

BIBLIOGRAPHIE

Quellen

KIERKEGAARD, Søren, Samlede Værker, udg. af A. B. Drachmann, J. L. Heiberg og H. O. Lange, I—XIV. Kopenhagen 1901—1906; 2. udg. I—XV, Kopenhagen 1920—1936

—, Efterladte Papirer 1854—1855, ved H. Gottsched. Kopenhagen 1881

—, Papirer, udg. af P. A. Heiberg og V. Kuhr, I—XX. Kopenhagen 1909 bis 1948

—, Die Tagebücher, ausgew. u. übers. v. Th. Haecker. Innsbruck 1923, 4. Aufl. München 1953

—, Værker i Udvalg, ved F. J. Billeskov Jansen, I—IV. Kopenhagen 1950

—, Gesammelte Werke, übers. v. H. Gottsched u. Chr. Schrempf, I—XII. Jena 1909—1922; 2. Aufl. 1922—1925

—, Gesammelte Werke, übers. u. m. Anm. vers. v. E. Hirsch. Düsseldorf (Diederichs) 1950 ff

—, Philosophische und theologische Schriften, hg. v. H. Diem u. W. Rest, I—III. Köln 1951—1959

Breve og Aktstykker vedrørende Søren Kierkegaard, ved N. Thulstrup, I—II. Kopenhagen 1953

Søren Kierkegaard und Regine Olsen, Briefe, Tagebücher u. Dokumente, ausgew. u. übers. v. G. Niedermeyer. München 1927

IBSEN, A. og J. HIMMELSTRUP, Søren Kierkegaard-Register. Kopenhagen 1936

JOLIVET, R., Kierkegaard (Bibliogr. Einführungen in das Studium d. Philos.). Bern 1948

ORTMANN NIELSEN, E., Søren Kierkegaard, Bidrag til en Bibliografi. Kopenhagen 1951

Literatur

ALLEN, E. L., Søren Kierkegaard, His Life and Thought. London 1935

ANDERSEN, K. B., Søren Kierkegaards store Jordrystelser. Kopenhagen 1953

ANZ, W., Kierkegaard und der deutsche Idealismus. Tübingen 1956

BAIN, J. A., Søren Kierkegaard, His Life and religious Teaching. London 1935

BAUER, W., Die Ethik Søren Kierkegaards. Kahla 1912

BENSE, M., Hegel und Kierkegaard. Köln 1948

BEYER, H., Søren Kierkegaard og Norge. Kristiania 1924

BILLESKOV JANSEN, F. J., Hvordan skal vi studere Søren Kierkegaard? Kopenhagen 1949

—, Studier i Søren Kierkegaards litterære Kunst. Kopenhagen 1949

BJÖRKHEM, J., Søren Kierkegaard i psykologisk belysning. Upsala 1942

BOHLIN, T., Kierkegaards dogmatiska askadning i dess historiska sammanhang. Stockholm 1925; deutsch: K.s dogmatische Anschauung in ihrem gesch. Zusammenh. Gütersloh 1927

—, Søren Kierkegaards etiska åskådning. Med särskild hensyn til begreppet ‹den enskilde›. Stockholm 1918; deutsch: S. K.s Leben und Werden. Gütersloh 1925

—, Søren Kierkegaard, Mannen och verket. Stockholm 1939

—, Søren Kierkegaard och nutida religiöst tänkande. Stockholm 1919; deutsch: K. und das religiöse Denken der Gegenwart. München 1923

BRANDES, G., Søren Kierkegaard. En kritisk Fremstilling i Grundrids. Kopenhagen 1877; deutsch: S. K., Literarisches Charakterbild. Leipzig 1879

BRANDT, F., Den unge Søren Kierkegaard. Kopenhagen 1929

BRECHT, F. G., Die Kierkegaard-Forschung im letzten Jahrfünft. In: Literarische Berichte a. d. Gebiet d. Philos. Erfurt 1931

BRØCHNER, H., Erindringer om Søren Kierkegaard, udg. ved Steen Johansen. Kopenhagen 1953

BÄRTHOLD, A., Søren Kierkegaards Persönlichkeit in ihrer Verwirklichung der Ideale. Gütersloh 1886

CHESTOV, L., Kierkegaard et la philosophie existentielle. Paris 1936; deutsch: K. und die Existenzphilosophie. Graz 1949

COLLINS, J., Kierkegaard's critique of Hegel. New York 1943

CROXALL, T. H., Kierkegaard Studies. London 1948

—, Kierkegaard commentary. New York 1956

DEMPF, A., Kierkegaards Folgen. Leipzig 1935

DIEM, H., Methode der Kierkegaard-Forschung. In: Zwischen den Zeiten 6 (1928)

—, Die Existenzdialektik von Søren Kierkegaard. Zürich 1950

—, Søren Kierkegaard, Spion im Dienste Gottes. Frankfurt 1957

FISCHER, F. C., Die Nullpunkt-Existenz, dargestellt an der Lebensform S. Kierkegaards. München 1934

FRIEDMANN, R., Kierkegaard, The Analysis of the psychological Personality. London 1949

FULFORD, F. W., Søren Aabye Kierkegaard. Cambridge 1913

GEISMAR, E., Søren Kierkegaard, Livsudvikling og Forfattervirksomhed, I—VI. Kopenhagen 1926—1928; deutsch: S. K., Seine Lebensentwicklung u. Wirksamkeit als Schriftsteller. Göttingen 1929

GILG, A., Søren Kierkegaard. München 1926

HAECKER, Th., Der Begriff der Wahrheit bei Søren Kierkegaard. Innsbruck 1932

—, Christentum und Kultur. 2. A. München 1946

—, Søren Kierkegaard und die Philosophie der Innerlichkeit. München 1913

HANSEN, K., Søren Kierkegaard, Ideens Digter, I. Kopenhagen 1954

HEIBERG, P. A., Bidrag til et psykologisk Billede af Søren Kierkegaard i Barndom og Ungdom. Kopenhagen 1895

—, Søren Kierkegaards religiøse Udvikling, Psykologisk Mikroskopi. Kopenhagen 1925

—, og V. KUHR, Kierkegaard-Studier, I—III. Kopenhagen 1912—1918

HENRIKSEN, A., Methods and results of Kierkegaard Studies in Scandinavia. Kopenhagen 1951

—, Kierkegaards Romaner. Kopenhagen 1954

HIMMELSTRUP, J., Kierkegaards Opfattelse af Sokrates. Kopenhagen 1924; deutsch: K.s Sokratesauffassung. Neumünster 1927

HIRSCH, E., Kierkegaard-Studien, I—III. Gütersloh 1930—1933

HOHLENBERG, J., Den ensommes vej. En fremstilling af Søren Kierkegaards værk. Kopenhagen 1948

—, Søren Kierkegaard. Kopenhagen 1940; deutsch: Basel 1949

HOLM, S., Søren Kierkegaards Historiefilosofi. Kopenhagen 1952

HØFFDING, H., Søren Kierkegaard som Filosof. Kopenhagen 1892, 2. Udg. 1919

JOLIVET, R., Introduction à Kierkegaard. Paris 1946

JOR, F., Søren Kierkegaard, den existerende tenker. Oslo 1954

KABELL, A., Kierkegaardstudiet i Norden. Kopenhagen 1948

Kierkegaard Symposion (Orbis litterarum, Tome 10, fasc. 1, 2). Kopenhagen 1950

KÜHLE, S., Søren Kierkegaards barndom og ungdom. Kopenhagen 1950

KÜTEMEYER, W., Kierkegaard. Der Einzelne und die Kirche. Über Luther und den Protestantismus. Berlin 1934

LINDSTRÖM, V., Stadiernas teologi. En Kierkegaardstudie. Lund 1943

LØGSTRUP, K. E., Kierkegaards und Heideggers Existenzanalyse und ihr Verhältnis zur Verkündigung. Berlin 1950

Lønning, P., Samtidighedens Situation. Oslo 1954

MAGNUSSEN, R., Søren Kierkegaard set udefra. Kopenhagen 1942

MALANTSCHUK, G., Indførelse i Søren Kierkegaards Forfatterskab. Kopenhagen 1953

—, og N. H. SØE, Søren Kierkegaards Kamp mod Kirken. Kopenhagen 1956

MARTENSEN, H. L., Af mit Levnet, I—III. Kopenhagen 1883

MARTIN, H. V., Kierkegaard, The melancholy Dane. London 1950

MESNARD, P., Le vrai visage de Kierkegaard. Paris 1948

MINEAR, P. S., and P. S. MORIMOTO, Kierkegaard and the Bible. An Index. Princeton, New Jersey, 1953

MONRAD, O. P., Søren Kierkegaard, Sein Leben und seine Werke. Jena 1909

NIEDERMEYER, G., Søren Kierkegaard und die Romantik. Leipzig 1909

PATRICK, D. G. M., Pascal and Kierkegaard, I — II. London 1947

PAULSEN, A., Søren Kierkegaard, Deuter unserer Existenz. Hamburg 1955

PEDERSEN, O., Fra Kierkegaard til Sartre. Kopenhagen 1947

PRZYWARA, ERICH S. J., Das Geheimnis Kierkegaards. München und Berlin 1929

REHM, W., Kierkegaard und der Verführer. München 1949

REST, W., Indirekte Mitteilung als bildendes Verfahren, dargestellt am Leben und Werk Søren Kierkegaards. Münster 1937

REUTER, H., Søren Kierkegaards religionsphilosophische Gedanken im Verhältnis zu Hegels religionsphilosophischem System. Leipzig 1914

RICHTER, LISELOTTE, Der Begriff der Subjektivität bei Kierkegaard. Würzburg 1934

—, Immanenz und Transzendenz im nachreformatorischen Gottesbild. Berlin 1954

—, Existenz im Glauben. Aus Dokumenten, Briefen und Tagebüchern Søren Kierkegaards. 2. A. Berlin 1956

RODEMANN, W., Hamann und Kierkegaard. Gütersloh 1922

ROHDE, P. P., Søren Kierkegaard in Selbstzeugnissen und Bilddokumenten (rowohlts monographien 28). Hamburg 1959

Roos, C., Kierkegaard og Goethe. Kopenhagen 1956

Roos, H., S. J., Søren Kierkegaard og Katolicismen. Kopenhagen 1952

ROUGEMONT, D. DE, Nécessité de Kierkegaard, Foi et Vie. Paris 1934

Rubow, P. V., Kierkegaard og hans Samtidige. Kopenhagen 1950

Ruttenbeck, W., Søren Kierkegaard, Der christliche Denker und sein Werk. Berlin 1929

Schilder, K., Zur Begriffsgeschichte des ‹Paradoxon›. Mit besonderer Berücksichtigung Calvins und des nach-kierkegaardschen ‹Paradoxon›. Kampen 1933

Schrempf, Chr., Søren Kierkegaard, Ein unfreier Pionier der Freiheit. Frankfurt 1907

—, Søren Kierkegaard. Eine Biographie, I—II. Jena 1927—1928; III Stuttgart 1935

Seifert, H., Die Konkretion des Daseins bei Søren Kierkegaard. Erlangen 1929

Sieber, F., Der Begriff der Mitteilung bei Søren Kierkegaard. Würzburg 1938

Slotty, M. G., Die Erkenntnislehre S. A. Kierkegaards. Kassel 1915

Sløk, J., Die Anthropologie Kierkegaards. Kopenhagen 1954

Sodeur, G., Kierkegaard und Nietzsche (Religionsgeschl. Volksbücher 5/14). Tübingen 1914

Struve, W., Die neuzeitliche Philosophie als Metaphysik der Subjektivität, Interpretation zu Kierkegaard und Nietzsche (Symposion I). Freiburg 1948

Swenson, D. F., Kierkegaardian Philosophy in the Faith of a Scholar. Philadelphia 1949

—, Something about Kierkegaard. Minneapolis 1945

Søe, N. H., Subjektiviteten er Sandheden. Kopenhagen 1952

Thomte, R., Kierkegaard's Philosophy of Religion. Princeton 1948

Thust, M., Søren Kierkegaard, Der Dichter des Religiösen, Grundlagen eines Systems der Subjektivität. München 1931

Tisseau, P., Kierkegaard et l'Amour. Paris 1934

Vetter, A., Frömmigkeit als Leidenschaft, Eine Deutung Kierkegaards. Leipzig 1928

Vogt, A., Das Problem des Selbstseins bei Heidegger und Kierkegaard. Gießen 1936

Wagndal, P., Gemenskapsproblemet hos Søren Kierkegaard. Lund 1954

Wahl, J., Etudes kierkegaardiennes. Paris 1938

Zeuthen, L., Søren Kierkegaards hemmelige Note. Kopenhagen 1951

Literatur über den Begriff Angst bei Kierkegaard

Brandt, F., Søren Kierkegaard og Mozarts Don Juan. In: Theoria. Kopenhagen 1935 (S. 83 ff)

Helweg, H., Søren Kierkegaard. Kopenhagen 1933 (S. 84 ff)

Høffding, H., Søren Kierkegaard som Filosof. 2. A. Kopenhagen 1919 (S. 75 ff)

Künzli, A., Die Angst des modernen Menschen, Søren Kierkegaards Angstexistenz als Spiegel der geistigen Krise unserer Zeit. Zürich 1947

—, Die Angst als abendländische Krankheit, dargestellt am Leben und Denken Søren Kierkegaards. Zürich 1948

Meerpohl, B., Die Verzweiflung als metaphysisches Phänomen in der Philosophie Søren Kierkegaards (Abhandlungen z. Philos. u. Psychol. d. Religion, H. 30). Würzburg 1934

OSTENFELD, I., Om Angst-Begrebet i Søren Kierkegaard: Begrebet Angst. Kopenhagen 1933

PACI, E., Su due significati del concetto dell'angoscia in Kierkegaard. In: Kierkegaard Symposion. Kopenhagen 1955 (S. 196 ff)

SACK, M. K., Die Verzweiflung. Kallmünz 1930

Von Kierkegaard benutzte theologische Literatur

BALLE, N. E., Lærebog i den Evangelisk-christelige Religion, indrettet til Brug i danske Skoler (Lehrb. d. evang.-christl. Relig., einger. f. d. Gebr. an dänischen Schulen). 1791

FOGTMANN, N., Laerebog i den christelige Religion (Lehrb. d. christl. Relig.). 1823

HERSLEB, S. B., Lærebog i Bibelhistorie (Lehrb. d. bibl. Gesch.). 1812

SCHLEIERMACHER, F. E. D., Der christliche Glaube. 2. Aufl. 1830

BAADER, F. v., Vorlesungen über speculative Dogmatik. 1828

MARHEINEKE, Ph., Die Grundlehren der christlichen Dogmatik als Wissenschaft. 2. Aufl. 1827

—, Lehrbuch des christlichen Glaubens und Lebens für denkende Christen. 2. Aufl. 1836

BAUR, F. C., Die christliche Lehre von der Versöhnung. 1838

HASE, K., Hutterus redivivus oder Dogmatik der evangelisch-lutherischen Kirche. 4. Aufl. 1839

CLAUSEN, H. N., Udvikling af de christelige Hovedlærdomme (Entwicklg. d. christl. Hauptlehren). 1844

MYNSTER, J. P., Betragtninger over de christelige Troeslærdomme (Betrachtgn. über d. christl. Glaubenslehren). 2. Aufl. 1837

BRETSCHNEIDER, K. G., Handbuch der Dogmatik, I — II. 4. Aufl. 1838

HAHN, A., Lehrbuch des christlichen Glaubens. 1828

TWESTEN, A. D. C., Vorlesungen über die Dogmatik der evangelisch-lutherischen Kirche, I — II. 4. Aufl. 1837—1838

Von Kierkegaard gehörte Vorlesungen zur Theologie der Zeit

CLAUSEN, H. N., Vorlesungen über Dogmatik (2 Semester 1833/34, 2 Semester 1839/40. Kierkegaards Kollegaufzeichnungen dieser Vorlesungen: Pap. I C 19, II C 34—35)

MARTENSEN, H. L., Prolegomena zur spekulativen Dogmatik (Wintersemester 1837/38. Pap. II C 12 — 24)

athenäum

Savignystr. 53
6000 Frankfurt a.M. 1

Eine zeitnahe Auswahl aus dem Werk Kierkegaards

„... beim Gang in die neue Welt sehen wir Kierkegaard und Nietzsche wie Sturmvögel vor einer Wetterkatastrophe: sie zeigen die Unruhe, die Hast – dann die Kraft und Klarheit eines augenblicklichen hohen Flugs, und wieder etwas wie Kreisen und Taumeln und Absturz. Sie selber wissen sich als Seezeichen; an ihnen ist Orientierung möglich." Karl Jaspers

In den Texten dieser Anthologie, die einen repräsentativen Querschnitt durch das Werk Kierkegaards bilden, wird der dänische Philosoph dem heutigen Leser wieder nahe gebracht. Kierkegaards Werk, in dem die Begriffe Existenz und Angst eine zentrale Rolle spielen, charakterisiert nicht nur das Daseinsgefühl des 19. Jahrhunderts, sondern ist auch unabdingbar für die Entstehung der modernen Existenzphilosophie, Theologie und Tiefenpsychologie gewesen.

Athenäum